Die völkerrechtliche Lehre des Weltkrieges

Von

Walther Schücking
Professor der Rechte in Marburg
Associé de l'Institut de droit international
Korrespondierendes Mitglied des amerik. Instituts für Völkerrecht

Leipzig Verlag von Veit & Comp. 1918

Druck von Metzger & Wittig in Leipzig.

Jonkheer Dr. B. de Jong van Beek en Donk

Ministerialrat im holländischen Justizministerium

Generalsekretär der Zentralorganisation für einen dauernden Frieden

in Freundschaft zugeeignet.

Vorwort.

In der Flut der deutschen Kriegsliteratur gibt es zahllose Schriften, die sich mit dem Ursprunge des Krieges und seinen politischen Lehren beschäftigen. Sie erheben meist Anklagen der schwersten Art gegen einzelne Staatsmänner und ganze Völker und erwarten das Heil für die Sicherung des Friedens von einer Vermehrung der Macht. Das nachfolgende Werk ist aus einem anderen Geiste geboren und verfolgt andere Ziele. Es soll keine Persönlichkeiten und keine Völker anklagen, sondern das System in Europa, das eine solche Tragödie in Wahrheit verschuldet oder doch zum mindesten ermöglicht hat. Die Ereignisse, die zum Kriege geführt haben, sollen in das klare Licht der Rechtsordnung gerückt und es soll das Unvollkommene dieser internationalen Rechtsordnung aufgezeigt werden.

Im Jahre 1900 hat mein verehrter Lehrer Ludwig von Bar warnend geschrieben:

„Die Kriegsrüstungen der Staaten haben, nachdem die Haager Konferenz stattgefunden hat, keineswegs aufgehört sich zu steigern. Mehr noch als vorher erblickt man in einer möglichst starken Rüstung fast das einzige Mittel der eigenen Sicherheit und nur die Grenze der Leistungsfähigkeit erscheint als Grenze der Rüstungen. Nun können die Rüstungen sicher nicht als überflüssig bezeichnet werden. Dennoch sind sie nur ein Palliativmittel, wenn die Rechtsidee völlig ihre Kraft verliert. Am Ausgang des 19. und dem Anfang des 20. Jahrhunderts stehen wir in einer jener Perioden, in welchen die Idee des Rechts verblaßt. Es wird Zeit, sie wieder in ihrer Bedeutung zu erkennen."

Die Warnungen dieses Mannes, der klüger und edler dachte, wie die Mehrzahl seiner Zeitgenossen, sind damals völlig unbeachtet geblieben. Aber heute haben wir gelernt, wohin uns die „Realpolitik" und der Kultus der Macht in Europa geführt haben. Wollen wir unseren Erdteil vor der völligen Vernichtung durch die Wiederkehr solcher Katastrophen retten, so bleibt kein anderer Weg wie die Flucht zur Idee des Rechts.

Unbegraben modern draußen die Leichname von Tausenden, ein ekliger Dunst steigt von ihnen auf und daheim schluchzen die Angehörigen um ihre Toten. Aber schon teilen sich die Nebel des Pulverdampfes auf den Schlachtfeldern und hinter ihnen erscheint riesengroß und weithin leuchtend über alle Lande der Welt die Göttin der Gerechtigkeit. Möchte der Tag bald kommen, wo sie zum Besten der von all dem Wahnsinn zermürbten Menschheit ihre Herrschaft über die Familie der Völker antreten wird.

Marburg, 11. Juli 1917.

Der Verfasser.

Notiz.

Der Druck dieses Buches war schon im Sommer 1917 abgeschlossen; doch hat noch eine nachträgliche Berücksichtigung des Suchomlinow-Prozesses durch das Entgegenkommen des Verlags stattfinden können.

Inhalt.

1. Kapitel.

Der Weltkrieg und die Idee des Völkerrechts.

Zu dem wertvollsten Erbgut der Menschheit gehört die Idee des Rechts. Der größte deutsche Philosoph Kant hat gesagt, daß es nicht mehr lohne auf der Erde zu leben, wenn die Idee der Gerechtigkeit untergegangen sei.

Selbst das Königtum war nach germanischer Anschauung immer an das Recht gebunden, schon bei seiner Wahl hatte der deutsche König des Mittelalters einen feierlichen Eid zu leisten, das Recht zu stärken und das Unrecht zu kränken,[1] und nirgends kommt die Ehrfurcht vor dem Recht schöner zum Ausdruck, als wenn im Hinblick auf „den" Iustitia, einen hohen Beamten als symbolische Verkörperung der Idee der Rechtsordnung oder im Hinblick auf Gott selbst bei der Huldigung in Aragonien die Cortes den König anreden: Zwischen Euch und uns steht einer, der mehr ist als Ihr.[2] Denn die Idee der Gerechtigkeit ist religiös vertieft. Iustitiae Deus

---

[1] Sp. III, 54, § 2. Als man den Koning kürt, so sal he deme rike hulde Thun unde sveren, dat he reht sterke unde unreht krenke unde it rike voreste an sime rechte als he künne unde moge; vgl. auch Schwsp. Lassberg 122.

[2] „Intra vos y nos quemanda mas que vos." Das Ganze ist eine Fortwirkung des westgotischen Rechtes. Schon der König der Westgoten leistete einen Eid dahin, „ut iustitiam commissis populis non negarem"; vgl. Schücking, Der Regierungsantritt, Bd. 1, S. 56—65. Über den fraglichen Vorgang in Aragonien siehe Wolzendorff, Staatsrecht und Naturrecht, 1916, S. 100 u. S. 149ff.

auctor est[1], in der Gerechtigkeit tritt Gott selbst zwischen den Herrscher und das Volk. Mag diese Idee im Zeitalter des Absolutismus für das Verhältnis zwischen Herrscher und Volk hier und da zeitweise verdunkelt werden, so erobert sich der Rechtsgedanke in der Neuzeit dafür wenigstens theoretisch ein ganz neues Gebiet in den Beziehungen von Staat zu Staat. Aus dem Volke, das seinem Freiheitshelden Wilhelmus von Nassauen im gleichnamigen Volksliede nachrühmt, er sei dem König treu gewesen „in der gherechticheyt“[2], ersteht in Hugo Grotius der Denker, der die aus der Zersetzung der mittelalterlichen Welt hervorgegangenen Mehrzahl souveräner Staaten mit Hilfe der von ihm geschaffenen Rechtsdisziplin des Völkerrechts der Rechtsidee unterwirft. Damit gibt er der Menschheit einen der größten Kulturgedanken, den sie besitzt und nicht ohne Grund können wir deshalb auch auf ihn jenes schöne Wort von Carlyle anwenden, der solche Männer „Feuersäulen“ nennt, „die der mühsam im Dunkel tappenden Menschheit den Weg des Fortschritts weisen“.

Kein Zweifel, daß der Gedanke des Völkerrechts sich heute in einer ernsten Krisis befindet. Denn das Wort, das einst

---

[1] Über den Begriff der Iustitia des Mittelalters als religiös-sittliche Vertiefung der römischen Rechtsdefinition siehe Wolzendorff, a. a. O. im Anschluß an Carlyle, A hystory usw., Bd. I, 1903, S. 7ff., und das von letzterem herangezogene „Fragmentum Pragense“.

[2] Wolzendorff macht a. a. O. S. 147 darauf aufmerksam, daß gerade dieses Lied beweist, wie stark im Empfinden des niederländischen Volkes die altgermanische Rechtsidee von der Gerechtigkeit als der immanenten Voraussetzung des Herrschaftsrechts des Königs fortlebt und analysiert in diesem Zusammenhang die niederländische Absagungsakte von 1581. Der Freiheitskampf der Niederlande war im Sinne des germanischen Staatsrechts keine Revolution, sondern ein Triumph des Rechtsgedankens. So ist es auch wohl kein Zufall, daß der bedeutendste Förderer der Rechtsidee, den die germanische Welt hervorgebracht hat, in dieser Epoche in den Niederlanden aufgewachsen ist.

der große Seher von Florenz beim Zerfall der mittelalterlichen politischen Weltordnung durch den Niedergang des Kaisertums warnend ausgerufen: „O Menschheit, von viel Stürmen und Verlusten, von wie viel Schiffbrüchen wirst du heimgesucht werden, nun du ein vielköpfiges Ungeheuer geworden bist und dein Trachten auseinandergeht,“[1] niemals hat es sich in so grausiger Weise erfüllt wie in der Gegenwart. Alle Spötter und Verächter der Rechtsidee höhnen über den Zusammenbruch des Völkerrechts, und die Geringschätzung, die sie früher der Arbeit dessen entgegengebracht, der sich um den Ausbau der internationalen Rechtsordnung bemüht, wandelt sich in ein gewisses Mitleid, das noch schwerer zu ertragen. Und manch einer verläßt die weiße Fahne, das Symbol der Idee eines internationalen Rechtsfriedens, oder wird doch irre an seinem früheren Glauben, daß das zwanzigste Jahrhundert uns diesem Ideal wesentlich näher bringen könne und müsse.

M. E. muß es auch hier heißen: Arbeiten und nicht verzweifeln. Zunächst ergibt es sich einmal aus den Tatsachen, daß die Idee des Völkerrechts sich auch in den Stürmen dieses Krieges behauptet. Keiner der kriegführenden Staaten wagt sich theoretisch vom Völkerrecht loszusagen und dessen Geltung zu verneinen. Mag der eine dem andern noch so viele Rechtsverletzungen vorwerfen, er selbst behauptet, das Völkerrecht genau inne zu halten. Sind ihm einzelne Rechtssätze peinlich, so bestreitet er höchstens, daß sie wirklich gemeines Völkerrecht darstellen, wozu leider die Möglichkeit überall dort verhältnismäßig leicht gegeben, wo die völkerrechtliche Entwicklung noch nicht bis zu einer Kodifikation geführt hat.[2]

[1] Mit diesen Worten schließt Dante das erste Buch seiner besonderen Schrift Monarchia, die sich mit der Idee des Weltkaisertums beschäftigt; vgl. darüber Schücking, Organisation der Welt, Leipzig 1909, S. 22ff.

[2] Am einfachsten ist das auf dem schwankenden Boden des Seekriegsrechts möglich. Man denke, wie sich England zugunsten der Will-

Auch wo schon kodifiziertes Recht vorliegt, sucht man gelegentlich diesem dann durch Interpretation eine Auslegung zu geben, die die Tragweite des Rechtsschutzes möglichst abschwächt.[1] Denken wir uns aber einmal aus dem gegenwärtigen Kriege das Völkerrecht hinweg, wieviel grauenhafter würde dann doch noch das Bild sein. Nur der eine Satz, daß der besiegte Feind geschont wird, mag das beleuchten. Als im Altertum in Griechenland Kultur und Zivilisation in der höchsten Blüte waren, konnte einmal in einer Volksversammlung angeregt werden, 4000 Gefangenen den Daumen abzuschlagen, damit sie niemals mehr die Waffe führen, wohl aber noch als Rudersklaven auf den staatlichen Galeeren der

---

kür immer mehr von dem Inhalt der Londoner Deklaration entfernen konnte, deren Sätze wegen mangelnder Ratifikation noch kein formal gültiges geschriebenes Recht für die Völker geworden waren, oder wie Deutschland meines Erachtens auch im Widerspruch mit dem internationalen Gewohnheitsrecht erklärt hat, daß es für Handelsschiffe ein allgemeines Recht zur Verteidigung nicht anerkennen könne; vgl. die deutsche amtliche Denkschrift vom 8. November 1915. Diese Frage ist durch Art. 12 al. 3 des Entwurfs, den das Institut für internationales Recht auf seiner Oxforder Tagung 1913 für die Kodifikation des Seekriegsrechts aufgestellt hat, bejaht, siehe das Annuaire de l'Institut de droit international, Bd. 26 von 1913, S. 516ff. Natürlich bedeutet diese Stellungnahme des Instituts keinen Rechtssatz. Die gegenteilige Meinung in jener Frage vertritt Triepel in seiner gründlichen Abhandlung: „Widerstand feindlicher Handelsschiffe gegen die Aufbringung" in der Zeitschrift für Völkerrecht, Bd. VIII von 1914, S. 378ff.

[1] Ein Beispiel bildet der berühmte Art. 23h der Haager Landkriegsordnung mit seinem Verbot der Aufhebung oder zeitweiligen Außerkraftsetzung der Rechte und Forderungen von Angehörigen der Gegenpartei oder der Ausschließung ihrer Klagbarkeit. Nach der englischen Auffassung soll sich das nur auf den Landkrieg beziehen und, ohne eine etwa bestehende staatliche Gesetzgebung zu berühren, nur eine Verhaltungsmaßregel für die Kommandanten enthalten, die im Wege der Instruktion zu erlassen ist. Aus den Materialien ergibt sich aber etwas anderes. Vgl. Strupp, Das internationale Landkriegsrecht, 1914, S. 64ff., und die daselbst angeführte Literatur.

damaligen Kriegsflotte ihres Besiegers verwandt werden könnten. Auch im alten Rom wurden nach dem Triumphzug des siegreichen Feldherrn durch die Hauptstadt die gegnerischen Führer erdrosselt und die sämtlichen Gefangenen als Sklaven verkauft, nur einzelne von ihnen behielt der Staat zurück, um sie als Gladiatoren zum Ergötzen des Publikums auf Tod und Leben mit den wilden Tieren fechten zu lassen.[1]

Daß alle Tendenzen auf Humanisierung des Krieges freilich doch in gewissem Sinne Schiffbruch gelitten haben, liegt in erster Linie nicht an den Verletzungen des Völkerrechts, sondern an den Fortschritten der Technik, die einen kriegserfahrenen Offizier mir gegenüber jüngst den modernen Krieg als ein „Arrangieren von Unglücksfällen großen Stiles" charakterisieren ließen. Wenn die Entwicklung der Moral dauernd so weit hinter den technischen Errungenschaften des menschlichen Geistes zurückbleibt, wie das durch die Möglichkeit dieses Krieges zutage getreten ist, so müssen naturgemäß die Kriege immer grausamer werden. Davon abgesehen, kann leider nicht bestritten werden, daß in diesem Kriege die Verletzungen des Völkerrechts zahlreicher und schwerer gewesen sind wie früher. Man denke nur an das Schicksal einzelner neutraler Staaten. Die Idee, der Furie des Krieges Fesseln anlegen zu wollen, ist in gewissem Sinne doch immer ein Versuch am untauglichen Objekt. Das Heer ist seinem Wesen nach die verkörperte Macht. Seine Unterordnung unter das Recht ist deshalb an sich schon schwierig.[2] Im Kriege besteht die Tätigkeit des Heeres in der Anwendung von Ge-

[1] Über die fraglichen Fortschritte des Völkerrechts vgl. meinen Aufsatz in der Kriegszeitung der Champagne Nr. 63 vom 9. Okt. 1915.

[2] Wie schwer der Machtgedanke mit dem Rechtsgedanken hier schon im Frieden zu versöhnen ist, ergibt sich aus § 32 D. St. O. vom 31. Oktober 1872, wonach die Mannschaften ihre Disziplinarstrafen erst verbüßen müssen, ehe sie das Recht haben, sich darüber zu beschweren.

walt, das ist der Sinn des Krieges, und dieser Sinn des Krieges steht im schärfsten Gegensatz zum Sinn des Rechts, das auf der sittlichen Idee der Gerechtigkeit beruht. Dazu kommt noch eines. Das Walten des Rechtes setzt immer das Vorhandensein einer gewissen sozialen Gemeinschaft voraus. Eine solche existiert zwar auch zwischen den Staaten und ermöglicht insofern das Völkerrecht. Aber in dem Moment, wo der Staat A mit dem Staate B in den Krieg eintritt, ist die Gemeinschaft zwischen diesen Staaten eigentlich doch völlig zerrissen. Wir Völkerrechtslehrer mögen tausendmal im Anschluß an Hugo Grotius den Krieg als den völkerrechtlichen Prozeß zwischen den Staaten hinstellen[1], aber wir dürfen nicht verkennen, daß dieser Vergleich doch mit den Tatsachen kontrastiert. A und B, die über das Vorhandensein oder Nichtvorhandensein einer Servitut streiten, treten sich in bezug auf dieses eine Vermögensrecht als Gegner gegenüber. Ist dagegen der Krieg einmal entbrannt, so geht es beiderseits um die Existenz, die idealste Kriegführung vom Standpunkt des Staates A aus ist diejenige, die den Staat B schlechterdings vernichtet. Ist doch z. B. nach der Entstehung des gegenwärtigen Krieges in der Presse der Entente wiederholt das Kriegsziel aufgestellt worden, das Deutsche Reich nach errungenem Sieg als staatsrechtliche Organisation aufzulösen, damit es niemand mehr bedrohen könne, während auf der anderen Seite die Annexion ganzer Staaten wie Belgien, Serbien, Montenegro unverblümt gefordert wurde. Die von Kant im sechsten Präliminarartikel seines Büchleins vom Ewigen Frieden aufgestellte Forderung, daß ein etwaiger Krieg

[1] Über den Krieg als Rechtsmittel im Anschluß an Hugo Grotius (de jure belli ae pacis II, 1) siehe die Abhandlung von Kaltenborn: „Zur Revision der Lehre von den internationalen Rechtsmitteln“ in der Zeitschrift für die gesamte Staatswissenschaft, Bd. 17 von 1861, S. 116ff.

doch nur mit solchen Mitteln geführt werde, daß dabei nicht das wechselseitige Zutrauen auf den künftigen Frieden schwinden dürfe[1], wird zum guten Teil immer daran scheitern, daß der Wille zum Sieg einerseits und die Anerkennung des Gegners als eines gleichberechtigten Genossen, mit dem man vorübergehend unter den Rechtsnormen des Krieges zusammen lebt, um baldmöglichst mit ihm unter den Normen des Friedens die Gemeinschaft fortzusetzen, psychologisch kaum miteinander zu vereinen sind. Wer den Gegner vernichten will, sieht in ihm eben keinen gleichberechtigten Genossen mehr. Je ungeheurer die Opfer des modernen Krieges sind, um so mehr wird aber der Wille zum Sieg jede andere Vorstellung verdrängen. Nun kommt hinzu, daß der A ja nicht nur in dieser Tendenz gegen B kämpft, sondern sich seinerseits von B's gleicher Absicht bedroht fühlt. Der Krieg mordet nicht nur die Männer, sondern auch unter Umständen die Staaten, nicht nur um B zu vernichten, sondern um sich selbst vor der Vernichtung zu bewahren, kämpft A mit aller Energie, die ihm zu Gebote steht. Er fühlt sich selbst deshalb in einem Notstand, und in diesem Notstand hält er sich darum gelegentlich moralisch für berechtigt, sich über die internationale Rechtsordnung hinwegzusetzen, dabei vergißt er, daß der ganze Krieg nichts weiter ist wie ein ungeheurer Notstand für den Staat. Die Anschauung, man könne im Kriege unter dem Gesichtspunkt des politisch-militärischen Notstandes das Völkerrecht verletzen, heißt also das Völkerrecht schlechterdings negieren.[2] Und doch liegt diese Anschauung nach dem Ge-

---

[1] Kant, Philosophischer Entwurf zum Ewigen Frieden, 1795. Siehe dazu vornehmlich Staudinger in Vaihingers Kantstudien, Bd. 1, 1897, S. 301ff.

[2] Freilich sind auch darüber die Meinungen geteilt; vgl. Bonfils Lehrbuch des Völkerrechts, 3. Aufl., von Fauchille, übersetzt von Grah, Berlin 1904, der das Recht des Notstandes ablehnt, S. 125ff.

sagten nur allzu nahe.[1] Bei dieser ganzen Sachlage muß man sich eigentlich wundern, daß im gegenwärtigen Kriege das Völkerrecht überhaupt noch solche Rolle spielt und seine Verletzungen nicht noch viel zahlreicher sind.

Alles das spricht aber nur gegen das Völkerrecht des Krieges und nicht gegen das Völkerrecht überhaupt. Es gehört nur zur Tragik des Völkerrechts, daß die große Öffentlichkeit sich für das Völkerrecht erst zu interessieren beginnt, wenn es sich um Kriegsrecht handelt. Aber wenn die Fackel des Krieges entzündet wird, verhüllt der Geist der Menschlichkeit schluchzend sein Haupt.[2] Bei dem dann eintretenden atavistischen Zustand muß naturgemäß auch die Rechtsidee Schaden leiden.

---

[1] So hat bekanntlich der deutsche Reichskanzler den Einmarsch in Belgien in seiner Reichstagsrede moralisch zu rechtfertigen gesucht. Juristisch kommt, will man den Notstand im Völkerrecht überhaupt anerkennen, zunächst in Betracht, daß das fremde Rechtsgut, hier die belgische Neutralität, geringwertiger sein muß gegenüber dem Schaden, der dem Deutschen Reiche drohte. Da Frankreich aber schon erklärt hatte, die belgische Neutralität nur so lange respektieren zu können, wie das von deutscher Seite geschähe, mußte der Einmarsch in Belgien die Folge haben, daß auch Belgien zum Kriegsschauplatz wurde. Man verlegte also den Krieg in das Land eines Neutralen, vgl. Renault, Les premières violations du Droit des Gens par l'Allemagne. Luxembourg et Belgique (Recueil Sirey 1917). Was die später in Brüssel aufgefundenen Dokumente angeht, so hat die Norddeutsche Allgemeine Zeitung am 27. August 1915 darüber geschrieben: „Im übrigen stellen wir fest, daß deutscherseits ein Versuch, den deutschen Einmarsch in Belgien mit dem schuldhaften Verhalten der belgischen Regierung nachträglich zu rechtfertigen, niemals gemacht worden ist." Weiter kann hier nicht auf diese Frage eingegangen werden. Wir begnügen uns vielmehr mit einem Hinweis auf die den belgischen Standpunkt vertretenden Bücher von Waxweiler, „La Belgique neutre et loyale 1915" und „Le procès de la neutralité belge 1916" und auf das Buch von Strupp, „Die Neutralisation und die Neutralität Belgiens", Gotha 1917. Letzteres versucht das deutsche Vorgehen zu rechtfertigen und bringt alle Urkunden und Literatur.

[2] Vgl. Schücking, Kultur und Krieg. Stuttgart 1913, S. 7.

Im Frieden ist uns die Geltung des Völkerrechts schon so in Fleisch und Blut übergegangen, daß die meisten hier die Wohltaten des Völkerrechts ganz unbewußt genießen. Wie harmlos hat sich jeder von uns im Frieden auf ausländischem Staatsgebiet aufhalten können, während einst der Fremde immer auch der Feind und seine Person und sein Vermögen der völligen Willkür des fremden Staates verfallen war! Wie oft warfen wir im Frieden einen Brief in den Postkasten, der in einem fremden Staate bestellt werden sollte und betrachteten es als absolut selbstverständlich, daß er, sorgfältig durch alle Zwischenländer transportiert, unangetastet im fernsten Erdteil seinen Empfänger erreichte. Mit welcher Sicherheit konnte man schon auf dem Bahnhofe in Frankfurt a. Main eine Fahrkarte lösen, um durch aller Herren Länder bis Peking zu reisen. Das alles ist gewesen, das alles wird wiederkehren, und selbst wenn das Völkerrecht des Krieges völlig zusammengebrochen wäre, so dürfte die Folgerung nur die sein, die friedensrechtlichen Normen über die Kriegsverhütung in dem Sinne weiter auszubauen, daß die Wiederkehr einer solchen Kriegskatastrophe nach Möglichkeit verhindert wird[1], damit nicht plötzlich der Ausländer wieder

[1] Solange die deutsche Völkerrechtswissenschaft nicht begreift, daß die Kriegsverhütung das Kardinalproblem des Völkerrechts ist, und demgemäß sich zu diesem Zweck auf die Bahnen des organisatorischen Pazifismus begibt, fehlt ihr die sittliche Berechtigung zur Behauptung, daß ein deutscher Sieg in diesem Kriege die Zukunft des Völkerrechts am besten sichern würde. Vgl. Zitelmanns Abhandlung über Krieg und Völkerrecht in dem Sammelwerk: Deutschland und der Weltkrieg, herausgegeben von Hintze, Meinecke, Oncken und Schumacher, Leipzig 1915. Die von Edgar Milhaud, Genf 1915, in den Vorträgen mit dem Titel: Du droit de la force à la force du droit nachgewiesene Tatsache, daß Deutschland auf den beiden Haager Konferenzen stets dahin gewirkt habe, daß die im Interesse der Erhaltung des Friedens in Aussicht genommenen Bestimmungen abgelehnt oder nur in abgeschwächter Form angenommen wurden, läßt sich leider nicht be-

zu einem Feind wird, den man interniert und dessen Vermögen man beschlagnahmt, damit nicht die Postsäcke im Verkehr zwischen neutralen Ländern, wie Holland und den

---

streiten. Vergeblich habe ich in der Einleitung zu meinem Büchlein über „Die Organisation der Welt“ a. a. O. darauf aufmerksam gemacht, daß die zukünftige Stellung unseres Vaterlandes davon abhängig sein würde, daß wir das Problem zu lösen wüßten, das nationale Ideal mit dem internationalen zu vereinen. Sonst könne es uns gehen, wie jenen Einzelstaaten in Deutschland, die überrannt worden sind, weil sie sich gegen den nationalen Gedanken sperrten. — Das mangelnde Verständnis, das Deutschland für die Probleme des Haager Werkes an den Tag gelegt hat, ist auch der tiefere Grund für die zu Beginn des gegenwärtigen Krieges allseitig hervorgetretene Befehdung des deutschen „Militarismus“, wie ich in der vom Bund „Neues Vaterland“, Berlin 1915, herausgegebenen Abhandlung: „Der Weltkrieg und die deutschen Professoren“ (siehe diese jetzt in dem Büchlein: Schücking, Der Dauerfriede, Kriegsaufsätze eines Pazifisten, Leipzig 1917, S. 16ff.) dargelegt habe. Die inneren Gründe für die frühere Rückständigkeit der deutschen Völkerrechtswissenschaft in ihrem Verhältnis zu den Haager Friedenskonferenzen habe ich mich bemüht, in dem Aufsatz L'Allemagne et la droit international in der Revue politique internationale, Paris 1914, Heft 5, S. 1ff., zu entwickeln. Die dort charakterisierte, etwa um 1907 einsetzende fortschrittliche Richtung, die vor dem Krieg sehr aussichtsreich erschien, scheint gegenwärtig zunächst einen bösen Rückschlag erfahren zu haben. Protestieren muß man zunächst im deutschen Interesse gegen einen Kulturimperialismus, wie er in der Äußerung von Friedrich zutage tritt: „Bleibt Deutschland Sieger, dann wird es allerdings der internationalen Kulturwelt ein neues Völkerrecht diktieren, das es allein rechtlich und politisch zu garantieren in der Lage ist.“ Siehe Friedrich, Grundzüge des Völkerrechts, Leipzig 1915, S. 16. Im übrigen zeigt sich auch sonst jetzt während des Krieges bei den meisten Autoren in den Zukunftsfragen des Völkerrechts eine Auffassung, die künftigen Generationen viel zu denken geben wird. So wenn Triepel in seinem Vortrag über „Die Zukunft des Völkerrechts“ (Vorträge der Gehestiftung, Bd. VIII von 1916, S. 13) konstatiert, „daß die Entwicklung der Einrichtungen zur friedlichen Erledigung internationaler Streitigkeiten bereits jetzt hart an einer Grenze angelangt ist, über die sie nach der Natur der Dinge nicht hinauswachsen kann“. Oder wenn Strupp in einer sonst so kenntnisreichen Abhandlung:

Vereinigten Staaten, durch das seebeherrschende England in dessen Häfen durchgesucht und schließlich das freie Meer völlig gesperrt wird.

Einst sind es gerade die Greuel des 30jährigen Krieges gewesen, die das menschenfreundliche Herz des Hugo Grotius veranlaßt haben, der Idee nachzugehen, daß die Staaten sich in ihren Beziehungen untereinander der Herrschaft des Rechts unterwerfen müßten und zu diesem Zweck in seinem berühmten Werke „De jure belli ac pacis" die Disziplin des Völkerrechts zu entwickeln. Seitdem hatte Kant in § 61 seiner Rechtslehre die Aufgabe der von Grotius geschaffenen Wissenschaft verheißungsvoll dahin formuliert „Den Naturzustand der Staaten in einem Staatenverein in einen gesetzlichen Zustand umzuwandeln, der im Hinblick auf die Idee des ewigen Friedens zu einem wahren Friedenszustand werden soll, dazu ist das Völkerrecht angetan."[1] In dem Moment, wo dieser

---

„Lebendes und totes Völkerrecht" in der Zeitschrift für internationales Recht, Bd. 26 von 1916, S. 479ff., die Parole der Zukunft über das Verhältnis zu den feindlichen Staaten und gewissen „Neutralen" auf die Formel bringt: „Nationale Reserviertheit". Vergleicht man mit solchen Auffassungen die Erklärung des Reichskanzlers vom 9. November 1916 über die Bereitwilligkeit Deutschlands zu einem Weltfriedensbunde, so muß man konstatieren, daß hier der Staatsmann der Wissenschaft neue Wege weist, nicht aber, wie es sein sollte, die Wissenschaft dem Staatsmann. Eine glänzende Ausnahme unter den deutschen Staatsrechtslehrern macht Redslob, siehe dessen hochinteressante Abhandlung über die „Völkerrechtlichen Ideen der französischen Revolution" in der Festgabe für Otto Mayer zum 29. März 1916, S. 273ff. Vgl. dazu meinen Aufsatz „Weltkrieg und Völkerrecht" vom 28. Januar 1915 und meine Denkschrift an den Reichskanzler „Meeresfreiheit gegen Friedensgarantien" vom 23. Januar 1916 im „Dauerfrieden", a. a. O. S. 8ff. und S. 50ff.

[1] Dieses Wort unseres größten Philosophen ist mir einstweilen doch bedeutsamer, wie die im Zeitalter der Haager Friedenskonferenzen doppelt überraschende Entdeckung meines Frankfurter Fachkollegen, des Herrn Prof. Giese, der in einer Rezension über meinen „Staaten-

Krieg ausbrach, mußte jeder Anhänger der Rechtsidee seine Hoffnung darauf setzen, daß seine furchtbaren Eindrücke uns jenen Zielen Kants wesentlich näher bringen würden. Es sind keine andern wie die des organisatorischen Pazifismus, und darum mögen hier die Worte Stellung finden, die ich wenige Wochen nach Ausbruch des Krieges über „Weltkrieg und Pazifismus“ anderswo ausgesprochen habe.[1]

„Darum können wir den pazifistischen Gedanken heute nicht begraben, sondern mitten in diesem Meer von Blut, durch das wir waten müssen, ziehen wir unsere weiße Fahne auf und lassen sie flattern, hoch im Winde! Mag die Erregung der Zeit die Fluten des Hasses der Völker gegeneinander höher und höher emportreiben, wir glauben an die noch stärkere Kraft der Liebe. Wir glauben an den Sieg der Vernunft und hoffen auf ein besseres Morgen, und wenn die Ereignisse der Gegenwart alle Ansätze hinweggerissen haben, die uns die Vergangenheit für eine Rechts- und Friedensordnung der Kulturwelt schon gebracht hatte, so hoffen wir um so mehr, daß die Menschheit aus diesen gegenwärtigen Ereignissen lernen wird. Der Eindruck, daß das bisherige politische System Europas, dargestellt durch die großen gegeneinander gerichteten Bündnisse, jeden bedeutenden Konflikt gleich zu einem Weltenbrande aufflammen läßt und daß es deshalb völlig ungeeignet ist, den Rechtsfrieden der Kulturwelt zu bewahren, wird sich den weitesten Kreisen mitteilen. Die Einsicht, daß es etwas Entsetzliches ist, wenn die Menschen, die

---

verband der Haager Konferenzen“ (München und Leipzig 1912) feststellt, die Völkerrechtswissenschaft und der Pazifismus hätten nichts miteinander zu tun, oder wie das Wort des Berliner Völkerrechtslehrers Erich Kaufmann: „Das soziale Ideal ist der siegreiche Krieg.“ Siehe dessen Buch über das Wesen des Völkerrechts und die Klausel rebus sic stantibus, 1911, S. 146.

[1] Christliche Welt vom 24. Sept. 1914, Nr. 39, S. 875ff., jetzt auch im „Dauerfrieden“, a. a. O., S. 3ff.

sich nie gesehen und die keinen Grund haben, einander zu zürnen, sich hinmähen, wie man die Kornähren des Feldes mäht, werden viele Krieger in die Heimat heimtragen. Und die Politiker aller Nationen werden sich aus der gegenwärtigen Katastrophe Europas davon überzeugen, daß der Satz: Si vis pacem, para bellum eine trügerische Scheinwahrheit ist. Das haben wir Pazifisten längst gewußt und tausendfach ist von unserer Seite die Alternative gestellt, daß man entweder baldmöglichst die Lehren des organisatorischen Pazifismus beschreiten müsse, oder all das Rüstungsfieber einen furchtbaren Weltenbrand heraufführen werde. Wenn noch irgendein Menschenfreund den Mut haben könnte, bei all dem grausigen Elend dieses Krieges kühn das Haupt zu erheben, so wäre es der Pazifist, der das ganze Unglück für den Fall hat kommen sehen, daß seine Ideen weiter ohne Verwirklichung bleiben sollten."

2. Kapitel.

Das Problem der Kriegsverhütung und die konkreten Konflikte des Völkerrechts.

Im vorausgegangenen sind wir zu der Erkenntnis gekommen, daß die Hauptlehre des Weltkrieges darin bestehen muß, die friedensrechtlichen Normen über die Kriegsverhütung weiter fortzubilden. Wir halten es dabei nicht für notwendig, uns weiter mit solchen angeblichen Rechtslehrern auseinanderzusetzen, die in einem gesicherten Rechtsfrieden überhaupt kein Ideal erblicken, sondern sich an jenem Kultus des Krieges beteiligen, der mehr wie alles andere dazu beigetragen hat, Deutschland in der Kulturwelt geistig zu isolieren.[1] Wir verzichten auch auf eine Auseinandersetzung mit all jenen

[1] In höchst geschickter Weise haben die gegnerischen Staatsmänner es immer wieder verstanden, in ihren Kundgebungen uns unter Bezugnahme auf diesen Kultus des Krieges als die Feinde der Menschheit hinzustellen, gegen die man einen Kreuzzug unternehmen müsse, und so die eigenen imperialistischen Ziele mit dem Mantel des Pazifizismus zu bekleiden. Das geschieht noch in dem Schreiben des Staatssekretärs Balfour an Wilson vom 16. Januar 1917, um die Note zu rechtfertigen, durch die die Entente Wilsons Angebot der Friedensvermittlung abgelehnt hatte. Hier heißt es: „Während die andern Nationen, insbesondere die Vereinigten Staaten und Großbritannien, danach strebten, durch Schiedsgerichtsverträge die Sicherheit zu gewinnen, daß keine Aussicht auf einen Streit den Frieden stören könne, den sie dauernd zu gestalten wünschten, stand Deutschland abseits. Seine Geschichtsschreiber und Philosophen predigten den Glanz des Krieges." Leider haben sich auch deutsche Rechtslehrer in jenem Lager befunden.

„Nihilisten des Völkerrechts", wie ich sie nennen möchte, die von einem Ausbau der internationalen Rechtsordnung nichts wissen wollen, weil der „ewige Friede" etwas Utopisches sei. Gewiß teilt unsere Rechtsordnung die Unvollkommenheit aller andern irdischen Erscheinungen, Privatrecht, Strafrecht und Staatsrecht reichen auch niemals aus, um im Innern des Staates eine absolute Herrschaft des Rechts zu stabilisieren, aber wer möchte deshalb auf die Aufrichtung einer Rechtsordnung verzichten? Was beweist denn eine Revolution gegen den grundsätzlichen Wert des Staatsrechts? Auf keinem andern Gebiete des Rechtslebens wird aus der Möglichkeit der Rechtsverletzung auf den grundsätzlichen Unwert des Rechts geschlossen. Mag jene Möglichkeit heute noch graduell im Völkerrecht eine viel größere sein wie bei anderen juristischen Materien, so gehört doch nur eine bescheidene Einsicht dazu, um unterscheiden zu können zwischen dem „ewigen Frieden" im Rechtsinne, der durch seine Normen den Krieg verhüten will, und dem ewigen Frieden im tatsächlichen Sinne, der uns allen bisherigen Erfahrungen zu widersprechen scheint.

Wir verzichten weiter auf eine Auseinandersetzung mit all den naiven Gemütern, so zahlreich sie auch in den Kreisen unserer sogenannten Intellektuellen vertreten sind, denen der Krieg ein biologisches Grundgesetz oder unvermeidliches Naturereignis ist, wie ein Erdbeben oder ein Platzregen.[1] Es ist das eine grobmaterialistische Anschauung und es gilt von ihr

[1] Daß dieselben Leute dann doch wieder ein einzelnes Volk oder einen einzelnen Staatsmann wie Grey für das ganze Unglück verantwortlich machen, beweist ihr oberflächliches und widerspruchsvolles Denken. Gegen die Naivität der obigen Auffassung, die vielleicht auch auf einer Verwechslung von Ursache und Wirkung des Krieges beruht (die Wirkung gleicht in ihrem elementaren Charakter schon eher dem Naturereignis, dem sich niemand entziehen kann), siehe jetzt auch Fürst Bülow in seiner „Deutschen Politik", S. 119, unter Berufung auf Bismarck.

das, was der Philosoph Moritz Carrière vom Materialismus überhaupt gesagt hat, er sei eine theoretische Selbstvertierung, der die praktische über kurz oder lang folgen müsse, ein prophetisches Wort, das leider durch diesen Krieg nur zu sehr in Erfüllung gegangen.

Unseres Erachtens kommt es, ganz allgemein gesagt, also darauf an, die Rechtssätze über die friedliche Beilegung internationaler Konflikte so fortzuentwickeln, daß sie möglichst jedem Bedürfnis genügen, einerlei welche Rechtsnatur der fragliche Konflikt hat. Diese Arbeit wird freilich derjenige für nutzlos halten, der überhaupt in dem konkreten Konflikt nicht die wesentliche Ursache des Weltkrieges erblickt. Es gibt Gegner des Krieges, die den Krieg als „an sich und unbedingt unsittlich" bezeichnen[1], aber alle gegenwärtig zutage tretenden Bestrebungen für einen Ausbau des Völkerrechts im Sinne der Friedensbewahrung als einen „mechanischen Pazifismus" bezeichnen, um ihrerseits das Heil lediglich in einer inneren sittlichen Erneuerung der Völker zu erblicken, die wir kurzweg als Abkehr vom Geiste des Imperialismus charakterisieren können.[2] Dazu ist folgendes zu sagen. Wenn man dem Wesen des Krieges soziologisch nachgeht, so wird man darin m. E. am besten eine schwere Erkrankung am sozialen Körper der Menschheit erblicken. Daß 30 Millionen Menschen, die die Blüte ihrer Nationen darstellen, bestrebt sind, einander im organisierten Massenmord zu vernichten, während nach den Forderungen der Humanität jedes Menschenantlitz schlechterdings jedem Menschen etwas Heiliges sein sollte, daß an zahllosen Stellen mit allen Mitteln moderner Technik an einem Tage alles vernichtet wird, was Jahre, Jahrzehnte und manchmal Jahrhunderte aufgebaut haben, daß für solche Ver-

---

[1] So Natorp im Archiv für systematische Philosophie, Bd. II, S. 248ff., und Ethische Kultur, Bd. IV, Nr. 26.

[2] In diesem Sinne Natorp, Krieg und Frieden. München 1916.

nichtung täglich über eine halbe Milliarde ausgegeben wird, während es vor dem Kriege in einem so reichen und fortgeschrittenem Lande wie Deutschland nach den amtlichen Berichten der Wohnungsinspektion in München z. B. nicht möglich war, für jeden Tuberkulosen in seiner Familie auch nur ein eigenes Bett zu schaffen, daß Millionen von Menschen sich voreinander wieder in Erdlöchern bergen und Wohnungen bis zu 8 m Tiefe unter der Erde bauen, das alles kann dem nüchternen Denken doch nur als ein pathologischer Zustand erscheinen. Schwere Erkrankungen geschehen aber meistens auf der Grundlage einer gewissen Disposition durch ein Contagium. Beide Faktoren müssen zusammenkommen. Der gesunde Mensch schluckt täglich die verschiedensten Bazillen, ohne daß sie ihm schaden; wer gesundheitlich reduziert ist, trägt von ihnen den Todeskeim davon. Ähnlich ist es mit der Entstehung des Krieges. Sind alle Völker friedliebend und vertrauen einander, so ist es natürlich unmöglich, daß ein ursprünglich lokaler Konflikt, wie z. B. der zwischen Österreich und Serbien, die Welt in Flammen aufgehen läßt. Das ist eine Binsenwahrheit. Ist dagegen infolge der politischen Sinnesart in bezug auf die Probleme der auswärtigen Politik der Zustand in der Kulturwelt, so wie er vor dem Weltkrieg war und die Luft gleichsam überladen mit Elektrizität, so ist jeder lokale Konflikt eine ungeheure Gefahr für das Ganze. Wie der Hygieniker deshalb die Krankheit in erster Linie dadurch zu bekämpfen sucht, daß er gesunde Menschen schafft, deren Wohnungen gesättigt sind von Licht und Luft und deren Körper ausreichend ernährt ist, damit die Disposition zur Krankheit verschwindet, so wird es die Aufgabe der Ethiker, Theologen usw. sein, für einen neuen Geist in Europa zu sorgen. Aber daneben führt die Medizin doch einen planmäßigen Kampf gegen jedes Ansteckungsgift, das von einem einzelnen Kranken ausgeht und gegen jeden einzelnen Krankheitsfall. Ebensowenig wie man, um der Kulturwelt den Rechtsfrieden zu erhalten, darauf verzichten darf, die Psychologie der Masse in den einzelnen Ländern auf bessere Bahnen zu führen[1], ebensowenig darf man aber darauf verzichten, für die friedliche Lösung internationaler Konflikte solche Formen auszubilden, die die Anwendung von Gewalt nach Möglichkeit ausschalten. Es gilt also das eine zu tun und das andere nicht zu unterlassen. Die letztere Aufgabe, betreffend die Lösung konkreter Konflikte, fällt den Juristen zu. Gewiß müssen diese sich auch hier darüber klar sein, daß sie immer nur die toten Formen geben können, die nichts sind ohne den Geist, der sie trägt. Der letzte Grund allen Rechts ist die seelische Überzeugung von seiner Gültigkeit.[2] Aber andererseits liegt doch wieder zwischen der Psychologie der Masse und dem Vorhandensein einer äußeren Ordnung des Rechtes eine Wechselwirkung vor. Wie soll das Seelenleben der Völker sich einstellen können auf einen neueren und besseren Geist, solange ihnen nicht die neuen Formen gezeigt werden, die auch für die Fälle von Konflikten zwischen den Staaten weitgehende Möglichkeiten friedlicher Lösungen in sich schließen.

Wir Juristen haben also nicht den geringsten Grund, abzudanken und so lange auf die Weiterbildung des Völkerrechts im Sinne des organisatorischen Pazifismus zu verzichten, wie nicht der Geist des Imperialismus ausgerottet ist. Im Gegenteil, vielleicht müssen wir uns Vorwürfe machen, daß, während in

---

1 Auf diese Notwendigkeit haben die Führer des Pazifismus immer hingewiesen; vgl. daraufhin Frieds treffliche Schrift: „Der revolutionäre Pazifismus", Tübingen 1908, jetzt in zweiter Auflage unter dem Titel: „Die Grundlagen des ursächlichen Pazifismus", Zürich 1916, und es ist insofern nicht richtig, wenn Natorp am letztgenannten Ort glaubt, einen rein mechanischen Pazifismus der Schnellkur einem organischen gegenüberstellen zu müssen.

2 Vgl. das Kapitel über Staat und Recht in Jellineks Allgemeiner Staatslehre.

allen Ländern doch auch schon Gegenströmungen internationaler Verständigung vorhanden waren, der Ausbau der internationalen Rechtsordnung doch noch nicht weit genug vorgerückt war, um für die friedliche Lösung eines so bösartigen Konflikts die richtigen Formen zu geben, wie es der zwischen Österreich und Serbien gewesen ist. Denn die Erfahrung lehrt, daß es doch immer wieder konkrete Konflikte sind, aus denen die Kriege hervorgehen, genau so wie die Menschen nicht an ihrer allgemeinen Schwächlichkeit sterben, sondern an der auf dieser Basis erworbenen Krankheit. So wichtig die Psychologie der Völker für die Frage Krieg oder Frieden ist, so haben wir doch oft gesehen, daß schlimme Spannungen von jahrelanger Dauer auch ohne Katastrophen vorübergegangen sind, weil die konkreten Konflikte fehlten oder sich rechtzeitig in friedlichen Formen aus der Welt schaffen ließen. Und schließlich sind solche Spannungen verschwunden oder haben sich gar wohl in Freundschaften verwandelt.[1] Nicht ungeschickt hat die

[1] Man denke z. B. an den Gegensatz zwischen Rußland und Deutschland nach dem Berliner Kongreß, oder zwischen Österreich-Ungarn und Preußen nach 1866, zwischen England und Frankreich nach Faschoda und höre, was ein diplomatischer Praktiker wie der Fürst Bülow zu dieser Frage sagt: „Daß die Gefahr eines kriegerischen Zusammenstoßes zwischen Deutschland und England mehr wie einmal nahegerückt schien, wollte noch nicht besagen, daß der bewaffnete Konflikt nur aufgeschoben, nicht aufgehoben war. Es ist schon oft dagewesen, daß die Diplomatie in die Notwendigkeit versetzt schien, der bewaffneten Macht die Fortführung der Auseinandersetzungen zu überlassen. Aber gerade die Nähe dieses kritischen Augenblicks hat häufig genügt, die stockenden Verhandlungen wieder in Fluß zu bringen und zum friedlichen Ergebnis zu führen. Kriegswolken gehören zum Bilde des politischen Himmels. Aber die Zahl derer, die sich entladen, ist ungleich geringer als die Zahl der Wolken, die sich verziehen. Schwere Gefahren haben den Frieden zwischen England und Frankreich in den vierziger Jahren des 19. Jahrhunderts während der Julimonarchie bedroht, und zeitweise auch in der Epoche des zweiten Kaiserreichs. In seiner Rede vom 6. Februar 1888 hat Fürst Bismarck den Nachweis

Baronin Suttner bekanntlich aus den Memoiren eines so gescheiten Diplomaten wie des Fürsten Chlodwig Hohenlohe alle die Stellen zusammengestellt, die von „unvermeidlichen Kriegen" im Sinne des Autors handeln, die dann doch niemals geführt worden sind. Es ist eine sehr bequeme Auffassung der Dinge, jetzt nachträglich zu sagen, daß dieser grauenhafte Krieg doch unbedingt hätte kommen müssen und damit diejenigen von jeder Verantwortung zu befreien, die als verantwortliche Staatsmänner den Konflikt hätten friedlich schlichten sollen. Seltsam, wo es bisher galt, durch Rüstungen den Frieden zu sichern, hat man niemals diesen

geführt, daß, von der verhältnismäßig kurzen Periode abgesehen, wo das von den napoleonischen Kriegen erschöpfte Europa unter der Obhut der heiligen Allianz eine noch dazu ziemlich trügerische Ruhe genoß, die Gefahr großer Konflagrationen immer vorhanden war. Alle diese bedrohlichen Wolken haben sich verzogen, ohne daß eine Entladung erfolgt wäre. Und wenn ich meine eigenen Erlebnisse und Erfahrungen an mir vorüberziehen lasse, so erinnere ich mich, daß vier Jahre nach dem Frankfurter Frieden, als der „Krieg-in-Sicht-Artikel" der „Post" erschien, Fürst Bismarck von manchen Seiten kritisiert wurde, weil er nicht begreifen wollte, daß der Krieg mit Frankreich unvermeidlich sei. Nach dem Berliner Kongreß und noch mehr während des schicksalsschweren Winters 1887/88 wurde Fürst Bismarck getadelt, weil er trotz des Umsichgreifens der panslawistischen Strömung in Rußland und trotz umfassender russischer militärischer Vorbereitungen den Frieden mit Rußland zu erhalten suchte. Fürst Bismarck ließ sich nicht irre machen. Er hat dreimal Krieg geführt, ist aber viel häufiger Konflikten ausgewichen .... Er hat trotz nahegerückter Konflikte 1875, wie 1878, wie 1887/88 den Frieden erhalten. Und in der Tat haben wir nach jenen kritischen Momenten mit Frankreich noch 39, mit Rußland noch 36 bzw. 26 Jahre in Frieden gelebt .... Was geschehen wäre, wenn es in dieser oder jener kritischen Phase der Vergangenheit zum Kriege gekommen wäre, ist heute ebensowenig festzustellen, wie sich mit Sicherheit sagen läßt, ob, wenn im Juli 1914 die allgemeine Konflagration nicht eingetreten wäre, wir den Weltbrand später doch bekommen hätten oder ob nicht vielleicht Ereignisse eingetreten wären, die die Gefahr des allgemeinen Krieges wieder für absehbare Zeit ausgeschaltet hätten." Bülow, a. a. O., S. 117ff.

quietistischen Standpunkt eingenommen, deshalb sollte man ihn aber auch nicht gegenüber den Postulaten nach einem Ausbau des Völkerrechts im Sinne der Friedensrüstung vertreten, zumal diese unmöglich die schädlichen Nebenwirkungen der Rüstungen haben kann, gleichzeitig als Bedrohung zu wirken. Wer freilich der naiven Meinung ist, es handle sich bei dem Weltkrieg wirklich um einen seit Jahren in allen Einzelheiten beabsichtigten Überfall des einen Teiles durch den andern und nicht um einen konkreten Zwist, der durch jahrelange Feindschaft und die dahinter stehenden weltpolitischen Gegensätze eine so furchtbare Gefahr bedeutete, der wird der Ausbildung besserer Formen zu Beitragung von Interessekonflikten wenig Bedeutung beilegen. Indessen die Theorie von dem jahrelang vorbereiteten planmäßigen Überfall vermag den Kundigen nicht zu befriedigen. Sie scheitert schon daran, daß beide Streitteile sich in dieser Beziehung den gleichen Vorwurf machen, und daß bei beiden Streitteilen alle Schichten der Bevölkerung von der Richtigkeit dieser Behauptung überzeugt sind. Könnte einer der beiden Parteien aber wirklich den klaren Beweis ihres planmäßigen Überfalls erbringen, so würden auch auf der Gegenseite die intelligenteren Elemente nicht dauernd von dem guten Rechte ihrer Regierung überzeugt bleiben. Mehr oder weniger starke Kriegsparteien hat es natürlich schon im Frieden in allen beteiligten Ländern gegeben.[1] Die Frage ist nur die, ob die verantwortlichen Instanzen sich in ihren Dienst zu stellen geneigt sind. In dieser Beziehung hat ein dem deutschen Reichs-

---

[1] Lammasch sagt mit Recht in seinem vor dem Kriege erschienenen Buche: „Die Lehre von der Schiedsgerichtsbarkeit in ihrem ganzen Umfang", Stuttgart 1914, S. 44, daß eine Kriegspartei naturgemäß in jedem Staate vorhanden ist, der ein stehendes Heer mit ehrgeizigem Offizierkorps, eine einflußreiche Rüstungsindustrie oder nach neuen Absatzgebieten strebende industrielle und merkantile Kreise besitzt.

kanzler nahestehender Diplomat vor Ausbruch des Krieges die Weltpolitik nicht ungeschickt dahin charakterisiert, daß zwar immer wieder ein diplomatisches Ringen in Europa stattfände, aber angesichts der Unübersehbarkeit der Schrecknisse und Folgen des modernen Krieges die verantwortlichen Instanzen keiner Partei den Krieg wollten, nur sei jeder davon überzeugt, daß auch der diplomatische Gegner vor diesem Wagnis in letzter Stunde zurückschaudern werde, so habe sich eine Politik des wechselseitigen Bluffs bei der Erledigung konkreter Streitfälle eingebürgert und das sei freilich eine ungeheure Gefahr für den Weltfrieden. Denn daraus ergebe sich jederzeit die Möglichkeit, daß man sich einmal festbluffen könne.[1] Wie man nun auch die Schuld am gegenwärtigen Kriege verteilen mag, immer wird man zugestehen müssen, daß diese Politik des Bluffs mit der daraus hervorgehenden Intransigenz einzelner Staaten bei den obschwebenden Verhandlungen und der russischen Gesamtmobilmachung im letzten Grunde die gegenwärtige Katastrophe verursacht hat und jeden-

[1] Vgl. das geistreiche Buch von Ruedorffer: Grundzüge des Weltpolitik in der Gegenwart. Stuttgart und Berlin. Der Name der Autors ist ein Pseudonym. Ruedorffer nennt den Bluff geradezu das Hauptrequisit der diplomatischen Methode und sagt darüber S. 221 folgendes: „Der Charakter des diplomatischen Spieles hat sich geändert. Wenn zwischen zwei streitenden Teilen niemand den Krieg will, so wird nicht immer der Mächtigere, das heißt der, der den Krieg leichter vertragen kann, siegen, sondern derjenige, der mit der Behauptung, daß er bereit sei, loszuschlagen, länger aushält, also mehr Ruhe, Haltung, Hartnäckigkeit und Geschwindigkeit hat ... Aus der Eigenart dieser Methode ergibt sich nun das Moment, das für unsere Zeit die größte Gefahr des Krieges enthält ... Hat eine Regierung sich, durch die Methode des Bluffs verleitet, zu weit vorgewagt oder, wie man sagt, festgeblufft, so ist sie vielleicht nicht mehr imstande, einen Rückzug, auch wenn er sachlich richtig wäre, anzutreten, — die Rücksicht auf persönliche Interessen, der Ehrgeiz der Regierungen oder der zu erwartende Entrüstungssturm der Nationalisten können einen Krieg herbeiführen, den das sittliche Interesse allein nie gerechtfertigt hätte."

falls ein viel zu gefährliches Spiel ist, um als sachgemäße Lösung internationaler Konflikte zu erscheinen. Die Ausbildung neuer Formen für die Erledigung internationaler Interessenkonflikte wird bei eindringlicher Erwägung aber auch derjenige für nützlich und notwendig erachten, der für seine Person von dem absoluten Kriegswillen des Gegners überzeugt bleibt. Denn damit würde der schlechterdings böswilligen Partei in Zukunft die Möglichkeit genommen sein, vor dem eigenen Volke alle Schuld dem Gegner aufzuladen, und indem man sich als das unschuldige Opfer eines planmäßigen Überfalles hinstellt, dem Kriege dadurch jenes Maß von Popularität zu geben, dessen er als moderner Volkskrieg mit seinen ungeheuren Opfern nicht entbehren kann. Es erscheint als ein schlechterdings unerträglicher Zustand, daß heute einige wenige Männer, denen es vielleicht teils am guten Willen, teils an den nötigen Geistesgaben fehlt, im geheimen Dunkel der Diplomatie Entscheidungen fällen, die nachher Millionen ihrer Volksgenossen das Leben kosten und ganz Europa in ein großes Trauerhaus, ein großes Lazarett und eine große Konkursmasse verwandeln. —

Wenn man die Parlamentsbücher studiert, die über die diplomatische Vorgeschichte des Weltkrieges herausgegeben sind, so gewinnt man den Eindruck, daß, so verhängnisvoll die allgemeinen politischen Gegensätze in Europa auch gewesen sind und so sehr sie die friedliche Lösung der österreichisch-ungarisch-serbischen Krise erschwert haben, doch andererseits auch diese Frage friedlich hätte gelöst werden können, wenn das Völkerrecht den Staaten dazu schon bessere Methoden an die Hand gegeben hätte. Es hilft nichts, die Menschen anzuklagen, wir müssen auch hier die Fehler im System suchen. Im folgenden soll einmal der Versuch gemacht werden, mit möglichster Unbefangenheit den fraglichen Konflikt zu analysieren und nachzuweisen, woran seine friedliche Lösung gescheitert ist.[1] Nur eine solche völkerrechtliche Betrachtung der Ereignisse kann uns darüber belehren, welche große Lücke im Völkerrecht vorhanden ist und in welchem Sinne sie ausgebaut werden muß.

---

[1] Eine solche unbefangene Untersuchung vermag ich weder in der bekannten Schrift Oxforder Gelehrter: Why we are at war, Oxford 1914, noch in Strupps Abhandlung: Die Vorgeschichte und der Ausbruch des Krieges von 1914 in der Zeitschrift für Völkerrecht, Bd. VIII, Heft 6, S. 655ff., zu erblicken. Es ist vielmehr geradezu erschreckend, wie sehr eine an sich edle Vaterlandsliebe und eine an sich begreifliche seelische Erregung über das Ungeheuerliche dieses Krieges in diesen und andern Publikationen die Urteilskraft von Gelehrten getrübt und ihren Willen zur Gerechtigkeit gehemmt hat. Ebenso groß wie die technischen Leistungen der Wissenschaft in diesem Weltkrieg, ebenso trostlos war ihr ethisches Versagen. Siehe darüber den geistreichen Vortrag von Sinzheimer: „Völkerrechtsgeist", Leipzig 1917, der das Versagen der Wissenschaft mit Recht dem der Kirche an die Seite stellt. Gewiß ist das Rüstzeug, das der Gelehrte heute in bezug auf die Ergründung der diplomatischen Vorgeschichte des Weltkriegs zu seiner Verfügung hat, ein höchst unvollkommenes, aber um so zurückhaltender sollte er deshalb mit absoluten Urteilen und Verurteilungen sein. Man sollte nicht glauben, daß es noch heute Geschichtsprofessoren gibt, die es nicht einmal für notwendig erachtet haben, die gewiß kritisch zu betrachtenden, aber doch immerhin beachtlichen gegnerischen Parlamentsbücher anzuschauen und doch ganz genau wissen, wer den Krieg planmäßig gemacht hat.

3. Kapitel.

Das Scheitern des Vorschlags betreffend ein Schiedsgericht im Konflikte zwischen Österreich-Ungarn und Serbien.

§ 1. Das Angebot des Schiedsgerichts.

So wenig es leider dem Völkerrechte gelungen ist, den Streit zwischen Österreich-Ungarn und Serbien durch friedliche Rechtsmittel zu erledigen, so falsch wäre doch die Annahme, die Institutionen des modernen Völkerrechts hätten in der Debatte, die dem Kriege vorausging, überhaupt keine Rolle gespielt. Prüft man daraufhin die Vorgeschichte des Krieges, so sehen wir sowohl den Gedanken einer Lösung durch einen Haager Schiedsspruch wie durch eine formelle Vermittlungsaktion auftauchen. Beide Ideen sind gescheitert, aber es bleibt ein schwacher Trost, daß sie wenigstens aufgetaucht sind. Denn die Kriegsverhütung durch friedliche Streiterledigungsmittel ist eine erst in der jüngsten Entwickelung des Völkerrechts immer mehr hervortretende Tendenz, ihr gegenüber hat der Krieg bisher eine so ungeheure Rolle in den Beziehungen der Staaten zueinander gespielt, daß man sich nicht wundern kann, daß sich diese neue Tendenz noch nicht absolut hat durchsetzen können, cum grano salis sind auch für solch einen radikalen Umschwung in den Beziehungen der Staaten nach dem berühmten Worte des Psalmisten „1000 Jahre wie eine Nachtwache und wie der Tag, der gestern vergangen ist.“ Man soll von den Institutionen und von den Menschen nicht mehr begehren als sie geben können. Das gilt auch von den europäischen Gemütern und den Haager Einrichtungen im Moment des Kriegsausbruchs und in bezug auf die letzteren soll es hier dargetan werden.

Die Haager Friedenskonferenzen haben uns ein fakultatives Schiedsgericht gegeben mit einem obligatorischen Spruch. So stand es in freiem Belieben der Streitenden, Österreich-Ungarn und Serbien, ob sie ihren Streitfall dem Haager Schiedshof unterbreiten wollten oder nicht. War das aber einmal geschehen, so hätten sich beide Teile diesem Spruch fügen müssen. In zwei Momenten ist der Vorschlag zu einer schiedsgerichtlichen Entscheidung im Haag gemacht worden. Einmal durch die serbische Regierung in ihrer Beantwortung des österreichisch-ungarischen Ultimatums, später durch den Zaren in einer Depesche an Kaiser Wilhelm II. Was zunächst den ersten Vorschlag betrifft, so erklärt die serbische Regierung in ihrer Note vom 25. Juli 1914[1] am Schluß:

> „Die königl. serbische Regierung glaubt, daß es im gemeinsamen Interesse liegt, die Lösung dieser Angelegenheit nicht zu überstürzen und ist daher, falls sich die k. k. Regierung durch diese Antwort nicht für befriedigt erachten sollte, wie immer bereit, eine friedliche Lösung anzunehmen, sei es durch Übertragung der Entscheidung dieser Frage an das internationale Gericht im Haag, sei es durch Überlassung der Entscheidung an die Großmächte, welche an der Ausarbeitung der von der serbischen Regierung am 18./31. März 1909 abgegebenen Erklärung mitgewirkt haben.“

Im Interesse der Humanität wird man es immer bedauern, daß die österreichisch-ungarische Regierung auf diesen Vorschlag nicht eingegangen ist und den Weg der Gewaltanwendung gegen Serbien vorgezogen hat, ob sie damit politisch

[1] Vgl. den vollständigen Abdruck der Note als Anhang Nr. 2 dieses Buches S. 228ff.

weise gehandelt hat, kann nicht einmal ein siegreicher Ausgang des Krieges lehren, weil auch dann noch die Opfer größer sein könnten wie die errungenen Vorteile, hier kommt es darauf an, festzustellen, daß ihre Handlungsweise angesichts des fakultativen Charakters des Haager Schiedshofs nicht gegen das Völkerrecht verstieß. Man kann sie bedauern, aber man kann sie auch begreifen.

§ 2. Die Natur des Konflikts.

War der österreichisch-serbische Konflikt überhaupt geeignet, vor dem Haager Schiedshof ausgetragen zu werden? Diese Frage muß nach der juristischen und politischen Seite hin einmal gründlich untersucht werden. Art. 38 der Haager Akte lautet:

„In Rechtsfragen und in erster Linie in Fragen der Auslegung oder der Anwendung internationaler Vereinbarungen wird die Schiedssprechung von den Vertragsmächten als das wirksamste und zugleich der Billigkeit am meisten entsprechende Mittel anerkannt, um die Streitigkeiten zu erledigen, die auf diplomatischem Wege nicht geschlichtet worden sind. Demzufolge wäre es wünschenswert, daß bei Streitigkeiten über die vorerwähnten Fragen die Vertragsmächte eintretendenfalls die Schiedssprechung anrufen, soweit es die Umstände gestatten."

War nun der Konflikt zwischen Österreich-Ungarn und Serbien überhaupt eine Rechtsfrage? Diese Frage kann man zunächst in vollem Umfange bejahen, ohne daß man deshalb letzten Grundes die Haltung der österreichisch-ungarischen Regierung zu verurteilen braucht, wie des weiteren dargelegt werden soll.

Am 28. Juni 1914 war der österreichisch-ungarische Thronfolger in Serajewo ermordet worden und die Untersuchung hatte ergeben, daß die Fäden des Mordplans auf serbischen Boden führten und serbische Offiziere und Zivilbeamte an seiner Vorbereitung beteiligt gewesen waren.[1] Nach den österreichisch-ungarischen Angaben steht es fest, daß die benutzten Mordwerkzeuge aus serbischen Militärwerkstätten stammten und daß der geistige Leiter des Komplotts ein aktiver serbischer Major und ein Beamter der serbischen Eisenbahndirektion waren, die die Verschwörer in den erforderlichen technischen Kenntnissen unterwiesen und ihnen die für das Attentat notwendigen Waffen gegeben haben. Ferner hat eine größere Anzahl von höheren serbischen Grenzbeamten in planvollem Zusammenwirken die Einführung der Bomben, Revolver, sowie der Verschwörer auf bosnisches Gebiet ermöglicht.[2] Wenn der ganze Vorgang in seinem fluchwürdigen Charakter auch ohne Beispiel in den bisherigen völkerrechtlichen Beziehungen der Staatenwelt ist, so gibt das gemeine Völkerrecht doch immerhin feste Rechtssätze ab zu seiner Beurteilung. Kein Staat braucht es sich gefallen zu lassen, daß vom Boden des Nachbarstaates aus feindselige Umtriebe gegen seinen Bestand stattfinden.[3] Dafür haftet ihm gegenüber der Nachbarstaat

[1] Vgl. das Mémoire des Grafen Berchtold an die Botschafter in Berlin, Rom, Paris, London, St. Petersburg und Konstantinopel im österreichisch-ungarischen Rotbuche a. a. O. Nr. 19, S. 32.

[2] Ich folge hier in der kurzen Zusammenfassung des Tatbestandes der Darstellung in dem Aufsatz von K. Kraus: Staatenverantwortlichkeit und der gegenwärtige Krieg, in der Zeitschrift für Völkerrecht, Bd. VIII, Heft 6, S. 569ff., und verweise in bezug auf die Einzelheiten auf das in der vorigen Note angeführte Mémoire des Grafen Berchtold vom 25. Juli 1914 mit seinen Anlagen.

[3] In der Duldung eines solchen Verhaltens liegt gegenüber dem geschädigten Staate eine Verletzung des „Rechts auf Achtung“, das dieser als Mitglied der Völkergemeinschaft ohne weiteres beanspruchen kann. Dieser Rechtssatz ist so unbestritten, daß es nicht vieler Zitate bedarf; vgl. statt vieler deshalb nur Bonfils Lehrbuch des Völkerrechts, 3. Aufl. von Fauchille, übersetzt von Grah, Berlin 1904,

und würde sich dieser Haftung auch nicht dadurch entziehen können, daß ihm vielleicht nach Lage seiner Gesetzgebung kein Einschreiten möglich sei, und daß die fraglichen Vorgänge sich ohne sein Wissen und Willen abgespielt hätten. Denn Völkerrecht bricht Staatsrecht und deshalb ist es seine Sache, für eine Gesetzgebung bei sich daheim zu sorgen, die ihn in die Lage setzt, seine völkerrechtlichen Verpflichtungen zu erfüllen[1], und zu diesen Verpflichtungen gehört es, seine

---

S. 146ff. Daß ein Attentat gegen den Thronfolger sich auch gegen den Bestand des Staates richtet, folgt aus der allgemeinen Stellung der Dynastie im monarchischen Staate und ist für einen Nationalitätenstaat wie Österreich-Ungarn, der in erster Linie durch seine Dynastie zusammengehalten wird, besonders einleuchtend.

[1] Dieser Gesichtspunkt ist maßgebend für die Beurteilung der serbischen Antwort auf das Ultimatum, insofern es dort heißt: „Die königliche Regierung kann nicht für Äußerungen privaten Charakters verantwortlich gemacht werden, wie es Zeitungsartikel und die friedliche Arbeit von Gesellschaften sind, Äußerungen, die fast in allen Ländern ganz gewöhnliche Erscheinungen sind und die sich im allgemeinen der staatlichen Kontrolle entziehen"; vgl. die Antwort Serbiens in der Anlage dieses Buches Nr. 2, S. 228ff., mit der zutreffenden Bemerkung der österreichisch-ungarischen Regierung, daß das Preß- und das Vereinsrecht einen öffentlich-rechtlichen Charakter hat und nach den Einrichtungen anderer Staaten, selbst der freiheitlichsten Richtung, Presse sowie Vereine der staatlichen Aufsicht unterstellt sind. Wenn ebendort aber weiter gesagt ist, daß auch die serbischen Einrichtungen eine solche Aufsicht über die Presse und die Vereine vorsahen, so scheint das nur in bezug auf die Vereine richtig. Denn unter Ziffer 2 der Note verspricht die serbische Regierung die gewünschte Auflösung der „Narodna odbrana" sowie jeder anderen Gesellschaft, die gegen Österreich-Ungarn wirken sollte, ohne weiteres, aber was die Presse angeht, scheint es der serbischen Regierung tatsächlich an einer Handhabe gefehlt zu haben, um den Wünschen des Ultimatums zu genügen. Infolgedessen verspricht sie aber: „Anläßlich des nächsten ordnungsmäßigen Zusammentritts der Skupschtina in das Preßgesetz eine Bestimmung einzuschalten, wonach die Aufreizung zum Hasse und zur Verachtung gegen die Monarchie sowie jede Publikation strengstens bestraft würde, deren allgemeine Tendenz gegen die

Staatsgewalt so zu handhaben, daß derlei Vorgänge unmöglich sind. Auch ohne die weiter unten zu berührenden Umstände würde man also in den fraglichen Vorgängen ein schweres Verschulden des serbischen Staates gegenüber der Donaumonarchie anzunehmen haben, für das ohne weiteres Sühne verlangt werden konnte. An einer Haftung ex delicto kann nicht im geringsten gezweifelt werden.[1] Nun kommt aber hinzu, daß die betreffenden Vorgänge die letzten Konsequenzen der Tatsache waren, daß die aus großserbischer Tendenz herausgewachsenen subversiven Bestrebungen der Serben gegen den österreichisch-ungarischen Staat bis dahin sich auf serbischem Boden vor der serbischen Regierung in völliger Öffentlichkeit hatten abspielen können. Die serbische Presse hatte gegen die Donaumonarchie eine ungeheuerliche Sprache führen dürfen[2],

---

territoriale Integrität Österreich-Ungarns gerichtet ist. Sie verpflichtet sich anläßlich der demnächst erfolgenden Revision der Verfassung in den Artikel XXII des Verfassungsgesetzes einen Zusatz aufzunehmen, der die Konfiskationen derartiger Publikationen gestattet, was nach den klaren Bestimmungen des Artikel XXII der Konstitution derzeit unmöglich ist". Für die Zukunft will also Serbien sich eine Gesetzgebung schaffen, die ihm ermöglicht, seinen völkerrechtlichen Verbindlichkeiten gegenüber der Donaumonarchie zu genügen.

[1] So mit Recht Kraus, a. a. O. S. 573.

[2] Ich folge dem Beispiele von Kraus, indem ich als Stichprobe aus den Materialien des Rotbuches, a. a. O., S. 48, folgendes Gedicht wiedergebe, das in der serbischen Zeitung „Politika" vom 18. August 1910 anläßlich des 80. Geburtstages des Kaisers Franz Josef erschienen ist. Die betreffende Nummer brachte ein großes Bild eines gewissen Bogdan Jerajic, eines jungen serbischen Studenten, der am 2. Juni 1910 ein Attentat auf den Landeschef von Bosnien und der Herzegowina, den General Martan Varesanin, gemacht hatte. Das Attentat mißglückte und der Täter erschoß sich. Die betreffende Zeitungsnummer verherrlicht nun den Attentäter mit den emphatischsten Ausdrücken, nennt ihn den tapferen und selbstbewußten Jerajic, der als edler Sprosse eines Volkes diese Tat begangen habe, das auf solch blutige Weise gegen die Fremdherrschaft protestieren wollte. Der Artikel

man hatte die Abhaltung von Vorträgen gleicher Tonart dort geduldet, bei denen sich besonders der Direktor der

---

versichert, daß Jerajics Name im Volke wie etwas Heiliges genannt werden werde und schließt mit dem folgenden Gedicht:

„Bosnien lebt, noch ist es nicht tot,
Umsonst habt ihr seinen Leib begraben,
Noch sprüht es Feuer, das gefesselte Opfer,
Noch ist's nicht Zeit, das Grablied zu singen.
Mit Satans Hand scharrtet auf ihr die Grube,
Aber der lebende Tote will nicht in die Gruft.
Kaiser hörst du? Im Blitzen des Revolvers
Sausen die bleiernen Kugeln gegen deinen Thron!
Das sind nicht Sklaven, das ist herrliche Freiheit,
Die aus der kühnen Hand des Unterjochten leuchtet!
Was zittert so dieses schreckliche Golgatha?
Petrus zog das Schwert, Christus zu schirmen,
Seine Hand sank, aber aus dem Blute
Werden tausende tapfere Hände sich erheben;
Dieser Schuß war nur der erste Bote
Der glorreichen Ostern nach Golgathas Steinen."

Der nicht zu leugnende künstlerische Wert dieses Gedichtes erinnert an die Tatsache, daß schon Goethe und seine Zeitgenossen im Zeitalter der Romantik sich eifrig mit dem serbischen Volkslied beschäftigten, das Goethe zur Weltliteratur zählte. Um so tiefer steht die Gesinnung. Will man nicht zu einem ganz falschen Urteile über die serbische Volksseele gelangen, die von allen Kennern des Landes als besonders weich und gutmütig gepriesen wird, so muß man sich klar machen, daß es sich bei diesen Ausschreitungen eines wilden Nationalismus auf serbischer Seite immer um die Intellektuellen handelt, bei denen sich der großserbische Gedanke als eine zentrale Idee ihres Denkens erweist, die mangels älterer Kulturtraditionen dieser Schicht gar keine Hemmungen durch andere Vorstellungen wie z. B. die der Humanität erfährt. Auf diese Weise erklärt sich auch das Vorgehen der jungtürkischen Intelligenz gegen die Armenier während des gegenwärtigen Krieges. Auch bei uns kann man die Erfahrung machen, daß der blinde Chauvinismus weder vom Volke noch von den obersten gesellschaftlichen Schichten, sondern von den Klassen getragen wird, die eben erst aus dem Kleinbürgertum aufgestiegen und nun von dem nationalen Gedanken der Zeit einseitiger beherrscht sind, als das möglich wäre, wenn sie als Erben älterer Kulturideen aufgewachsen wären.

serbischen Staatsdruckerei durch Maßlosigkeit hervorgetan, man hatte eine große Anzahl serbischer, von hohen Beamten geleiteten Vereinen, insbesondere der Narodna Odbrana, ruhig die Aufgabe verfolgen lassen, durch Bearbeitung der Presse, Propagandavorträge, Sendung von Emissären nach Österreich-Ungarn, Anknüpfung von Beziehungen mit österreichisch-ungarischen Vereinigungen, Verleitung von österreichisch-ungarischen Militärpersonen zur Fahnenflucht u. dgl., ständig die öffentliche Meinung gegen Österreich-Ungarn zu revolutionieren. Endlich hatte die Regierung nichts getan, um eine Reihe von Mordanschlägen gegen hochgestellte Beamte der Donaumonarchie zu verhindern und was allem die Krone aufsetzt, man hatte nach dem entsetzlichen Mord von Serajewo diese grauenhafte Tat noch ungestraft verteidigen, ja rechtfertigen lassen.[1]

Das alles aber war geschehen, obgleich die serbische Regierung am 31. März 1909 ein feierliches Versprechen abgegeben hatte, sich mit der durch die Annexion Bosniens und der Herzegowina geschaffenen völker- und staatsrechtlichen Neuordnung abfinden und mit der österreichisch-ungarischen Monarchie in Zukunft in freundnachbarlichen Beziehungen leben zu wollen. Auf die Nichterfüllung dieser ausdrücklichen Zusage legte die Donaumonarchie in ihrer Beschwerde gegenüber Serbien das Hauptgewicht und offensichtlich gesellte sich so zu der Haftung ex delicto eine weitgehende Instanz ex contractu.[2] Auf Grund dieses Tatbestandes besaß die österreichisch-ungarische Regierung fraglos einen Anspruch nicht nur auf Sühne des Vorgefallenen in Gestalt einer Genugtuung, sondern auch auf Garantien für die Zu-

---

[1] Siehe die Rede des Direktors der Strafanstalt in Nisch, die in Beilage 10 des mehrfach erwähnten Wiener Mémoire vom 25. Juli 1914, Nr. 19 des Rotbuchs.

[2] So auch Kraus a. a. O., S. 573.

kunft, daß fortan die Integrität der Donaumonarchie nicht mehr vom serbischen Boden aus angetastet werden würde. Auch die letztere Forderung der Sicherheitsleistung für die Zukunft wäre, da die von der serbischen Regierung geduldeten Treibereien sich sozusagen als eine dauernde ideelle Störung des völkerrechtlichen Eigentums und des Besitzstandes der Donaumonarchie charakterisieren[1], schon vom Standpunkt des gemeinen Völkerrechts durchaus begründet gewesen[2], ganz abgesehen davon, daß auch aus der Nichterfüllung der kontraktmäßigen Zusage vom 31. März 1909 eine Forderung nach Sicherheitsleistungen für die Zukunft abgeleitet werden konnte. Was sollte man tun, um diese unbezweifelbaren Rechtsansprüche gegen Serbien durchzusetzen? Man hat in der Donaumonarchie eine Weile daran gedacht, ohne weiteres den Weg der Gewalt zu beschreiten, gegen Serbien eine Strafexpedition zu veranstalten,

---

[1] Kennzeichnend für diese Tendenz ist wohl am besten folgende, in einem Nachtrag zu dem mehrfach erwähnten Mémoire der österreichisch-ungarischen Regierung mitgeteilte Tatsache. An der Wand vor dem Empfangssaal des serbischen Kriegsministeriums befindet sich neben drei Darstellungen von Kriegserfolgen eine allegorische Darstellung der feindlichen Tendenzen gegen den Nachbar. Über einer Landschaft, teils Gebirge (Bosnien), teils Ebene (Südungarn) geht die „Zora“, die Morgenröte der serbischen Hoffnungen, auf. Im Vordergrunde steht eine bewaffnete Frauengestalt, auf deren Schild die Namen aller noch zu befreienden Provinzen: Bosnien, Herzegowina, Vojvodina, Syrmien, Dalmatien usw. stehen.

[2] In diesem Sinne sagt v. Liszt in seinem Lehrbuch des Völkerrechts, 1915, 10. Aufl., bei der Lehre vom völkerrechtlichen Delikt, S. 203: „Soweit die Gefahr einer Wiederholung der verletzenden Handlung besteht, ist Sicherheit zu leisten. Diese kann insbesondere in der dauernden Verpfändung von Staatsgebiet bestehen.“ Das Völkerrecht kann sich dabei an das gemeine Recht anlehnen, das die actio negatoria auf alle Fälle der angemaßten Störung fremden Eigentums ausdehnte und nach dem entsprechend der römischen cautio de non turbando der Richter eine Sicherstellung gegen künftige Störungen anordnen konnte, ähnlich wie bei der ordentlichen Besitzklage. Vgl. Dernburg, Pandekten, Bd. 1, 3. Aufl., S. 622.

wie das wohl von seiten kolonialer Staatsgewalten gegen unzivilisierte Völkerschaften geschieht, und nach erfolgter Mobilmachung in Serbien einzumarschieren, um dort sein gutes Recht selbst zu verwirklichen. Dabei wäre man dann aber wahrscheinlich nicht stehen geblieben, sondern hätte die Gelegenheit benutzt, den serbischen Nachbarstaat dauernd in ein Verhältnis der Halbsouveränität herabzudrücken. Derartige Tendenzen sind in Wien eine Zeitlang zwischen dem Morde und dem Ultimatum vertreten worden. Sie erklären sich einmal aus der durchaus berechtigten Empörung des Beleidigten. Wir müssen uns klar machen, welche Rolle im Leben der Staaten heute das sogenannte „politische Prestige" spielt. Die Tatsache, daß amtliche Organe Serbiens gewagt hatten, sich an der Vorbereitung des Meuchelmordes in Serajewo zu beteiligen, wurde in der Donaumonarchie als ein ungeheurer Verlust an Prestige angesehen. Denn man führte diese Erscheinung nicht ohne Grund auf die gesamte Haltung der serbischen Regierung und diese wieder auf deren politischen Rückhalt am russischen Reiche zurück. Nun steckt zwar in der Politik des Prestiges vielfach eine Tendenz staatlichen Ehrgeizes, die ungesund und für die friedlichen Staatenbeziehungen verhängnisvoll ist, aber andererseits wird sich nicht bestreiten lassen, daß auch ein richtiger Gedanke darin enthalten sein kann. Schon für jede Korporation und erst recht für jedes politische Gemeinwesen gibt es eine Verpflichtung für das Ganze gegenüber dem einzelnen, für die Aufrechterhaltung einer gewissen äußeren Würde des Gemeinwesens zu sorgen; diese Verpflichtung ist um so größer, je größer das Gemeinwesen, und eine europäische Großmacht wie Österreich-Ungarn war es sich deshalb selber schuldig, nach dem Vorgefallenen sozusagen mit der Faust auf den Tisch zu schlagen. Denn wenn man nach einem bekannten Wort von Bismarck die Imponderabilien im Staatsleben niemals unterschätzen soll, so ist das Prestige auch ein Machtfaktor ersten Ranges nach außen und innen für den Staat. Wenn aber Österreich-Ungarn als der einzige zuverlässige Bundesgenosse eine schwere Einbuße am Prestige erlitten hatte, eine Tatsache, die von niemanden geleugnet werden konnte, so fühlte sich indirekt dadurch auch das Deutsche Reich in seinem Prestige schwer getroffen, und das war die Ursache, weshalb die Donaumonarchie Grund hatte, für den Fall weiterer Verwickelungen gelegentlich ihres Vorgehens gegen Serbien auf unbedingte Unterstützung von dieser Seite rechnen zu können. Müssen wir diesen Gesichtspunkt des Prestiges an sich durchaus billigen, so darf andererseits nicht verschwiegen werden, daß bei dieser Absicht zu sofortiger Selbsthilfe auch imperialistische Tendenzen mitgesprochen haben können, nämlich der Wunsch, Serbien ohne Annexion doch dauernd dem eigenen Machtbereich zu unterwerfen. Wenn auf dem Berliner Kongreß auch unter Zutun Österreich-Ungarns Serbien die Souveränität erhielt und in Bulgarien nur noch scheinbar eine Souveränität der Pforte aufrecht erhalten wurde, so bestand damals doch eine Übereinkunft zwischen Rußland und der Donaumonarchie, daß der westliche Balkan unter dem österreichischen, der östliche unter dem russischen Einfluß stehen sollte.[1]

[1] Die letztere Tatsache entnehme ich einem Aufsatz des ungarischen Staatsmannes Grafen Andrassy über die österreichische Balkanpolitik, der unter dem Titel: „Les origines de la guerre“ 1915 in der Revue politique internationale erschienen ist. Die dortige Angabe wird in interessanter Weise bestätigt durch ein Wort von Bismarck, das uns der Fürst Bülow in seinem Buche „Deutsche Politik“, S. 97 überliefert: „In Ägypten sind wir englisch, in Serbien österreichisch und in Bulgarien russisch.“ Durch diese Stellungnahme glaubte Bismarck offenbar entsprechend seiner gesamten Politik sowohl den russischen wie den österreichischen Balkanansprüchen gerecht werden zu können. Wie anders haben die Dinge sich seitdem entwickelt. Bulgarien hat sich schon seit Stambuloff dem russischen Druck entzogen, um sich an Österreich-Ungarn und Deutschland anzulehnen, den

Dementsprechend war die Donaumonarchie immer bestrebt gewesen, über Serbien eine Art politischer Vorherrschaft auszuüben und jahrzehntelang war ihr das gelungen. Eine solche Diskrepanz zwischen der formalen Souveränität und einer gewissen Abhängigkeit von dem großen Nachbarreich war aber natürlich für Serbien ein höchst unerfreulicher Zustand.[1] Deshalb hatte man sich dort schließlich durch politische Anlehnung an Rußland diesen Verhältnissen zu entziehen gewußt, der zweite Balkankrieg hatte Serbien an territorialem Umfang und Einwohnerzahl verdoppelt und wenn die italienischen Enthüllungen beweisen, daß damals schon 1913 unmittelbar nach dem Frieden von Bukarest Österreich-Ungarn kriegerische Absichten gegen Serbien gehabt hat, das ihm allzu groß und unabhängig geworden war, so spricht allerdings mehr als eine bloße Wahrscheinlichkeit dafür, daß die nach dem Mord von Serajewo zuerst geplante Strafexpedition gegen Serbien der serbischen Souveränität mehr oder weniger den Garaus gemacht haben würde. Unter ethischen Gesichtspunkten — ohne daß damit zu diesem praktischen Fall Stellung genommen werden soll — wird man sagen müssen, daß ein Staat unter Umständen durch sein Verhalten auch den moralischen Anspruch auf eine selbständige und freie Existenz verwirken kann, ähnlich wie man sich unter Umständen genötigt sieht, seine Mitmenschen unter Vormundschaft zu stellen,

umgekehrten Weg ist Serbien gegangen. Wäre es nicht besser gewesen, wenn die hohe Diplomatie Europas von Anfang an mehr Respekt vor dem Recht der kleinen Nationen auf eine materielle Selbstbestimmung ihrer Verhältnisse gehabt hätte?

[1] Es darf nicht verschwiegen werden, daß die Art und Weise, wie Österreich-Ungarn namentlich auf handelspolitischem Gebiet seine besondere Machtstellung gegenüber Serbien ausgenutzt hat, hier sehr erbitternd gewirkt hat. Vgl. darüber die Abhandlung des Dr. Bajkitsch in den Veröffentlichungen der Handelshochschule München, Heft 3, Die Balkanfrage, Verlag von Duncker und Humblot.

aber leider fehlt es einstweilen im Völkerrecht an einer Instanz, die darüber entscheiden könnte, ob diese Notwendigkeit vorliegt, einen Staat im Interesse der Staatengesellschaft seines Rechtes auf Selbstbestimmung zu entkleiden. So muß Österreich-Ungarn seine Rechte selber wahrnehmen und glaubt zunächst die beste Sicherheit gegen die bösartigen serbischen Umtriebe gegen seine territoriale Integrität dadurch erlangen zu können, daß es die serbische Staatsgewalt in eine gewisse Abhängigkeit von sich bringt und zwar durch eine Strafexpedition.

Immerhin diese Wege sind nicht beschritten, vielleicht ist man sich doch bei den höchsten Instanzen darüber klar gewesen, daß Serbien nun einmal ein gleichberechtigter Staat der Völkerrechtsgemeinde und nicht eine unzivilisierte Völkerschaft ist, und deshalb hat man in völliger Übereinstimmung mit dem Völkerrecht so verfahren, daß man seine Rechtsansprüche gegen Serbien in bezug auf die Sühne und die Garantien für die Zukunft zunächst einmal formulierte und bei dem Schuldner anmeldete. Denn erst, wenn die freiwillige Leistung verweigert wird, kann der Beleidigte zur Waffengewalt greifen.[1] Daß Österreich-Ungarn seine Forde-

[1] Darüber herrscht völlige Übereinstimmung; siehe statt vieler nur Bonfils (Fauchille-Grah), a. a. O., S. 149, und v. Liszt, S. 203. Anderer Ansicht ist aber Kraus, a. a. O., S. 574, der behauptet: „Serbiens Schuld wiegt so schwer, daß Österreich ohne weiteres zu kriegerischen Maßnahmen gegen dieses Land hätte schreiten dürfen. Das Völkerrecht berichtet über eine große Menge von Fällen, wo viel leichtere Schuld sehr schwere Folgen gehabt hat.“ Leider führt Kraus diese Fälle nicht an. In der Regel wird es sich dabei nicht um gleichberechtigte Staaten gehandelt haben. Das gilt z. B. von dem französisch-algerischen Fall des Jahres 1827. Der Bey von Algier hatte dem französischen Konsul einen Schlag mit dem Fächer versetzt. Darauf wurde Algier am 12. Juni 1827 von Frankreich sofort blockiert und also im gewissen Sinne Gewalt angewandt. Als der Bey trotzdem die geforderte Genugtuung verweigerte, wurde das Land von Frank-

rung formell gleich in die Form eines Ultimatums[1] mit einer Frist von 48 Stunden zur Beantwortung kleidete, war gewiß ungewöhnlich, kann aber aus der ganzen politischen Situation heraus verstanden werden und kann jedenfalls in Ermangelung irgendwelcher Normen nicht als Verstoß gegen das Völkerrecht angesehen werden. Eine andere Frage ist die, ob materiell das Ultimatum in allen seinen Forderungen berechtigt war. „Denn das Maß und die Art der Genugtuung muß im richtigen Verhältnis zu der Schwere der zugefügten Kränkung stehen.[2] Schließlich kann man keinem Staate zumuten, daß er unveräußerliche Rechte preisgibt, die aus seiner Souveränität fließen und mit deren Aufgabe er aufhören würde, ein gleichberechtigtes Glied der Völkerrechtsgemeinschaft zu sein. „Zum Selbstmord ist niemand verpflichtet", pflegte der verstorbene Treitschke zu sagen. Andererseits kann man die Rechtmäßigkeit der Postulate des Ultimatums nicht ohne weiteres dadurch in Frage ziehen, daß man konstatiert, die österreichische Note hätte kein Beispiel in der diplomatischen Geschichte. Denn auch die vorausgegangenen Ereignisse sind ohne Beispiele in der modernen Staatengeschichte. Wir lassen die materielle Frage nach der Berechtigung der einzelnen For-

---

reich erobert und der Bey mußte es an Frankreich abtreten. Im Gegensatz zu Kraus muß konstatiert werden, daß schon Jahrtausende, ehe von einer Disziplin des Völkerrechts die Rede sein konnte, die Kultur die Rechtsidee gezeitigt hatte, daß der aus einem völkerrechtlichen Delikt hergeleitete Anspruch erst angemeldet sein muß, ehe er mit Waffengewalt erzwungen werden darf. Zum Beweise mag daran erinnert sein, wie nach der Trojasage auf die Kunde davon, daß Paris als Gesandter in Sparta die Helena mit den Schätzen geraubt, zwar ganz Griechenland sich in Aulis zu einem Feldzug gegen Troja zusammenfindet, aber dann dort im Rate der Fürsten beschlossen wird, daß zuerst eine Gesandtschaft nach Troja abgehen solle, um sich über die Verletzung des Völkerrechts zu beschweren und die entrissene Gattin des Menelaos mit ihren Schätzen zurückzufordern.

[1] Anhang Nr. 1 S. 223ff. [2] Bonfils, a. a. O.

derungen des Ultimatums an dieser Stelle dahingestellt sein und folgen zunächst den historischen Ereignissen.

Serbien vertritt von Anfang an den Standpunkt, daß es das Ultimatum nicht in seinem vollen Umfange annehmen könne. In Abwesenheit der übrigen Minister teilt der Finanzminister Patscher dem russischen Geschäftsträger sofort den Inhalt der Note mit, erbittet die Hilfe Rußlands und erklärt, daß keine serbische Regierung die Forderungen Österreichs annehmen könnte.[1] Am andern Tage depeschiert der Kronprinz und derzeitige Regent von Serbien, Alexander, an den Kaiser von Rußland um Hilfe. In diesem Telegramm sagt er:

„Die österreichisch-ungarischen Forderungen sind unnötig demütigend für Serbien und unvereinbar mit der Würde eines unabhängigen Staates. So verlangt man von uns in einem Tone, der keinen Widerspruch duldet, eine Erklärung der Regierung im Amtsblatt und einen Tagesbefehl des Herrschers, in dem wir den Österreich-Ungarn feindlichen Geist tadeln und uns selbst Vorwürfe über verbrecherische Schwäche unseren perfiden Intrigen gegenüber machen sollen. Man zwingt uns dann die Zulassung österreichisch-ungarischer Beamter in Serbien auf, die mit den unseren an der Untersuchung teilnehmen und die Ausführung der andern in der Note angegebenen Bedingungen überwachen sollen. Wir haben eine Frist von 48 Stunden für die Annahme des Ganzen erhalten, widrigenfalls die österreichisch-ungarische Gesandtschaft Belgrad verlassen wird. Wir sind bereit, die österreichisch-ungarischen Bedingungen anzunehmen, die mit der Stellung eines unabhängigen Staates ver-

[1] Siehe die Note im Orangebuch Nr. 1. Die Depesche des russischen Geschäftsträgers in Belgrad Strandtmann an den russischen Minister des Äußern Ssasanow.

einbar sind wie auch jene, deren Annahme Ew. Majestät meint." —[1]

In der Antwort rät der Zar, „nichts zu vernachlässigen, was zu einer Lösung führen kann, um die Schrecken eines Krieges zu vermeiden und doch die Würde Serbiens zu wahren. Solange noch die geringste Hoffnung besteht, ein Blutvergießen zu verhindern, sollen alle unsre Bestrebungen auf dieses Ziel gerichtet sein. Wenn wir trotz dieses aufrichtigen Wunsches erfolglos bleiben, kann Eure Hoheit sicher sein, daß Rußland sich in keinem Falle an dem Schicksal Serbiens desinteressieren wird."[2]

Die serbische Regierung macht nun den anscheinend redlichen Versuch, in ihrer Beantwortung des Ultimatums diejenigen Punkte zu unterscheiden, die sie annehmen kann von denen, die für sie unannehmbar, weil mit ihrer Würde und Unabhängigkeit ihres Erachtens unvereinbar.[3] Die Hauptschwierigkeiten machen die Punkte 5 u. 6 von den 10 Punkten des Ultimatums, die eigentlich nur Zusätze zur Hauptforderung der feierlichen Entschuldigung sind. Gefordert war unter Punkt 5, daß in Serbien Organe der k. u. k. Regierung bei der Unterdrückung der gegen die territoriale Integrität der Monarchie gerichteten subversiven Bewegung mitwirken sollen. Serbien erklärt demgegenüber, der Sinn dieser Forderung sei ihm nicht ganz klar geworden, doch sei es bereit, eine Mitwirkung anzunehmen, die den Grundsätzen des Völkerrechts und des Strafprozesses, sowie den freundnachbarlichen

---

[1] Siehe den vollen Wortlaut der Depesche im Orangebuch Nr. 6 und im serbischen Blaubuch Nr. 37.

[2] Siehe den vollen Wortlaut der Depesche des Zaren im Orangebuch Nr. 40 und im serbischen Blaubuch Nr. 43.

[3] Die serbische Antwort vom 25. Juli 1914 ist mit den Anmerkungen der österreichisch-ungarischen Regierung vom 27. Juli als Nr. 34 des Rotbuches a. a. O., S. 104ff. abgedruckt. Ihrer Wichtigkeit wegen ist sie auch diesem Buche als Anhang Nr. 2 beigefügt.

Beziehungen entsprechen würde. Das ist offenbar eine in die höfliche Sprache der Diplomatie gekleidete und deshalb ein wenig verschleierte Ablehnung des betreffenden Postulats. Was Österreich verlangt, ist offenbar, wie es in der Anmerkung heißt, die Wien zu der serbischen Antwort ausgegeben hat, eine Sache „rein staatspolizeilicher Natur", es soll in Serbien eine Art ständigen österreichisch-ungarischen Überwachungskomitees eingerichtet werden und damit auf serbischem Boden eine ausländische Behörde in Funktion treten, was jedenfalls auf Grund des allgemeinen Völkerrechts und des Strafprozesses sowie der freundnachbarlichen Beziehungen, auf die Serbien Bezug nimmt, nicht verlangt werden kann. Höchstens könnte eine solche Überwachungsbehörde auf Grund eines partikularen und individuellen Abkommens zwischen den beteiligten Staaten in das Leben treten, ein solches scheint die Donaumonarchie auch im Auge gehabt zu haben, schließt aber in ihrer Note mit Recht aus der serbischen Antwort, daß der Gegner zu einem solchen Abkommen nicht geneigt sein würde. Unter Punkt 6 war gefordert, daß eine gerichtliche Untersuchung gegen die auf serbischem Boden befindlichen Teilnehmer des Komplotts veranstaltet werden und von der Donaumonarchie hierzu delegierte Organe an den bezüglichen Erhebungen teilnehmen sollen. Serbien erklärt, eine Mitwirkung ausländischer Organe an der von ihm einzuleitenden Untersuchung nicht annehmen zu können, da dies eine Verletzung der Verfassung und des Strafgesetzes sein würde, es will sich darauf beschränken, in Einzelfällen Mitteilungen von dem Ergebnisse seiner Untersuchung zu machen. Demgegenüber weist Österreich-Ungarn in seiner Note darauf hin, daß die serbische Antwort auf einem bewußten Mißverständnis beruhe, denn es sei nicht Teilnehmer an dem serbischen Gerichtsverfahren, der „enquête judiciaire", sondern nur an den polizeilichen Vorerhebungen, den „recherches", verlangt.

Wie der ganze, an den Mord von Serajewo anknüpfende Konflikt zwischen Österreich-Ungarn vom Juristen zunächst als eine Rechtsfrage angesehen werden kann, so handelt es sich auch bei diesen Differenzen darüber, ob die Forderungen 5 und 6 des Ultimatums zu Recht erhoben worden sind oder nicht, für das Völkerrecht primär um eine Rechtsfrage. Das gilt auch von den übrigen Beschwerden, die Österreich-Ungarn glaubt in seiner Note über gewisse serbische Einschränkungen bei der Annahme der übrigen Punkte des Ultimatums erheben zu müssen.

Bei unbefangener Würdigung wird man sagen müssen, daß diese Beschwerden mehr oder weniger unerheblich sind. Es handelt sich, soweit die einzelnen konkreten Forderungen des Ultimatums in Betracht kommen, um folgende Dinge:

In der verlangten feierlichen Erklärung im Amtsblatt, militärischem Tagesbefehl und Armeeorganen sollte die Regierung sagen: „Die kgl. serbische Regierung verurteilt die gegen Österreich-Ungarn gerichtete Propaganda.“ Sie erklärt sich bereit su sagen: „Die königl. serbische Regierung verurteilt jede Propaganda, die gegen Österreich-Ungarn gerichtet sein sollte.“ Der Vorwurf der österreichischen Note, darin läge der Vorbehalt, daß die derzeit bestehende Propaganda nicht desavouiert und nicht als monarchiefeindlich anerkannt sei, woraus Serbien später ableiten könnte, daß es zur Unterdrückung einer, der jetzigen Propaganda gleichen nicht verpflichtet sei, erscheint unbegründet. Höchstens bleibt es bei dem von Serbien gewählten Wortlaut dahingestellt, ob zurzeit die Propaganda besteht. Serbien weigert sich also, das klipp und klar einzugestehen; aber wenn die Regierung im selben Satz, wie von ihr verlangt ist, weiter erklärt: „und sie bedauert aufrichtig die traurigen (verlangt war: grauenhaften) Folgen dieser verbrecherischen Machenschaften“, so liegt darin doch auch das Zugeständnis der Tatsache der Propaganda. Denn wenn überhaupt keine Propaganda gegen Österreich-Ungarn vorhanden gewesen wäre, welche verbrecherische Machenschaften könnten gemeint sein? Dieses Zugeständnis wird noch wiederholt durch die Fortsetzung.

Weiter fordert nämlich das Ultimatum die Erklärung: „Die königl. serbische Regierung bedauert, daß serbische Offiziere und Beamte an der vorgenannten Propaganda teilgenommen usw." Sie ist bereit, zu erklären: „Die königl. Regierung bedauert, daß laut Mitteilung der k. u. k. Regierung gewisse serbische Offiziere und Beamte an der vorgenannten Propaganda mitgewirkt haben." Daß damit der Zweck verfolgt sei von Serbien, sich für die Zukunft freie Hand zu wahren, wie Österreich behauptet, kann nicht zugestanden werden.

Was die 10 Zusatzforderungen angeht, so sollte die serbische Regierung sich verpflichten:

1. Jede Publikation zu unterdrücken, die zum Haß und zur Verachtung der Monarchie aufreizt, und deren allgemeine Tendenz gegen die territoriale Integrität der letzteren gerichtet ist." Wie schon in der Note 1 auf S. 29 gesagt ist, bietet die serbische Regierung statt dessen zwei Gesetze an. Einmal will sie anläßlich des nächsten ordnungsmäßigen Zusammentritts der Skuptschina in das Pressegesetz eine Bestimmung einschalten, wonach die Aufreizung zum Hasse und zur Verachtung gegen die Monarchie sowie jede Publikation strengstens bestraft würde, deren allgemeine Tendenz gegen die territoriale Integrität Österreich-Ungarns gerichtet ist. Zweitens verpflichtet sie sich, anläßlich der demnächst erfolgenden Revision der Verfassung in den Art. XXII des Verfassungsgesetzes einen Zusatz aufzunehmen, der die Konfiskation derartiger Publikationen gestattet, was nach den klaren Bestimmungen des Art. XXII der Konstitution derzeit unmöglich sei. Wenn demgegenüber die österreichische Note erklärt, das erstgenannte

Gesetz sei ihr gleichgültig, weil die subjektive Verfolgung von Publikationen selten möglich sei und bei entsprechend laxer Behandlung eines solchen Gesetzes auch die wenigen Fälle dieser Art nicht zur Bestrafung kommen würden, so bedeutet immerhin dieses Gesetz zur Ermöglichung einer subjektiven Strafverfolgung sogar ein Mehr wie verlangt wird und kein Minus. Bezüglich des zweiten verfassungsändernden Gesetzes, das die Konfiskation der fraglichen Preßäußerungen ermöglichen soll, erklärt Wien, daß der Bestand eines solchen Gesetzes ihm nichts nütze, sondern nur die Verpflichtung der Regierung, es auch anzuwenden, diese aber sei nicht übernommen. Hier scheint auf der Wiener Seite doch ein allzu großes Mißtrauen obzuwalten, denn im allgemeinen kann doch von jeder Regierung erwartet werden, daß sie ihre Gesetze auch anwendet, schon weil die eigene Autorität der Regierung davon abhängig sein wird. Höchstens hätte man von österreichisch-ungarischer Seite noch eine interpretative Erklärung fordern können, daß auch die Verpflichtung zur strengen Anwendung des Gesetzes über Konfiskation von Preßerzeugnissen von serbischer Seite übernommen werde. Weiter wird in Wien gerügt, daß nicht gesagt werde, zu welchem Zeitpunkt die fraglichen Preßgesetze erlassen werden sollen. Indessen spricht die serbische Antwort ausdrücklich vom „nächsten ordnungsgemäßen Zusammentritt der Skuptschina", und von „der demnächst erfolgenden Revision der Verfassung". Demnach scheint es sich doch um schon feststehende Termine zu handeln, in bezug auf die sicherlich weitere Auskunft erteilt worden wäre. Endlich wird von österreichisch-ungarischer Seite betont, daß wenn das serbische Parlament die betreffenden Gesetzesvorlagen ablehne, daß dann höchstens das Ministerium zurücktreten und alles beim Alten bleiben würde. Sieht man näher zu, so hat die serbische Regierung sich aber nicht nur verpflichtet, Gesetzentwürfe einzubringen, sondern in das Preßgesetz bzw. die Konfiskation einen Zusatz aufzunehmen. Wie die Regierung dafür die Zustimmung des Parlaments finden wird, ist ihre Sache, nach außen gegenüber Österreich-Ungarn hat sie sich gebunden.

2. „Den Verein Narodna Odbrana aufzulösen, dessen gesamte Propagandamittel zu konfiszieren und in derselben Weise gegen die andern Vereine und Vereinigungen vorzugehen, die sich mit der Propaganda gegen Österreich-Ungarn beschäftigten, auch Maßregeln zu treffen, damit die aufgelösten Vereine nicht etwa ihre Tätigkeit unter anderem Namen oder in anderer Form fortsetzten.“ Dieser Forderung gegenüber sagt die serbische Regierung die Auflösung der Narodna Odbrana sowie jeder anderen Gesellschaft, die gegen Österreich wirken sollte, zu. Die Wiener Note vermißt aber die Zusage der Konfiskation der Propagandamittel und der Verhinderung der Neubildung der aufgelösten Gesellschaften unter anderem Namen und in anderer Gestalt. Indessen folgt nicht aus der serbischen Zusage „jede Gesellschaft, die gegen Österreich-Ungarn wirken sollte, aufzulösen“, ohne weiteres auch die Verpflichtung, derartige Neubildungen zu verhindern? Unerfüllt bliebe also nur das Verlangen betr. Konfiskation der Propagandamittel. Wahrscheinlich erklärt sich das daraus, daß diese Propagandamittel in Preßerzeugnissen bestehen werden, und die serbische Regierung schon früher bemerkt hat, daß die Konfiskation derartiger Publikationen erst durch eine Verfassungsänderung ermöglicht werden müsse. In dieser Beziehung hätte Wien freilich noch eine aufklärende Zusage verlangen können.

3. „Ohne Verzug aus dem öffentlichen Unterricht in Serbien, sowohl was den Lehrkörper als die Lehrmittel betrifft, alles zu beseitigen, was dazu dient oder dienen könnte, die Propaganda gegen Österreich-Ungarn zu nähren.“ Indem die serbische Regierung in ihrer Antwort den Zwischensatz „so-

wohl usw." fortläßt, beschränkt sie ihre Zusage nicht, wie die österreichisch-ungarische Note zu rügen scheint, auf eine Revision der Lehrmittel, sondern macht, ohne freilich die Verpflichtung auf sich zu nehmen, bestimmte, der Monarchie feindlichen Propaganda schuldigen Lehrer zu entlassen, doch eine Zusage für den öffentlichen Unterricht schlechthin, wozu doch nicht nur die Lehrmittel, sondern auch der Geist der Lehre gehört. Außerdem macht sie freilich diese Zusage davon abhängig, daß ihr die k. u. k. Regierung den tatsächlichen Nachweis für die fragliche Propaganda in den Schulen erbringt. Demgegenüber weist Österreich-Ungarn darauf hin, daß die bei den serbischen Schulen eingeführten Lehrbücher zu beanstandende Stoffe enthalten und daß ein großer Teil der serbischen Lehrer im Lager der Narodna Odbrana und der ihr affilierten Vereine steht. Ist das aber notorisch, so wird Österreich-Ungarn doch auch leicht die betreffenden Angaben machen können, damit die fraglichen Lehrmittel entfernt und die Lehrer verwarnt werden.

4. „Aus dem Militärdienst und der Verwaltung im allgemeinen alle Offiziere und Beamte zu entfernen, die der Propaganda gegen Österreich-Ungarn schuldig sind und deren Namen unter Mitteilung des gegen sie vorliegenden Tatbestandes der königl. Regierung bekannt zu geben, sich die k. u. k. Regierung vorbehält." Die serbische Regierung verspricht die Entlassung der fraglichen ihr bezeichneten Organe, soweit durch gerichtliche Untersuchung festgestellt wird, daß sie sich Handlungen gegen die territoriale Integrität der Donaumonarchie haben zu schulden kommen lassen. Nun behauptet die Wiener Note, damit sei die fragliche Zusage auf solche Fälle eingeschränkt, in denen den betreffenden Personen ein strafgesetzlich zu ahndendes Delikt zur Last falle und die österreichfeindliche Propaganda sei doch in Serbien kein Kriminaldelikt. Indessen wird man der serbischen Regierung doch

nicht das Recht bestreiten können, die bezüglichen Angaben der Donaumonarchie vor der Entlassung ihrer Beamten und Offiziere irgendwie nachzuprüfen, und wenn sie da von einem gerichtlichen Verfahren spricht, sollte da nicht vielleicht statt eines strafprozessualen ein disziplinarrechtliches gemeint sein? Gewiß hätte dieser Punkt noch der Aufklärung bedurft, indessen kann die Antwort nicht ohne weiteres als gänzlich unbefriedigend angesehen werden.

5 u. 6 vgl. das oben Gesagte S. 40ff.

7. „Mit aller Beschleunigung die Verhaftung des Majors Voija Pankosić und eines gewissen Milan Ciganovic, serbischen Staatsbeamten, vorzunehmen, die durch die Ergebnisse der Untersuchung kompromittiert sind." Darauf teilt Serbien mit, daß der erstgenannte Major noch am Abend der Überreichung der Note verhaftet, der Ciganovic sei bis zum 15. Juni bei der Eisenbahndirektion bedienstet gewesen, sein gegenwärtiger Aufenthalt sei noch nicht ausgeforscht und ein Steckbrief hinter ihm erlassen. Die österreichische Note stellt demgegenüber fest, daß Ciganovic zur Zeit des Attentats noch im serbischen Staatsdienste gewesen und drei Tage später im Auftrag des Polizeipräsidenten in Belgrad sich nach Ribari begeben habe. Letzterer, der wußte, wo Ciganovic sich aufhalte und ihn beseitigt habe, hätte in einem Interview erklärt, ein Mann namens Ciganovic existiere in Belgrad nicht. Indessen diese Angabe, daß drei Tage nach dem Attentat ein serbischer Beamter den Ciganovic beiseite geschafft habe, beweist nicht, daß die serbische Angabe unrichtig ist, er sei bisher noch nicht aufzufinden gewesen. Beinahe ein Monat liegt dazwischen, in dem der Schuldige sich in Sicherheit gebracht haben kann. Das Versprechen der Regierung, ihn jetzt zu verfolgen, kann immer noch bona fide abgegeben sein.

8. „Durch wirksame Maßnahmen die Teilnahme der serbischen Behörden an dem Einschmuggeln von Waffen und

Explosivkörpern über die Grenze zu verhindern, jene Organe des Grenzdienstes von Schabatz und Ložmica, die den Urheber des Verbrechens von Serajewo bei dem Übertritt über die Grenze behilflich waren, aus dem Dienste zu entlassen und streng zu bestrafen.“ Diese Forderung ist angenommen.

9. „Der k. u. k. Regierung Aufklärungen zu geben über die nicht zu rechtfertigenden Äußerungen hoher serbischer Funktionäre in Serbien und im Auslande, die, ihrer offiziellen Stellung ungeachtet, nicht gezögert haben, sich nach dem Attentat vom 28. Juni in Interviews feindlicherweise gegen Österreich-Ungarn auszusprechen.“ Serbien erklärt sich grundsätzlich auch zur Erfüllung dieser Forderung bereit, verlangt aber, daß ihr die Stellen dieser Ausführungen bezeichnet und bewiesen wird, daß die fraglichen Äußerungen tatsächlich gemacht sind. Sie will aber selbst Sorge tragen, die nötigen Beweise und Überführungsmittel hierfür zu sammeln. Die Wiener Note behauptet, wenn die serbische Regierung allerlei Details über diese Interviews verlange und sich eine förmliche Untersuchung hierüber vorbehalte, so wolle sie diese Forderung nicht restlich erfüllen. Indessen scheint diese Auslegung zu pessimistisch. Verlangt werden in Wahrheit nicht „allerlei Details“, sondern konkrete Angaben über das, was überhaupt geschehen sein soll, genannt sind ja nicht einmal die Namen, und daß eine souveräne Regierung, die ihr in bezug auf ihre eigenen Beamten gemachten Angaben erst nachprüfen will, kann nicht befremden.

10. „Die k. u. k. Regierung ohne Verzug von der Durchführung der in den vorigen Punkten zusammengefaßten Maßnahmen zu verständigen.“ Diese Forderung wird zugesagt.

Aus den vorausgegangenen Darlegungen ergibt sich, daß über die streitigen Punkte des Ultimatums sehr wohl das Haager Schiedsgericht hätte entscheiden können und daß nicht ungeschickt die serbische Regierung in diesem Sinne anbietet, sich einem Haager Spruch zu unterwerfen. Es bestätigt sich hier, was die Theorie des Völkerrechts schon längst erkannt hat, daß die konkreten Konflikte zwischen den Staaten meistens juristische Elemente in sich tragen, die es dem kundigen Juristen ermöglichen, den Streit nach rechtlichen Gesichtspunkten zu entscheiden. In diesem Sinne sagt Nippold: „Der Rechtsstreit ist zwischen modernen Kulturstaaten durchaus die Regel, er ist weder die seltenere Form, noch seinem Inhalte nach absolut unbedeutend.[1] Wäre die österreichisch-

[1] Nippold: Die Fortbildung des Verfahrens in völkerrechtlichen Streitigkeiten, 1907, S. 181. Es ist meines Erachtens kein geringes Verdienst von Nippold, in dem 4. Kapitel jenes Buches, betitelt: „Über die rechtlichen Grenzen der Anwendbarkeit des Schiedsgerichts" den Nachweis erbracht zu haben, daß solche rechtlichen Grenzen für die Schiedsgerichtsbarkeit nicht vorhanden sind. Allerdings gibt es auch reine Interessenkonflikte, die nicht aus Rechtsansprüchen hervorgehen und deshalb einer rechtlichen Beurteilung zunächst keine Handhabe bieten. Das beweist uns gerade die Entstehung des gegenwärtigen Krieges. Österreich-Ungarn erklärt Serbien wegen der seines Erachtens unbefriedigenden Antwort auf das Ultimatum den Krieg. Rußland will Serbien nicht im Stiche lassen, einmal aus dem panslavistischen Gedanken heraus, dann weil es als Resultat dieses Krieges eine Verstärkung der Position der Donaumonarchie auf dem Balkan erwartet, die es nicht zulassen will. So entsteht ein Konflikt zwischen Österreich-Ungarn und Rußland, den die Beteiligten als Interessenkonflikt ansehen. In solchen Fällen wird immer eine große Schwierigkeit darin liegen, ein Kompromiß zustande zu bringen. Dieses müßte das Schiedsgericht beauftragen, bei seinem Spruch einen Interessenausgleich auf Grund der natürlichen Billigkeit des Einzelfalles vorzunehmen, also zu handeln „en amiable compositeur". Solche Fälle kommen tatsächlich vor, siehe darüber Lammasch: „Die Rechtskraft internationaler Schiedssprüche", Kristiania 1913, S. 41. Ist solch Abkommen einmal geschlossen, so ist nicht einzusehen, warum nicht ein Schiedsgericht sollte entscheiden können. Lammasch: Die Lehre von der Schiedsgerichtsbarkeit in ihrem ganzen Umfang, S. 61, meint freilich unter Berufung auf Westlake (International law I, S. 340), jeder Schiedsspruch setzt eine Norm voraus, die der Entscheidung zugrunde gelegt wird und eine Schlichtung des Streites nach reinem subjektiven Gutdünken des

ungarische Regierung dem serbischen Vorschlag gefolgt, den Haager Schiedshof darüber entscheiden zu lassen, ob ihren berechtigten Ansprüchen auf Sühne und Sicherheitsleistung durch die serbische Beantwortung des Ultimatums genügt sei, oder ob die noch weiter gehenden Forderungen des Ultimatums auch noch von Serbien zugestanden werden müßten, so wäre die Entscheidung gewiß für die Schiedsrichter recht schwierig gewesen, da hier nicht detaillierte Normen, sondern nur ein taktvolles richterliches Ermessen den Ausschlag geben

---

Entscheidenden sei „Vermittelung" und nicht Schiedsspruch. Indessen ist doch nun einmal das Kriterium der Vermittelung im technischen Sinne des Völkerrechts das, daß hier den Parteien nur ein Rat und keine Entscheidung gegeben wird, während andererseits die Souveränität des Parteiwillens doch auch die Möglichkeit haben muß, einen Streit, für den es keine abstrakte Norm gibt, durch einen bindenden Spruch entscheiden zu lassen. Es muß dann eben das Recht im Sinne des Richtigen einfach aus den konkreten Tatsachen abgeleitet werden. Das dürfte immer möglich sein. Denn schließlich gibt die Natur der Dinge überall eine Norm, wie der römische Dichter sagt: „Est modus in rebus sunt certi denique fines." So ließe sich z. B. denken, daß ein Schiedsgericht den oben erwähnten Interessenkonflikt zwischen Österreich-Ungarn und Rußland durch einen Spruch in dem Sinne beigelegt hätte, daß Österreich-Ungarn Rußland gewisse Garantien, betreffend seine Kriegsziele gegen Serbien, zu geben gehabt, dafür aber letzteres den Feldzug gegen Serbien nicht hätte stören dürfen. Auch im innerstaatlichen Recht haben die Richter vielfach nach freiem Ermessen zu entscheiden, vgl. die Abhandlung von Stier-Somlo: „Das freie Ermessen in Rechtsprechung und Verwaltung" in der Festgabe für Laband, Bd. II, S. 445ff. In der Regel werden die Parteien im Völkerrecht dort, wo es an allen abstrakten Normen fehlt, die Vermittelung der Schiedsgerichtsbarkeit vorziehen, weil dabei die definitive Entscheidung des Konflikts in ihrer Hand bleibt. Reine Interessenkonflikte werden also de facto selten zu schiedsgerichtlicher Entscheidung kommen und prima facie erscheinen sie allerdings als nicht gerichtsfähig, siehe zu diesem Punkte auch Schücking: „Der Weltfriedensbund und die Wiedergeburt des Völkerrechts", 1917, S. 16ff. Im übrigen hätte für den Juristen schließlich aber auch die Möglichkeit bestanden, aus dem Konflikt zwischen Petersburg und Wien eine Rechtsfrage zu machen; vgl. unten S. 70 und 71.

konnten, indessen, je fortgeschrittener die innerstaatliche Rechtspflege ist, um so häufiger werden auch hier Entscheidungen in ein verständiges Ermessen der Richter gestellt, statt sie an ein in casuistischer Manier aufgestelltes Gesetz zu binden, im Völkerrecht aber hat, mangels einer Codifikation, diese größere Bewegungsfreiheit für den Richter immer gegolten.[1]

§ 3. Der politische Charakter des Konfliktes und die Gefahren des Schiedsspruchs.

Indessen wäre es falsch, zu übersehen, daß die Möglichkeit, einen Staatenkonflikt als Rechtsstreitigkeit zu charakterisieren und ihn dadurch in einen Gegensatz zu rücken zu den „reinen Interessenkonflikten" für die Entscheidung der Staaten darüber, ob sie diesen Rechtsstreit dem Haager Schiedshof übergeben wollen, nicht immer der entscheidende Gesichtspunkt sein wird. Es kommt vielmehr darauf an, ob die betreffende Streitigkeit materiell einen rein juristischen Charakter trägt oder ob die Streitigkeit eine mehr oder weniger politische ist. Wie Zorn sagt, gibt es auch im internationalen Leben zahlreiche Streitfragen, „die einen ausschließlich oder doch überwiegend formell-juristischen Charakter tragen." Es kann weiter aber auch vorkommen, „daß auf internationalem Gebiete auch reine Rechtsfragen durch irgendwelche Zufälle einen politischen Charakter annehmen können und sobald dies der Fall ist, wird dieser entscheidend und entkleidet den Streitfall seines rein juristischen Charakters".[2] Und vor allen Dingen gibt es Fälle von Streitigkeiten, bei denen die politische Seite von Anfang an die formaljuristische überwiegt, Fälle, die, ohne

---

[1] Auf diese größere Bewegungsfreiheit macht Nippold noch S. 188 mit Recht aufmerksam.

[2] Vgl. die Abhandlung von Zorn: Zur Erinnerung an die erste Friedenskonferenz im Werk vom Haag, II. Serie, Die Judikatur des ständigen Schiedshofs, Bd. 1. Erster Teil, S. 35.

des Rechtscharakters zu entbehren, doch nun einmal von den Parteien oder auch nur von einer derselben nicht in erster Linie als Rechtsfrage angesehen werden. Machen wir den Versuch theoretisch innerhalb der Rechtsstreitigkeiten, die reinen Rechtsfragen von solchen überwiegend politischen Charakters zu unterscheiden, so können wir sagen, letztere sind immer Konflikte, die den Staat in der Gesamtheit seiner Existenz berühren. Denn das ist das eigentlich Charakteristische alles Politischen, daß es auf den Staat als Ganzes abzielt. In diesem Sinne sind wir gewöhnt, die Zweckverbände des Völkerrechts von einem eigentlichen Staatenbunde zu unterscheiden: bei beiden die Konstanz des Zweckes, bei beiden besondere Organe zur Ausführung der gemeinsamen Zwecke, aber hier nur eine einzelne Verwaltungsaufgabe des Staates, die gemeinsam durchgeführt werden soll, dort eine Verbindung, die auf den Staat als Ganzes abzielt und die obersten Zwecke des staatlichen Lebens, die gemeinsame Behauptung nach außen und die innere Friedensbewahrung betrifft.[1] Als Beispiel eines solchen Rechtsstreits von hoher politischer Bedeutung mag hier die Marokkoangelegenheit dienen. Auch sie war für den Juristen zunächst eine Rechtsfrage. Denn es handelte sich darum, ob der Inhalt des englisch-französischen Vertrages vom 8. April 1904, durch den Frankreich das Recht zur pénétration pacifique in Marokko erwarb, mit der Stellung Deutschlands als meistbegünstigster Nation auf Grund der Madrider Konvention vom 3. Juli 1880 und des Handelsvertrags mit Marokko vom 1. Juni 1890 vereinbar war.[2] Indessen war der Streit zwischen Frankreich und dem Deutschen Reich aus diesem Anlaß gleich-

[1] Vgl. darüber Schücking, Der Staatenverband der Haager Konferenzen, S. 20 ff. u. S. 74.

[2] Siehe die Madrider Konvention bei Fleischmann: Völkerrechtsquellen, 1905, Nr. 42, S. 165 ff., und den deutschen Handelsvertrag mit Marokko im Reichsgesetzblatt von 1891, S. 37/38.

zeitig ein eminent politischer. Denn Deutschland fühlte sich einmal in seiner ganzen Stellung im Rate der Völker dadurch geschädigt, daß England und Frankreich gewagt hatten, trotz des älteren gemeinsamen Abkommens über Marokko vom 3. Juli 1880, über die Zukunft Marokkos allein und dazu noch materiell in einer Art und Weise zu verfügen, die Deutschlands berechtigtes Interesse an kolonialer Expansion völlig ignorierte. Nun lehrt es der Kampf um das obligatorische Weltschiedsgericht, daß heute durchweg die Mächte noch nicht geneigt sind, Streitigkeiten von juristischem Belange, die einen politischen Inhalt haben, unterschiedslos der Schiedsgerichtsbarkeit zu unterwerfen. Wenigstens in den Fällen, die die Ehre und die Lebensinteressen berührten, sollte auch nach den Verhandlungen der zweiten Haager Konferenz von 1907 das Schiedsgericht abgelehnt werden können. In diesem Zusammenhang haben wir nicht zu untersuchen, ob die Entwickelung über diesen Vorbehalt hinwegführen kann oder ob der Vorbehalt vielleicht für die Zukunft noch besser und enger gefaßt werden könnte, hier kommt es nur darauf an, festzustellen, daß auch für den nichteingetretenen Fall, das Obligatorium wäre 1907 zustande gekommen, die österreichisch-ungarische Regierung nicht verpflichtet gewesen wäre, auf den serbischen Vorschlag eines Schiedsgerichts über die Forderungen des Ultimatums einzugehen. Folgt daraus doch auch ihr moralisches Recht, auch das vorgeschlagene, „isolierte" Schiedsgericht abzulehnen. Denn auch hier handelte es sich um Ehre und Lebensinteressen. Die Ehre der Donaumonarchie erforderte, daß die indirekte Beteiligung Serbiens an dem Attentat baldmöglichst eine entsprechende Sühne fand. In bezug auf diese Sühne hatte man sich nun einmal auf die Forderungen des Ultimatums festgelegt. Ließ man es nun darüber zu einem Prozeß vor dem Haager Schiedshof kommen, so wären zunächst einmal noch Monate bis zu einer Entscheidung verstrichen. Denn die unglückliche Tatsache, daß der Schiedshof de facto nur in einer Liste besteht und das tatsächliche Zusammenarbeiten des Gerichts immer erst die Einigung über den Schiedsvergleich, den Kompromiß, zur Voraussetzung hat, hätte zumal bei einer entsprechenden Behandlung durch die serbische Regierung diese Entscheidung auf lange Zeit hinausgeschoben. Nun ist es aber eine bekannte psychologische Tatsache, daß der öffentliche Eindruck einer Sühne um so schwächer wird, je mehr diese Sühne hinter der Straftat zeitlich zurückliegt. Vor allen Dingen kommt folgender Gesichtspunkt in Betracht. Ein Schiedsgericht ist berufen, die von den Parteien vereinbarten Fragen zu beantworten.[1] „Extra compromissum arbiter nihil facere potut." Und zwar sind diese konkreten Fragen zu beantworten auf der Grundlage des geltenden Rechts, sur la base du respect du droit.[2] Das Schiedsgericht ist aber nicht berechtigt, den Parteien von sich aus Vermittelungsvorschläge zu machen oder selbst einen Ausgleich zu dekretieren.[3] In dieser Rechtslage lag aber für Österreich-Ungarn eine ungeheure Gefahr, wenn es sich dem obligatorischen Schiedsspruch unterwarf. Denn die Forderungen des Ultimatums waren so scharf, daß man mit der

---

[1] Vgl. darüber die vortrefflichen Ausführungen bei Lammasch, Die Lehre von der Schiedsgerichtsbarkeit in ihrem ganzen Umfang, a. a. O., S. 99ff.

[2] Art. 37 der Haager Akte. Die Frage nach der Rechtsgrundlage des Schiedsgerichts ist am besten behandelt von Lammasch: Die Rechtskraft internationaler Schiedssprüche. Publikationen des Norwegischen Nobelinstituts, Tome II, Fasc. 2, 1913, S. 36ff. Lammasch wendet sich mit Recht gegen die in jüngster Zeit namentlich von Wehberg vertretene Lehre, daß die schiedsgerichtliche Rechtsprechung eine Judikatur nicht nach strengem Recht, sondern nach Billigkeit sei. Vgl. Wehbergs Buch über das Problem eines internationalen Staatengerichtshofs, München 1912, S. 14, 22, 38 und passim.

[3] Lammasch, Die Lehre von der Schiedsgerichtsbarkeit, a. a. O. S. 175.

Möglichkeit rechnen mußte, vor dem Schiedsgericht zu unterliegen. Das gilt namentlich von den vorzugsweise streitigen Punkten 5 und 6 des Ultimatums, die Serbien ganz abgelehnt hatte und auf die wir in diesem Zusammenhang noch einmal zurückkommen müssen. Das Verlangen, daß Serbien sich zu einer besonderen Vereinbarung bereit finden sollte, wonach Organe der Donaumonarchie auf serbischem Boden zur Unterdrückung der von dort ausgehenden subversiven Tendenzen mitwirken sollten, geht in der Tat sehr weit. Die Donaumonarchie wünschte dabei nach späteren Erklärungen gegenüber dritten Mächten ein geheimes bureau de sûreté in Belgrad, das nach Art der analogen russischen Einrichtungen in Paris funktionieren und mit der serbischen Polizei und Verwaltungsbehörde kooperieren sollte.[1] Indessen war über die nähere Ausführung dieser Idee einer österreichischen Behörde auf serbischem Boden im Ultimatum gar nichts gesagt und prima facie erschien doch wohl deshalb ein uneingeschränktes Zugeständnis Serbiens, dem österreichisch-ungarischen Verlangen nachkommen zu wollen, als eine bedenkliche Preisgabe von Souveränitätsrechten. Dabei ist namentlich zu erwägen, daß die Funktion der geplanten österreichisch-ungarischen Behörde innerhalb von Serbien zur Unterdrückung der großserbischen Bestrebungen nicht in dem Ultimatum an eine bestimmte Zeitdauer geknüpft war, sondern offenbar so lange fortdauern sollte, als noch irgendwo großserbische Tendenzen in Serbien vertreten würden. Dann wären aber wahrscheinlich die Serben diese österreichische Behörde niemals wieder losgeworden. Denn die Natur solcher politischer Aspirationen bringt es mit sich, daß sie nach menschlichem Ermessen sich sobald nicht ausrotten lassen werden. Wenigstens ist der Gedanke „eine

[1] Siehe die Depesche des Grafen Berchtold an den Botschafter Grafen Szápáry in St. Petersburg vom 25. Juli 1914, Nr. 27 des Rotbuches, a. a. O., S. 98.

Nation, folglich auch ein Staat"[1] heute eine derartige Macht in den Gemütern der Menschen, daß sich ein Verschwinden dieser Idee nicht leicht vollziehen wird.[2] Nun folgt aber aus der Souveränität des Staates, die wir in der Anwendung auf sein Gebiet seine Gebietshoheit nennen, daß, wie ihm positiv dort alles unterworfen ist, umgekehrt die Betätigung einer fremden Staatsgewalt durch ihre Behörden dort ausgeschlossen ist.[3] Gewiß gibt es von dieser Regel schon nach gemeinem Völkerrecht Ausnahmen, wie die obrigkeitliche Tätigkeit von Konsuln in fremden Ländern, gegen die kein Staat sich grundsätzlich sperren könnte und weiter kann auch durch partikulare Abmachung ein Staat dem andern ein Zugeständnis nach jener Richtung hin machen, wie es etwa der Einrichtung eines geheimen russischen Bureau de sûreté in Paris zugrunde liegen wird. Aber ein derartiges an und für sich schon so weit gehendes Zugeständnis wird doch, wenn nicht jederzeitige freie Kündigung dabei vorbehalten wird, höchstens auf eine beschränkte Anzahl Jahre gemacht werden. Außerdem wird die Funktion dieser Behörde vertragsmäßig sehr genau umschrieben werden, und regelmäßig wird der Staat bei solchem Zugeständnis das größte Gewicht darauf legen, daß es sich wirklich nur um eine geheime Mitarbeit handelt und daß nicht zum Schaden seines Ansehens eine fremde Behörde auf seinem Gebiete nach außen hin obrigkeitliche Funktionen vornimmt.

---

[1] Vgl. über diese Forderung Schücking, Das Nationalitätenproblem, Dresden 1908.

[2] Mit Recht sagt Bernstein in seinem gehaltvollen Buche: Sozialdemokratische Völkerpolitik, Leipzig 1917, S. 123: „Die Geschichte hat gezeigt, daß wenn einmal ein Volk als Nation in die Geschichte eingetreten oder wiedereingetreten ist, die Idee der Herstellung nationaler Einheit gar nicht aus den Köpfen auszurotten ist, sondern immer wieder von neuem mit elementarer Gewalt die Geister erfaßt."

[3] Statt vieler siehe v. Liszt a. a. O. S. 75: „Die Gebietshoheit schließt jedes Eingreifen einer fremden Staatsgewalt aus."

Auch nach dieser Richtung hin aber gab die österreichisch-ungarische Forderung keinerlei Garantien, indem sie nur von einer Mitwirkung bei der Unterdrückung der subversiven Tendenzen schlechthin sprach. Die ganze Forderung, so wie sie vorgebracht ist, wird von Rußland und seinen Bundesgenossen als Attentat auf die serbische Souveränität angesehen,[1] und auch das Haager Schiedsgericht würde sie schwerlich in dieser Form als zu Recht bestehend angesehen haben. Ja selbst wenn die Forderung in bezug auf die Zeitdauer und die Funktion der österreichisch-ungarischen Organe in Serbien detaillierter gewesen wäre, so daß sich dafür Analogien des partikularen Völkerrechts hätten ausfindig machen lassen, so wäre die Rechtsbeständigkeit der Forderung in den Augen des Haager Schiedsgerichts wahrscheinlich immerhin noch zweifelhaft gewesen. Denn es ist etwas anderes, ob ganz vereinzelt einmal ein Staat einem anderen Staat freiwillig ein derartiges Zugeständnis macht, oder ob es ihm zwangsweise gegen seinen Willen durch Richterspruch auferlegt wird.[2] Dasselbe

---

[1] So äußert sich zur fraglichen Forderung schon am 24. Juli Sir E. Grey nach der Lektüre des Ultimatums zum österreichisch-ungarischen Botschafter, die Einsetzung von österreichisch-ungarischen Organen in Serbien wäre gleichbedeutend mit dem Aufhören der staatlichen Unabhängigkeit Serbiens; siehe die Depesche des österreichisch-ungarischen Botschafters Grafen Mensdorff an Graf Berchtold vom gleichen Tage, Nr. 10, S. 24, des Rotbuches, und am gleichen Tage macht der russische Minister des Äußern gegenüber dem österreichisch-ungarischen Botschafter in Petersburg geltend, bei der Beteiligung von k. und k. Funktionären an der Unterdrückung der subversiven Bewegung werde Serbien daheim nicht mehr der Herr sein; vgl. die Depesche des Grafen Szápáry an den Grafen Berchtold, Nr. 14, S. 27.

[2] Ein weiser Richter würde bei der Entscheidung dieser Frage auch die Beziehungen der beiden fraglichen Staaten in ihrer Totalität berücksichtigen. Unter Umständen kann m. E. einem politisch ebenbürtigen, abseits gelegenen Staate zugunsten eines anderen mehr zugemutet werden, wie einem benachbarten Kleinstaat, der auf anderen Gebieten, z. B. dem wirtschaftlichen, ohnehin abhängig ist und darum

hat aber auch von der unter Ziffer 6 geltend gemachten Forderung des Ultimatums zu gelten, die ebenfalls von Serbien abgelehnt war. Hier, wo es sich um die Mitwirkung der k. u. k. Regierung bei der Verfolgung der Teilnehmer des Komplotts handelte, ergab sich freilich ohne weiteres aus der Natur der Forderung, daß die Organe der Donaumonarchie nur einmal in Serbien funktionieren sollen, und mit Recht macht Österreich-Ungarn in seiner Note über die serbische Antwort geltend, es sei hier nur eine Mitwirkung bei den recherches als polizeilichen Vorerhebungen verlangt, die das Material für die Untersuchung herbeizuschaffen und sicherzustellen hätten, nicht bei dem eigentlichen Gerichtsverfahren; aber auch diese einmalige polizeiliche Mitwirkung bei einer Strafverfolgung in einen fremden Staat widerspricht zunächst dem gemeinen Völkerrecht, und wenn Analogien dafür, wie die Wiener Note behauptet, „in großer Menge" vorhanden sind, so kann dafür nur partikulares Völkerrecht den Anlaß gegeben haben und es bleibt, wie oben gesagt, auch hier zweifelhaft, ob das Schiedsgericht sich deshalb auf den Boden der Anschauung gestellt haben würde, daß eine solche Mitwirkung ausländischer Organe unter den gegebenen Umständen gegenüber Serbien als ein Recht hätte verlangt werden können.[1]

---

fürchten muß, mit einer solchen Einrichtung seine Selbständigkeit gegenüber dem mächtigen Nachbarn vollends zu verlieren. Mit anderen Worten, auch die Psychologie des Schwächeren ist ein Faktor, der Berücksichtigung heischt.

[1] In diesem Zusammenhang ist es juristisch völlig irrelevant, daß später während des Weltkrieges unsere Gegner dritten Staaten gegenüber Zumutungen gestellt haben, die einen viel schärferen Eingriff in deren Souveränitätsrechte bedeuteten, als vielleicht das fragliche Ultimatum Österreich-Ungarns an Serbien. Man denke nur an die Vergewaltigung Griechenlands. Wenn die Entente glaubte, dabei wenigstens den Schein des Rechts wahren zu können, indem sie aus den Verträgen vom 5. Juli 1827, vom 13. Juli 1863 und vom 29. März 1864 ein Interventionsrecht in Griechenland ableitete, so mußte dieser

Nach dem Gesagten wäre es also höchst zweifelhaft gewesen, ob die Donaumonarchie mit ihren Forderungen zu 6 und 7 des Ultimatums vor dem Haager Schiedsgericht durchgedrungen wäre, ganz abgesehen davon, daß jeder Prozeß erfahrungsgemäß ein Lotteriespiel ist, bei dem nur, entsprechend der jeweiligen materiellen Rechtslage, die Gewinnchancen verschieden groß sind. Konnte Österreich-Ungarn sich nun aber der Gefahr aussetzen, seinen Prozeß im Haag zu verlieren? Die österreichisch-ungarische Regierung erstrebt mit Recht Genugtuung für die Vergangenheit und Garantien für die Zukunft.[1] Zu dieser Genugtuung gehört, abgesehen von den feierlichen Erklärungen, die Serbien abzugeben bereit war, doch auch die Bestrafung aller Schuldigen. Wenn schon vor der Überreichung des Ultimatums der Polizeipräsident in Serbien die schuldigen serbischen Beamten aus Belgrad entfernt hatte, so kann man immerhin verstehen, daß die Donaumonarchie fürchtete, ohne eine gewisse Kontrolle bei der in Serbien anzustellenden Untersuchung würden nicht alle Schuldigen gefaßt werden. Mindestens ebenso wichtig war aber der österreichisch-ungarischen Regierung die Frage der Garantien für die Zukunft. Nicht nur die leitenden Minister, sondern das ganze Volk in der Donaumonarchie sah es als eine Lebensfrage des Staates an, daß es vor Serbien endlich einmal Ruhe haben müsse. Angesichts der Tatsache, daß man schon zweimal gegen Serbien während der Annexionskrise und des Balkankrieges zu erschöpfenden — was man wenigstens vor dem Weltkrieg als erschöpfend ansah — Mobilmachungen genötigt

---

Versuch mißlingen; vgl. den Aufsatz von Strupp über die Neutralität Griechenlands und das Völkerrecht in den Blättern für vergleichende Rechtswissenschaft und Volkswirtschaftslehre, IX. Jahrgang, Nr. 6 u. 7, S. 161ff.

[1] So wörtlich die Depesche des Grafen Berchtold an den Grafen Szögény in Berlin vom 28. Juli 1914, Rotbuch Nr. 38, S. 117.

gewesen war, angesichts all der Beschwerden, die man gegen die großserbischen Umtriebe auf dem Herzen hatte[1], erscheint dieser Wunsch nach ernsthaften Garantien durchaus berechtigt.[2] Gerade die Punkte, die nach beiden Richtungen, der

[1] In dieser Hinsicht muß immer wieder auf die Tatsachen hingewiesen werden, die in dem Dossier der österreichisch-ungarischen Regierung vom 25. Juli 1914 (Nr. 19, S. 32ff. des Rotbuches) enthalten sind. Wären die fraglichen Tatsachen allgemein bekannt gewesen, so hätten die Neutralen wahrscheinlich für das energische Vorgehen Österreichs gegen Serbien viel mehr Verständnis gehabt und das Verhalten der Zentralmächte weniger ungünstig beurteilt. Nicht ohne Grund hat Österreich-Ungarn immer wieder bei den Verhandlungen mit den Großmächten über sein Ultimatum den Standpunkt vertreten, daß ein Aufhören der fraglichen großserbischen Propaganda im dringenden Interesse der Ruhe und Ordnung von ganz Europa gelegen sei; vgl. die Depesche des Grafen Szécsen in Paris an den Grafen Berchtold vom 24. Juli (Nr. 11, S. 25 des Rotbuches) und die Weisung des Grafen Berchtold an den Botschafter Grafen Szápáry vom gleichen Tage (Nr. 18, S. 30 ebendort).

[2] Freilich meint Bernstein (a. a. O. S. 123), man hätte sich mit den serbischen Zugeständnissen begnügen sollen. „Mindestens wäre Österreich-Ungarns Stellung auf dem Balkan dadurch verbessert worden. Jene Zugeständnisse waren so weitgehender Natur, daß Österreich-Ungarn dank ihrer Serbien gegenüber ein Pfand in der Hand gehabt hätte, das nicht leicht zu entkräften war. Denn Serbien war in jenem Zeitpunkt bei der Mehrheit der Großmächte nichts weniger als gut angeschrieben. In England z. B. hatte man ihm weder die Blutnacht beim Dynastiewechsel, noch die Handlungsweise den Bulgaren gegenüber verziehen, für welch letztere die englischen Liberalen von Gladstones Zeiten her eine besondere Schwäche hatten. Sowohl den Franzosen als auch den Russen ward von englischer Seite wiederholt erklärt, daß der Gedanke, um Serbiens willen in einen Krieg hineingezogen zu werden, in England im höchsten Grade unpopulär sei. Bei Reklamationen wegen Nichterfüllung der serbischen Versprechungen war Österreich der Unterstützung durch England und dadurch des Beistandes der Mehrheit der Mächte sicher". Diese Auffassung scheint uns doch für die österreichische Sache zu optimistisch zu sein. Gesetzt, Bernstein habe recht in bezug auf den guten Willen Englands gegenüber Österreich-Ungarn, so blieb doch das Interesse Rußlands bestehen, immer wieder für die Serben gegenüber Österreich schützend einzutreten,

Sühne und einer befriedigenden Gestaltung der Zukunft diese Garantien geben sollte, waren von Serbien abgelehnt.[1] Unterlag man nun mit diesen beiden Forderungen noch vor dem Haager Gerichtshof, so hatte man nicht nur den Hauptzweck des Ultimatums nicht erreicht, sondern die Sache wäre noch zu einem politischen Triumph Serbiens geworden und dieser Staat wäre sicherlich nicht geneigt gewesen, nachträglich Österreich-Ungarn freiwillig irgendwelche andere Garantien für sein korrektes Verhalten in der Zukunft zu bewilligen. Es liegt im Wesen des nach strengem Recht zu fällenden Schiedsspruchs, daß er den Tatsachen nicht immer gerecht werden kann, ja daß die Gefahr besteht, daß umgekehrt, wenn erst einmal ein Schiedsspruch über das Recht erfolgt ist, dadurch die bessere Regelung durch gütliche Vereinbarung nach einer dem Wohle der Völker entsprechenden Zweckmäßigkeit, ja Notwendigkeit, erst recht schwierig werden kann.[2] Das Unglück war, man hatte sich nun einmal auf die etwas allzu scharfen Forderungen des Ultimatums festgelegt, und so gewiß die Auffassung der österreichisch-ungarischen Regierung unrichtig ist, daß „nur

---

auch wenn sie ihre Versprechungen nicht erfüllten. Dazu kam dann aber die leidige Tatsache, daß die Entente Rußlands mit England und Frankreich die beiden letztgenannten Staaten abhalten mußte, sich für die gerechte Sache Österreichs in bezug auf die Erfüllung der serbischen Versprechungen mit der nötigen Energie einzusetzen.

[1] Das betont das Mémoire des Grafen Berchtold an den auswärtigen Botschafter vom 29. Juli (Nr. 44, S. 125 des Rotbuches). Über den gleichzeitigen Hinweis darauf, daß die Vorbehalte bei der Annahme der übrigen Punkte den Wert der Zugeständnisse wesentlich herabdrückten, ist oben schon gesprochen. Österreich-Ungarn behauptet, Serbien wolle die europäische Öffentlichkeit täuschen und habe bei seinen Akzepten darauf gebaut, daß es nicht in die Lage kommen werde, seine Zusage zu erfüllen.

[2] In diesem Sinne v. Bar in seiner ausgezeichneten Schrift: Der Burenkrieg, die Russifizierung Finnlands und die Haager Friedenskonferenz. Hannover 1900. S. 47.

die integrale Annahme der österreichisch-ungarischen Forderung seitens der Belgrader Regierung eine Bürgschaft für ein erträgliches Nachbarverhältnis zu Serbien geboten hätte[1], vielmehr andere und bessere Lösungen des Problems denkbar gewesen wären, so wäre das Schiedsgericht doch nicht kompetent gewesen, den Parteien eine andere Lösung vorzuschreiben. So sehr wir also die ablehnende Entscheidung des schiedsgerichtlichen Angebots im Interesse der Humanität beklagen müssen, weil die prozessuale Erledigung des Konflikts der Welt den gegenwärtigen Krieg erspart hätte, so können wir die Haltung der österreichisch-ungarischen Regierung in dieser Frage doch durchaus verstehen und man kann nicht unbedingt behaupten, daß sich Österreich-Ungarn dadurch in Widerspruch gesetzt habe mit den Ideen des modernen Völkerrechts.

Freilich ist damit nicht gesagt, daß sich nicht bei allseitig gutem Willen auch der Apparat des Haager Schiedsgerichts schnell so hätte ausgestalten lassen, daß er Österreich-Ungarn die nötigen Garantien geboten hätte, auch für den Fall, daß seine Prinzipalanträge als mit der serbischen Souveränität unvereinbar abgelehnt werden sollten, Bürgschaften für eine wirkliche Sühne und für ein besseres Verhalten Serbiens in Zukunft zu bekommen. Zu diesem Zwecke hätte nur der Schiedsvergleich oder Kompromiß einer entsprechenden Ausgestaltung bedurft. Denn selbstverständlich ist es möglich, daß die Schiedsrichter statt nur den Auftrag zu erhalten, eine vom Staate A gegen den Staat B geltend gemachte Forderung, also hier die beiden abgelehnten Punkte des Ultimatums auf ihre Rechtmäßigkeit hin an der Hand des ge-

[1] Das behauptet die österreichisch-ungarische Regierung in der Einleitung zu ihrem Rotbuch (S. 4). Im Gegensatz dazu muß man sagen, daß die dauernde Funktion einer österreichisch-ungarischen Überwachungsbehörde in Serbien das Verhältnis zwischen den beiden Staaten wahrscheinlich immer mehr vergiftet hätte.

meinen Völkerrechts zu prüfen, beauftragt werden, unter allen Umständen einen billigen Ausgleich zwischen den widerstreitenden Interessen der Parteien herbeizuführen. Auch zu einer solchen Funktion erscheint das Haager Schiedsgericht durchaus geeignet. Denn „der Schiedsrichter ist ein Richter, der durch Vertrauen beider Parteien in seine Person zu seinem Amte berufen ist. Die Binde, die um seine Augen gelegt ist, ist nicht so dicht gewebt als die des ordentlichen Richters. Das ‚suum cuique tribuere' gilt für ihn ganz besonders."[1] Ist er in dem Urteil darüber ohnehin etwas freier wie der ordentliche Richter[2], so hindert nichts, ihm eine absolute Freiheit zu geben, wenn es den Parteien damit ernst ist, unter allen Umständen den Streitfall durch eine wirklich befriedigende sachliche Lösung aus der Welt zu schaffen. Könnten doch auf diesem Wege sogar rein politische Streitigkeiten zum Gegenstand eines Schiedsspruches gemacht werden, die jedes juristischen Gesichtspunktes entbehrten.[3] Der Schiedsspruch nähert sich dann der Vermittlung und würde sich von einer solchen nur dadurch unterscheiden, daß er bindend wäre, während die Vermittlung, so wie sie sich bisher im Völkerrecht entwickelt hat, nur einen Rat und ein Gutachten erteilen will. Für den Fall aber, daß die Parteien unter allen Umständen einer billigen sachlichen Lösung des Konflikts zustreben und dennoch sich dem Interessenausgleich des Schiedsgerichts nicht ohne weiteres unterwerfen wollen, ist auch eine Kombination von schiedsgerichtlicher Entscheidung und eigentlicher Vermittlung mit bloß gutachtlicher Wirkung denkbar, indem nämlich der Schiedsvergleich das Schiedsgericht beauf-

---

[1] So Lammasch: Die Rechtskraft internationaler Schiedssprüche, a. a. O. S. 61.

[2] Lammasch: ebendort.

[3] In diesem Sinne Zorn: Zur Erinnerung an die erste Friedenskonferenz, a. a. O. S. 35.

tragt, eventuell von sich aus sogenannte „recommandations“ aufzustellen, die die Partien nicht binden, aber doch, umkleidet mit der hohen Autorität des Haager Gerichtshofes, den Streitenden die Wege weisen, wie ihr Konflikt sachgemäß zu lösen wäre. Dafür gibt es im Völkerrecht ein interessantes Präjudiz[1], und wenn eine Autorität des Schiedsgerichtswesens, wie sie Österreich-Ungarn in Lammasch besitzt, befragt worden wäre, wie man sich zu dem serbischen Vorschlag betreffend einer Entscheidung des Haager Schiedshofs über die abgelehnten Punkte des Ultimatums stellen solle, so hätte dieser vielleicht dafür gestimmt, den Vorschlag Serbiens mit der Modifikation anzunehmen, daß durch den Schiedsvergleich das Schiedsgericht beauftragt werden sollte, falls die österreichisch-ungarischen Forderungen von ihm nicht gebilligt werden sollten, von sich aus andere Vorschläge zu machen, die geeignet wären, der Donaumonarchie die nötigen Garantien zu geben. Serbien wäre wahrscheinlich darauf eingegangen, weil es dabei für seine Souveränität nicht zu fürchten brauchte, da die Entscheidung in seiner Hand blieb. Das Schiedsgericht aber hätte Mittel und Wege eines Ausgleichs finden können, z. B. die Internationale Kontrollkommission, wie sie in einem späteren Stadium von dem französischen Botschafter Cambon in Berlin vorgeschlagen worden ist[2], und der Druck der öffentlichen Meinung hätte dafür gesorgt, daß die Parteien eine solche ihnen vom Schiedsgericht vorgeschlagene Lösung angenommen hätten. Und so wäre man noch einmal wieder

[1] Solche besondere Ermächtigung für das Schiedsgericht war in Art. 4 des Vertrags über die Beilegung des nordatlantischen Fischereistreits zwischen den Vereinigten Staaten von Amerika und Großbritannien vom 27. Januar 1909 enthalten (vgl. jetzt die ausführliche Darstellung dieses Konflikts im „Werk vom Haag“: „Die gerichtlichen Entscheidungen“, Bd. I. Die Judicatur des ständigen Schiedshofs, 2. Teil, S. 141ff., von James Brown Scott).

[2] Darüber siehe weiter unten.

über den Berg dieses Konfliktes gekommen, der sich vor der Diplomatie auftürmte.

Aber leider haben sich die Staaten noch viel zu wenig gewöhnt, daß das Recht der entscheidende Faktor in ihren internationalen Beziehungen sein muß, als daß man den Zentralmächten einen schweren Vorwurf daraus machen müßte, daß sie sich bei der Stellungsnahme zu dem serbischen Schiedsgerichtsvorschlag nicht zunächst einmal von hervorragenden Autoritäten des Völkerrechts beraten ließen.

Schwieriger war die Situation schon, als durch die Depesche des Kaisers von Rußland an den Deutschen Kaiser vom 29. Juli, in der es heißt: „Es würde richtiger sein, das österreichisch-serbische Problem der Haager Konferenz zu übergeben. Ich vertraue auf deine Weisheit und Freundschaft[1]," der Schiedsgerichtsvorschlag noch einmal wieder aufgenommen wurde. Jetzt, nachdem am Tage vorher, am 28. Juli, schon von Österreich-Ungarn an Serbien der Krieg erklärt worden war, hätten die verbündeten Zentralmächte damit vor allen Augen scheinbar den Rückzug angetreten und eine schwere diplomatische Schlappe erlitten. So hätten wir aus den bisherigen Untersuchungen das Ergebnis gewonnen, das fakultative Schiedsgericht im Haag mit seinem obligatorischen Spruch stellte keine genügende völkerrechtliche Einrichtung dar, um unter allen Umständen den österreichisch-serbischen Konflikt zu einer guten, d. h. friedlichen, Erledigung zu bringen.

Aber damit ist noch nicht gesagt, daß kein anderer Weg wie der Krieg zwischen Österreich-Ungarn und Serbien übrig geblieben wäre, der dann den Weltkrieg nach sich gezogen

---

[1] Das fragliche Telegramm war in dem ersten deutschen Weißbuch nicht enthalten. Die russische Regierung veröffentlichte es, um die russische Friedensliebe nachzuweisen. Später ist in die Neuausgabe des deutschen Weißbuches Abschnitt 3, 22 IV aufgenommen. Mit der Haager Konferenz meint der Zar offenbar das Schiedsgericht.

hat. Das Haager Abkommen zur friedlichen Erledigung internationaler Streitfälle schickt den Normen über das Schiedsgerichtswesen solche über „gute Dienste und Vermittelung" voran. Während der kritischen Tage vor Ausbruch des Weltkriegs ist, wie schon früher gesagt, doch auch von einer formellen Vermittelung die Rede gewesen. Wir müssen deshalb des weiteren untersuchen, an welchen Umständen diese Vermittelung gescheitert ist. Erst dann werden wir ein klares Bild davon haben, in welcher Richtung das Völkerrecht auszubauen ist, um die Wiederkehr derartiger Weltkatastrophen für die Zukunft zu vermeiden.

4. Kapitel.

Das Scheitern der Vermittelungsaktion.

§ 1. Greys erster Vermittelungsversuch.

Die Vermittelung zwischen Österreich-Ungarn und Serbien war zunächst ganz außerordentlich erschwert durch den Zeitmangel, der zu einem sich überstürzenden Gang der Ereignisse führte. Die entscheidende österreichisch-ungarische Note vom 23. Juli hatte den Charakter eines Ultimatums. Denn der Gesandte, der sie überreichte, hatte den Auftrag, mündlich die Anweisung mitzuteilen, falls nicht binnen 48 Stunden eine vorbehaltlos zustimmende Antwort übergeben würde, mit seinem Personal Belgrad zu verlassen. Zum mindesten war also mit dieser Note der sofortige Abbruch der diplomatischen Beziehungen gedacht, der dann ja auch erfolgte. Aber Serbien hält es für notwendig, schon drei Stunden vor der Überreichung der Antwort sein gesamtes Heer zu mobilisieren, weil es glaubt, mit einem unmittelbaren Angriff seitens der Donaumonarchie rechnen zu müssen. Vergebens wird von einigen Mächten der Versuch gemacht, Zeit zu gewinnen. Schon am Tage vorher, am 26. Juli, hat bei der Überreichung der Note an Sir Ed. Grey durch den österreichisch-ungarischen Botschafter dieser die Befristung bedauert, weil dadurch die Möglichkeit benommen würde, die erste Erregung zu beruhigen und auf Belgrad einzuwirken, eine befriedigende Antwort zu geben, ein Ultimatum könne man immer noch stellen, wenn die Antwort nicht annehmbar sei.[1] Am gleichen Tage beauftragt der leitende Staatsmann in Wien seinen Botschafter, Sir Ed. Grey aufzuklären, daß es sich nicht um ein formelles Ultimatum, sondern nur um eine befristete Demarche handle, die bei fruchtlosem Ablauf der Frist nur von dem Abbruch der diplomatischen Beziehungen und von dem Beginn notwendiger militärischer Vorbereitungen gefolgt sein würde. Allerdings müsse Serbien, wenn es nach Ablauf des Termins nur unter dem Drucke militärischer Vorbereitungen nachgeben würde, zum Ersatz der Österreich-Ungarn erwachsenen Kosten herangezogen werden.[2] Danach erscheint also eine unmittelbare Eröffnung der Feindseligkeiten nicht beabsichtigt zu sein. Am kritischen Tage, wo das Ultimatum abläuft, bemüht sich der russische Geschäftsträger vormittags in Wien um eine Verlängerung der Frist für Serbien mit der Begründung, die Kabinette Europas müßten doch erst Gelegenheit haben, mit Hilfe des ihnen in Aussicht gestellten Dossiers die Grundlagen der österreichisch-ungarischen Forderungen an Serbien zu prüfen. Die russische Regierung hat in London, Paris, Berlin, Rom und Bukarest gebeten, ihren Wunsch in Wien zu unterstützen.[3] Aber dieser Wunsch nach einer Verlänge-

---

[1] Telegramm des Grafen Mensdorff aus London an Graf Berchtold vom 24. Juli, Rotbuch Nr. 10, S. 24.

[2] Ebendort Nr. 17, S. 30.

[3] Wie knapp die Zeit ist, ergibt sich daraus, daß der französische Botschafter in Wien die Anweisung aus Paris, das russische Ansuchen der Fristverlängerung zu unterstützen, erst in dem Moment erhält, wo diese Frist schon abgelaufen ist; vgl. die Depesche des französischen Botschafters Dumaine nach Paris vom 25. Juli (Nr. 48 des französischen Gelbbuches). Genau so geht es dem italienischen Botschafter in Wien (vgl. darüber die Depesche des englischen Botschafters Bunsen in Wien nach London vom 26. Juli, Nr. 40 des englischen Blaubuchs). Berlin hat auf die von Petersburg wie von London aus ausgesprochene Bitte, in Wien auf eine Fristverlängerung hinzuwirken, diese Bitte nach Wien hin mitgeteilt, eine materielle Empfehlung ist

rung der Frist wird in Wien abgelehnt. Immerhin wird dabei auch Rußland gegenüber mitgeteilt, daß Serbien auch nach dem Abbruch der diplomatischen Beziehungen durch uneingeschränkte Annahme der Forderungen noch eine friedliche Lösung herbeiführen könne, wenn es bereit sei, die durch militärische Maßnahmen verursachten Kosten und Schäden zu tragen.[1] Die Ablehnung des russischen Wunsches nach einer Fristverlängerung für Serbien ist von Österreich-Ungarn damit begründet worden, daß die Belgrader Regierung damit die Möglichkeit zu neuen Winkelzügen und zur Verschleppung erhalten hätte und daß sonst die Einmischung einzelner Mächte zu ihren Gunsten Tür und Tor geöffnet worden wäre.[2] Aber

---

indessen nicht erfolgt. Der deutsche Staatssekretär v. Jagow bezweifelt vielmehr, ob es für Österreich passend sei, im letzten Augenblick nachzugeben und ob dies nicht die Selbstsicherheit Serbiens stärken würde; vgl. Nr. 18 des englischen Blaubuches und Nr. 14 des russischen Orangebuches. Dagegen ist das russische Ansinnen der Fristverlängerung von England aus auch direkt in Wien unterstützt worden; vgl. die Depesche von Grey an den englischen Botschafter in Wien im Blaubuch Nr. 26.

[1] Siehe die Anweisung des Grafen Berchtold an den Sektionschef Frhr. von Macchio über die Rußland zu erteilende Antwort im Rotbuch Nr. 20, S. 88.

[2] Einleitung zum österreichischen Rotbuch, S. 3. Die Tatsache, daß das versprochene Dossier zur Rechtfertigung der Ansprüche gegen Serbien noch nicht einmal zur Vorlegung an die Mächte gelangt ist, hält Österreich-Ungarn für irrevelant, da seine Mitteilung des Ultimatums nicht den Zweck verfolgt habe, die Mächte einzuladen, ihre gegenständliche Auffassung bekannt zu geben, sondern nur den Charakter einer Information gehabt hätte, die man als Pflicht internationaler Höflichkeit angesehen hätte; Depesche des Grafen Berchtold an den Grafen Szápáry in St. Petersburg vom 25. Juli (Nr. 21, S. 88 des Rotbuches). Aber wenn die internationale Höflichkeit schon erforderte, die Mächte von dem Vorgehen gegen Serbien zu informieren, hätte es dann nicht auch nahegelegen, mit entscheidenden Aktionen so lange zu warten, bis man sein Beweismaterial vorlegen konnte? Die russische Regierung hatte bei ihrer Bitte um Fristverlängerung den Standpunkt vertreten, wenn Österreich-Ungarn sich bereit erkläre,

wenn die Kürze der Serbien zur Entscheidung gelassenen Zeit einerseits einem berechtigten Wunsche Österreich-Ungarns entsprach, den Konflikt mit Serbien zu lokalisieren, so wäre, wie wir heute sagen müssen, im europäischen Interesse solch Zeitgewinn doch dringend wünschenswert gewesen. Denn am gleichen Tage, an dem über die Fristverlängerung verhandelt wurde, am 25. Juli, erklärte die russische Regierung schon in einem amtlichen Communiqué, daß Rußland dem Konflikt nicht gleichmütig gegenüberstehen könne[1], schon damit war

---

den Mächten das Ergebnis des gerichtlichen Verfahrens, auf welches seine Regierung die von ihm vorgebrachten Anklagen stütze, mitzuteilen, müsse es den Mächten auch genügende Zeit gewähren, dieses Ergebnis zu prüfen. Dann könnten die Mächte der serbischen Regierung Ratschläge erteilen. Die österreichisch-ungarische Regierung würde nicht nur gegen die internationalen ethischen Grundästze verstoßen, sondern auch ihre Mitteilung an die Mächte eines jeden praktischen Wertes entkleiden, wenn sie die Fristverlängerung nicht zugäbe, und England hatte sich, wie gesagt, diesen Standpunkt zu eigen gemacht (vgl. die Depesche von Grey an Bunsen nach Wien vom 25. Juli, Nr. 26 des Blaubuchs). Die russische Argumentation klingt durchaus plausibel; aber solange nicht grundsätzlich in solchen Konfliktsfällen eine Frist bestimmt ist, binnen deren von keiner Seite zu den Waffen gegriffen werden darf, sondern alles auf das militärische Zuvorkommen ankommt, kann man die Handlungsweise der Donaumonarchie verstehen. — Das fragliche Dossier ist erst am 25. Juli mit der Post von Wien an die auswärtigen Botschaften abgegangen.

[1] Russisches Orangebuch Nr. 10. Eine juristische Begründung dieser russischen Einmischung zugunsten der Serben ist niemals erfolgt, und von deutscher Seite wird Rußland das Recht bestritten, sich als Beschützer Serbiens aufzuwerfen, wie sich aus einem Gespräch des deutschen Botschafters in Wien mit dem dortigen Vertreter Englands vom 26. Juli ergibt (vgl. die Depesche von Bunsen an Grey, Nr. 32 des Blaubuchs). Wie hätte Grotius geurteilt? Er hätte zunächst grundsätzlich den Krieg von Österreich-Ungarn gegen Serbien gebilligt, soweit er wirklich nur bestimmt gewesen, eine entsprechende Sühne und Sicherung herbeizuführen (vgl. Buch II, Kap. XX, § 40, Ziff. 1). Aber er hatte ein gewisses Mißtrauen gegen solche Feldzüge, die zur Strafe unternommen werden, und erinnert geistreich an das Wort des

die Lokalisierung des Konflikts gescheitert. Trotzdem die österreichisch-ungarische Antwort auf die Bitte um Fristverlängerung die Hoffnung offen gelassen hatte, daß dem Ablauf der Frist noch nicht sogleich der Krieg folgen werde, läßt

Mithridates von den Römern: „non delicta regum illos, sed vires ac majestatem insequi". Für den Fall, daß die von Serbien angebotene Sühne in Verbindung mit seinem Angebot, über die abgelehnten Forderungen das Haager Schiedsgericht oder die Großmächte entscheiden zu lassen, für ausreichend zu erachten gewesen wäre und nun dennoch Österreich-Ungarn einen Feldzug gegen Serbien unternommen hätte, um die Gelegenheit zu benutzen, diesen Staat seiner Souveränität zu berauben, wie das von russischer Seite behauptet wurde, hätte Hugo Grotius auch die russische Intervention zugunsten Serbiens als gerechtfertigt angesehen. Wenigstens ist die Stelle bei Grotius (a. a. O.), nach der die Inhaber der Staatsgewalt zum Besten der menschlichen Gesellschaft überall dort einschreiten können, wo auch Dritten gegenüber das Völkerrecht in roher Weise verletzt wird, bisher gerade auch auf den Fall bezogen worden, wo es gilt, einen mächtigen Staat zu verhindern, sich einen schwachen zu unterwerfen, der den mächtigen beleidigt hat, aber eine genügende Sühne anbietet (vgl. Travers Twiss, Le droit des gens ou des nations considérées comme communautés politiques indépendantes, t. II, chap. 1, n⁰ 7, S. 14), ja man hat gelegentlich in der Intervention zugunsten eines schwachen Staates, den ein starker sich unterwerfen will, sogar eine Pflicht gesehen (vgl. Kamarowsky, Le tribunal international, traduit par Westmann, Paris 1887, S. 91). Zu beachten ist auch, was Grotius bei der Lehre über den Krieg für andere (Buch II, Kap. 25, § 5), über die Hilfe für Freunde sagt. Er verweist dort nicht nur darauf, daß Abraham für seinen Verwandten Loth zu den Waffen gegriffen habe, sondern daß die Römer auch den Antibern die Seeräuberei gegen die Griechen als den Stammesgenossen der Italiker verboten haben. Die Römer hätten also nicht nur für Bundesgenossen, sondern auch für Freunde Krieg begonnen oder damit gedroht. Ein solches Verhältnis der Stammesverwandtschaft lag aber auch zwischen Serbien und Rußland vor. So kommen wir zu dem Resultat, daß wenn Grotius den Krieg Österreich-Ungarns gegen Serbien nach der Antwort auf das Ultimatum nicht mehr als einen gerechten angesehen hätte, er auch die russische Intervention vom Rechtsstandpunkt aus gebilligt haben würde. Freilich hätte ein politisch so weiser Mann wie er dabei erst recht an das oben von ihm zitierte Wort des Königs Mithridates von den Römern gedacht, daß die Donaumonarchie schon am folgenden Tage, dem 26. Juli, durch ihre Botschafter den Großmächten mitteilen, daß sie nunmehr „in die Notwendigkeit versetzt worden, Serbien durch die schärfsten Mittel zu einer grundsätzlichen Änderung seiner bisherigen feindseligen Haltung zu zwingen“.[1] Das konnte nach Lage der Sache nur den definitiven Entschluß zum Kriegsbeginn gegenüber Serbien bedeuten. Am gleichen Tage teilt aber auch schon der russische Kriegsminister dem deutschen Militärattaché mit, daß zurzeit in Rußland „vorbereitende Maßregeln“ getroffen, und wenn Österreich die serbische Grenze überschreite, die auf Österreich gerichteten Militärbezirke Kiew, Odessa, Moskau und Kasan mobilisiert werden würden. Als zwei Tage später, am 28. Juli, der englische Gesandte in Wien Sir Maurice Bunsen dem Grafen Berchtold[2] den englischen Vorschlag einer Vermittelung durch eine Viererkonferenz überbringt, die einen Ausgleich zwischen Österreich-Ungarn und Serbien erzielen soll, hat die Donaumonarchie Serbien schon den Krieg erklärt.[3] Zwischen dem Tage,

es nämlich hier den Russen bei ihrem Auftreten gegen Österreich-Ungarn wohl auch mehr um die Vermehrung ihrer Macht und ihres Ansehens zu tun wäre, wie um den Schutz des Rechtes. Immerhin ist es wichtig, zu konstatieren, daß auch der Konflikt, der sich aus der russischen Intervention zwischen Rußland und Österreich-Ungarn ergeben sollte, allenfalls noch als eine Rechtsstreitigkeit angesehen werden konnte, deren Beurteilung von der Vorfrage abhängig war, wie man über Recht und Unrecht zwischen der Donaumonarchie und Serbien auf Grund der Beantwortung des Ultimatums urteilen will.

[1] Depesche des Grafen Berchtold an die auswärtigen Botschafter vom 26. Juli. Nr. 30, S. 100 des Rotbuches.

[2] Graf Szápáry an Graf Berchtold. Rotbuch Nr. 28, S. 98.

[3] Siehe die Kriegserklärung in der Depesche des Grafen Berchtold an das serbische Ministerium des Äußern vom 28. Juli im Rotbuch Nr. 37 und das Gespräch des Grafen Berchtold mit dem englischen Gesandten über die Tatsache, daß das englische Vermittelungsangebot zu spät komme, in Berchtolds Depesche an den Grafen Mensdorff vom gleichen Tage; ebendort Nr. 41, S. 121.

an dem das Ultimatum ablief und dem Tage der Kriegserklärung liegen also nur zwei Tage, die unmöglich ausreichen konnten, um durch eine europäische Vermittelung den Konflikt zwischen Österreich-Ungarn und seinem unruhigen Nachbarn beizulegen oder auch nur ein allseitiges Einverständnis über die Einleitung einer solchen Vermittelung zu erzielen. Bedenken wir doch, daß von sieben Höfen darüber verhandelt werden mußte, und daß die Stellungnahme zu dem englischen Vermittelungsvorschlag auch wieder eine gewisse engere Fühlung unter den miteinander verbündeten Regierungen voraussetzte. Einen so schleunigen Übergang zur kriegerischen Aktion hat die Donaumonarchie damit zu rechtfertigen gesucht, daß sie auf die schon vor Überreichung der Antwortnote auf das Ultimatum geschehene serbische Mobilmachung hinweist, durch die man zu militärischen Vorbereitungen gezwungen sei.[1] Aber es war klar, daß die serbische Mobilmachung doch nur eine Maßregel der Verteidigung darstellte und wenn sie vielleicht auch militärische Vorbereitungen rechtfertigte, für sich allein betrachtet, doch auch noch keine Kriegserklärung an Serbien auszulösen brauchte. Auch durch den gelegentlichen Hinweis darauf, daß schon am 27. Juli serbischerseits auf österreichisch-ungarische Grenzsoldaten geschossen worden sei[2],

---

[1] Depesche des Grafen Berchtold an den Grafen Mensdorff in London vom 28. Juli; a. a. O. Nr. 39, S. 119.

[2] Vgl. die S. 72 Note 3 genannte Depesche von Berchtold an Mensdorff. Auch in einer Depesche des Grafen Berchtold an den Grafen Szápáry in St. Petersburg vom gleichen Tage ist die Behauptung aufgestellt, daß die Serben am Tage vor der österreichisch-ungarischen Kriegserklärung die Feindseligkeiten an der ungarischen Grenze eröffnet hätten; dadurch sei die Möglichkeit genommen, bei der bisherigen Langmut gegenüber Serbien weiter zu beharren. Auch hier handelt es sich also angeblich um einen „Überfall“. Indessen weiß bezeichnenderweise die offizielle Kriegserklärung nichts von solchen Vorgängen und stützt sich lediglich auf die unbefriedigende Beantwortung des Ultimatums.

kann die Donaumonarchie nicht bestreiten, daß sie ihrerseits gegen Serbien nach der Ablehnung des Ultimatums mit tunlichster Schleunigkeit die Offensive ergriffen hat. Politisch ist das ja auch durchaus aus dem Wunsche zu verstehen, möglichst schnell mit Serbien abzurechnen und ein fait accompli zu schaffen, das seinerseits dann wieder Berücksichtigung heischte. Indessen hat uns die Erfahrung gelehrt, daß durch dieses schleunige Vorgehen Österreich-Ungarns, da Rußland die Serben nicht preisgeben wollte, Europa immer dichter an den Abgrund des Weltkriegs herangeführt wurde. Österreich-Ungarn und sein deutscher Bundesgenosse wollen überhaupt keine Vermittelung, darum greift man so schnell gegen Serbien zu den Waffen. Wäre nämlich auf allen Seiten der gute Wille zu einer Vermittelung vorhanden gewesen, so würde die Tatsache, daß der Krieg mit Serbien schon begonnen war, als der englische Vorschlag dem Wiener Kabinett unterbreitet wurde, die geplante Vermittelung nicht unbedingt gehemmt haben, denn das Völkerrecht kennt nicht nur eine Vermittelung vor Beginn der Feindseligkeiten, sondern auch nach deren Eröffnung durch die die inzwischen im Gange befindlichen militärischen Unternehmungen nicht unterbrochen werden.[1] Und von vornherein hatte Sir Edward Grey auch die Möglichkeit ins Auge gefaßt, daß sein Vermittelungsvorschlag den Ausbruch der Feindseligkeiten nicht mehr sollte verhüten können. Dieser Vorschlag war nicht davon abhängig gemacht, daß der Krieg noch nicht erklärt sei. Nur sollte für den Fall der schon geschehenen Kriegserklärung doch durch die Vermittelungsaktion vorgebeugt werden, daß es zu einem blutigen Zusammenstoße komme, eventuell dadurch, daß die Serben sich zurückziehen könnten, ohne den Kampf auf-

[1] Haager Abkommen zur friedlichen Erledigung internationaler Streitigkeiten. Art. 7.

zunehmen.[1] Aber wie gesagt, die Zentralmächte lehnen die vorgeschlagene Vermittelung zwischen Österreich-Ungarn und Serbien ab. Man hat gesagt, daß die Vermittelung der Politik angehöre und nicht der Jurisprudenz.[2] Gerade deshalb will uns aber doch prima facie die Vermittelung als der beste Weg erscheinen, auf dem der fragliche Konflikt hätte friedlich erledigt werden können. Warum hat man ihn nicht beschritten?

Ehe wir die Antwort darauf suchen, müssen wir den Gang der Vermittelungsaktion näher verfolgen. Am 27. Juli wurde im Auftrag von Sir Edward Grey dem Staatssekretär des Auswärtigen in Berlin, wie dem Minister des Äußern in Rom und Paris der Vorschlag unterbreitet, ihre Londoner Botschafter zu beauftragen, sofort einer Konferenz mit Grey in London beizuwohnen, um zu beraten, welche Maßnahmen zu ergreifen wären, um Verwicklungen vorzubeugen. Zustimmendenfalls sollten die Regierungen ersucht werden, in Belgrad, Petersburg und Wien zu verlangen, daß die militärischen Maßnahmen aufgehoben werden sollten, bis die Konferenz Beschlüsse gefaßt hat.[3] Serbien hatte ja in seiner Beantwortung des Ultimatums, wie oben gesagt, sich bereit erklärt, falls die k. u. k. Regierung sich nicht für befriedigt erachten sollte, die Entscheidung nicht nur dem Haager Schiedsgericht, sondern auch den Großmächten zu überlassen, die an der Ausarbeitung der von der serbischen Regierung vom 31. März 1909 über ihr künftiges Verhalten gegen Österreich-Ungarn mitgewirkt hätten. Rußland sollte abseits bleiben,

[1] In diesem Sinne hat Grey durch den englischen Botschafter in Wien einen Vorschlag machen lassen, über den Graf Berchtold von dort selbst an den österreichisch-ungarischen Vertreter in London berichtet (vgl. die Depesche vom 28. Juli im Rotbuch Nr. 41, S. 121).

[2] Lammasch, Die Lehre von der Schiedsgerichtsbarkeit, a. a. O., S. 12.

[3] Depesche von Grey vom 26. Juli an die fraglichen Botschafter, Nr. 36 des englischen Blaubuchs, S. 32 der deutschen Berner Ausgabe.

damit nur die vier am Streite nicht unmittelbar beteiligten Mächte die Vermittelung ausführten[1], und versicherte am 27. Juli, daß es sich einer Einmischung enthalten würde, wenn die Viermächtekonferenz zustande komme.[2] So schienen die Aussichten dieser Konferenz nach dieser Richtung hin nicht ungünstig, zumal Frankreich und Italien der Konferenzidee sofort zustimmten. Anders die Zentralmächte. Schon am 22. Juli hatte in Berlin der Staatssekretär in einem Gespräch mit dem Vertreter Englands die Anschauung vertreten, daß die Frage der österreichisch-ungarisch-serbischen Beziehungen diese beiden Staaten allein beträfen und daß keine andere Macht in die Erörterungen zwischen den beiden Regierungen eingreifen solle.[3] Im gleichen Sinne hatte eine deutsche Note vom 24. Juli gegenüber England, Frankreich und Rußland ausgeführt, daß der vorliegende Fall ausschließlich eine Frage zwischen Österreich-Ungarn und Serbien sei und daß die Großmächte sich ernstlich bemühen sollten, diese Frage allein den zunächst Beteiligten zur Lösung zu überlassen.[4] Auch in einem Gespräch mit dem französischen Botschafter Cambon vom 24. Juli hatte der deutsche Staatssekretär die Meinung ausgesprochen, es handle sich um eine innere Angelegenheit Österreichs, die hoffentlich lokalisiert bleiben werde; ebenso hatte Herr von Jagow in einem Gespräch mit Cambon von 25. Juli geäußert, es handle sich nicht um einen Krieg, sondern um eine Exekution in einer lokalen Angelegenheit und es abgelehnt, daran zu glauben, daß die Feindseligkeiten

---

[1] Vgl. die Depesche von Grey an Buchanan vom 25. Juli, Nr. 24, S. 25 ebendort.

[2] Depesche des Botschafters Sir G. Buchanan an Grey vom 27. Juli, Blaubuch Nr. 55, S. 48.

[3] Depesche von Sir Rumhold an Grey, Nr. 18 des Blaubuchs, S. 22.

[4] Blaubuch Nr. 9, S. 14.

sich auf das übrige Europa ausdehnen könnten.[1] Obgleich der deutsche Staatssekretär am gleichen Tage dem Vertreter Englands die Zusage gegeben hatte, daß, wenn die Beziehungen zwischen Österreich-Ungarn und Rußland sich zu sehr spannen sollten, er sich sehr gern dem Vorschlag anschließen würde, daß die vier Mächte in Wien und Petersburg mäßigend einwirken sollten[2], waren das insgesamt für den formellen Vorschlag der Viermächtekonferenz, wie er am 27. Juli in Berlin unterbreitet wurde, keine günstigen Auspizien.

Der Vorschlag ist denn auch am Widerstande von Berlin und Wien gescheitert. Der Staatssekretär des Deutschen Reiches erklärt dem englischen Botschafter, daß die von Grey vorgeschlagene Konferenz in Wirklichkeit ein Schiedsgericht sein würde und daß diese Konferenz seiner Ansicht nach nur auf Verlangen von Österreich-Ungarn und Rußland einberufen werden könne; die von Grey vorgeschlagene Aktion sei unausführbar.[3] Im gleichen Sinne äußert sich der deutsche Staatssekretär gegenüber dem französischen Botschafter, der die englische Anregung bei ihm unterstützt.[4] Am gleichen Tage ergeht zwar ein Telegramm des deutschen Reichskanzlers an den deutschen Botschafter in London: „Wir haben die Vermittelungsaktion in Wien in dem von Sir Edward Grey gewünschten Sinne sofort eingeleitet.[5] Der deutsche Botschafter teilt in London mit, seine Regierung sei „im

[1] Siehe die bezüglichen Depeschen im französischen Gelbbuch Nr. 30 und 35.

[2] Depesche von Sir R. Rumhold an Grey Nr. 18 des Blaubuchs, S. 22.

[3] Depesche des Botschafters Goschen an Grey vom 27. Juli, Blaubuch Nr. 43, S. 38.

[4] Depesche von Cambon aus Berlin an den stellvertretenden Minister des Auswärtigen in Paris vom 27. Juli, Nr. 74, im französischen Gelbbuch.

[5] Anlage 15 des deutschen Weißbuchs.

Prinzip" damit einverstanden, daß die vier Mächte zwischen Österreich-Ungarn und Rußland vermitteln sollten[1]; allein praktisch ist die Viermächtekonferenz, so wie sie beabsichtigt war, damit doch zunächst gescheitert. Denn vermittelt werden sollte nach der englischen Idee zwischen der Donaumonarchie und Serbien, und zwar durch einen sofortigen Zusammentritt der Londoner drei Botschafter von Italien, Deutschland, Frankreich mit Sir Edward Grey. Dieser Vorschlag ist in Berlin verworfen. Denn, um alle Zweifel zu beheben, am folgenden Tage, dem 28. Juli, telegraphiert der österreichisch-ungarische Botschafter Graf Szögyény nach Wien an den Grafen Berchtold, der englische Vermittelungsvorschlag sei mit der Begründung abgelehnt worden, daß es für Deutschland unmöglich sei, seinen Bundesgenossen in seiner Auseinandersetzung mit Serbien vor ein europäisches Gericht zu ziehen.[2] Schon am Vormittag des 28. Juli erklärt der Minister des Äußern dem englischen Botschafter in Wien, daß Österreich-Ungarn es verweigern müsse, auf irgend einen Vorschlag einzugehen, dahin zielend, daß Verhandlungen auf Grund der serbischen Antwort unternommen werden sollten.[3] Am gleichen Tage hat der englische Botschafter dort noch eine, oben schon erwähnte Unterredung mit dem Minister des Äußern, in der er diesem vergeblich den Vorschlag einer Viermächtekonferenz zur Beilegung des österreichisch-serbischen Konfliktes im Auftrage von Grey unterbreitet.[4] Inzwischen ist auch schon von Österreich-Ungarn Serbien der Krieg erklärt und damit ist, wie oben

---

[1] Depesche von Grey an den Botschafter Goschen in Berlin vom 27. Juli, Nr. 46 des Blaubuchs, S. 40.

[2] Diese Depesche findet sich im Rotbuch Nr. 35, S. 116. Ihr Inhalt steht zu dem oben erwähnten Telegramm des Reichskanzlers nach London vom vorhergehenden Tage in einem gewissen Widerspruch.

[3] Blaubuch Nr. 61, S. 52.

[4] Blaubuch Nr. 62, S. 52.

gesagt, Europa dem Abgrund des Weltkriegs immer näher gekommen.

Machen wir in diesem Moment, der einer der entscheidenden in der Vorbereitung der ungeheuren Katastrophe ist, einmal Halt, um die Dinge kritisch zu überschauen. Die Ablehnung des englischen Vorschlags einer Vermittelung durch eine Viermächtekonferenz wiegt jedenfalls schwerer wie die stillschweigende Ablehnung des serbischen Vorschlags einer Entscheidung des Konflikts zwischen Österreich-Ungarn und Serbien durch das Haager Schiedsgericht. Vom Rechtsstandpunkte aus war freilich nach dem heutigen Völkerrecht Österreich-Ungarn ja auch in bezug auf die Annahme der Ablehnung der Vermittelung völlig freigestellt[1]; aber angesichts der großen Gefahr eines kriegerischen Zusammenstoßes von ganz Europa, der aus diesem lokalen Konflikt zwischen zwei Nachbarn hervorgehen konnte, einer Gefahr, auf die von Frankreich und England immer wieder hingewiesen wurde,[2] und angesichts der

[1] Theoretisch haben sich freilich durch Art. 2 des Abkommens zur friedlichen Erledigung internationaler Streitigkeiten in der Haager Akte die Mächte verpflichtet, sogar von sich aus, bevor sie zu den Waffen greifen, die guten Dienste oder die Vermittlung einer befreundeten Macht oder mehrerer befreundeter Mächte anzurufen, aber der Zusatz zu dieser Verpflichtung: tant que les circonstances le permettront stellt die Erfüllung dieser Verpflichtung völlig in das Ermessen der Parteien.

[2] Das war schon am 23. Juli in einem Gespräch zwischen Grey und Graf Mensdorff in London geschehen, ebenso in dem Gespräch zwischen beiden vom 27. Juli, wie in dem Gespräch zwischen dem englischen Botschafter v. Bunsen und dem österreichischen Minister des Auswärtigen (Blaubuch Nr. 3, 48, 62). Vgl. auch die Depesche von Grey an Sir H. Rumhold in Berlin vom 25. Juli im Blaubuch Nr. 25. Siehe auch den Bericht des französischen Botschafters Cambon über sein Gespräch mit dem Staatssekretär v. Jagow vom 24. Juli im Gelbbuch Nr. 30, die Note für den französischen Minister vom 26. Juli über ein Pariser Gespräch zwischen dem stellvertretenden Direktor der politischen Abteilung Berthelot und dem deutschen Botschafter Baron von Schoen im Blaubuch Nr. 56 und das Gespräch des fran-

Tatsache, daß juristisch das Wesen der Vermittelung nur in der Erteilung eines Gutachtens über den möglichen Ausgleich entgegengesetzter Ansprüche besteht und darum die Entscheidung in der Hand der Streitenden selbst bleibt[1], mußte Österreich-Ungarn sich bewußt sein, eine ungeheure Verantwortung zu übernehmen, wenn es auch diesen Weg einer friedlichen Erledigung seines Konflikts mit Serbien zu betreten, ablehnte. Denn dieser Weg bot ihm immerhin eine bessere Aussicht zu seinem Rechte zu kommen wie die Unterwerfung unter einen obligatorischen Schiedsspruch. Immer wieder ist seitdem ja auch namentlich in den Reden englischer Staatsmänner der Vorwurf gegen die Zentralmächte erhoben worden, sie hätten durch die Ablehnung des Konferenzvorschlags das ganze Unglück über Europa heraufbeschworen. Wir müssen

zösischen Botschafters Cambon in Berlin mit dem Staatssekretär von Jagow vom 27. Juli über den englischen Konferenzvorschlag, betreffend die Vermittlung auf Grund der serbischen Antwort: „Wenn Sie die serbische Antwort lesen werden, erwägen Sie deren Punkte in Ihrem Gewissen — ich bitte Sie im Namen der Menschlichkeit darum — und laden Sie doch nicht für Ihre Person einen Teil der Verantwortung an der Katastrophe auf sich, deren Vorbereitung Sie zulassen." Gelbbuch Nr. 74. Das sind sehr eindringliche Warnungen, leider gewähren die Parlamentsbücher nicht den Eindruck, daß mit gleichem Nachdruck auch in Rußland vor übereilten militärischen Aktionen gewarnt worden ist. Charakteristisch für die Schwäche Englands gegenüber dem russischen Kriegseifer ist die ungeheuer wichtige Instruktion von Grey an den Botschafter Buchanan in Petersburg vom 25. Juli, im Blaubuch Nr. 24, wo es heißt: „Ich denke nicht, daß das englische Volk einen Krieg unsererseits wegen des serbischen Streitfalles gutheißen würde, oder daß es angebracht wäre, daß es ihn guthieße. Sollte aber der Krieg ausbrechen, dann dürften weitere Entwicklungen der Lage uns zur Teilnahme daran zwingen, und ich bin daher bemüht, ihn zu vermeiden". Es genügte aber nicht, daß Grey selbst sich redlich um die Vermeidung bemühte, wenn er gleichzeitig nicht auch energisch genug auf Rußland einwirkte.

[1] Les bons offices et la médiation ont exclusivement le caractère de conseil et n'ont jamais force obligatoire, Art. 6 der Haager Akte.

uns bemühen, die Gründe für das Verhalten dieser Mächte zu verstehen, nicht um dieses Verhalten sittlich zu werten, sondern um die Richtschnur zu finden für eine Fortentwicklung des Völkerrechts, die für die Zukunft eine andere Entscheidung in ähnlichen Fällen verbürgt.

Man kann den Konflikt zwischen Österreich-Ungarn und Serbien ansehen unter ganz verschiedenen Gesichtspunkten, je nachdem man einen nationalen oder internationalen Standpunkt zu den Dingen einnimmt. In Österreich-Ungarn hat man offenbar den erstgenannten Standpunkt eingenommen. Nach der Absendung und Publikation des Ultimatums erklärt der Minister des Auswärtigen, daß der unternommene Schritt im ganzen Land mit großer Befriedigung begrüßt worden sei, weil die öffentliche Meinung der Donaumonarchie fühle, daß es sich jetzt um das Bestehen der letzteren handle[1], und an dem kritischen Tage, an dem die Antwort auf das Ultimatum erwartet wird, macht die Wiener Presse auf den englischen Gesandten den Eindruck, als ob ein Nachgeben Serbiens weder erwartet noch überhaupt erwünscht sei.[2] Am 27. Juli berichtet der englische Gesandte aus Wien:[3]

> „Ich habe mit allen meinen Kollegen, Vertretern der Großmächte, hier in Wien gesprochen. Aus diesen Unterredungen gewann ich den Eindruck, daß durch die Abfassung der österreichisch-ungarischen Note der Krieg unvermeidlich geworden sei; daß die österreichisch-ungarische Regierung entschlossen sei, Serbien den Krieg zu erklären, daß es sich in ihrer Meinung um die Großmachtstellung der Habsburgmonarchie handle, und endlich, daß sie keinem Vermittlungsversuch Gehör schenken werde, bis sie Serbien bestraft habe. Krieg mit Serbien erfüllt die Bevölkerung mit größter Freude und sie sähe sich sehr enttäuscht, wenn derselbe hinausgeschoben oder gar verhindert würde."

---

[1] Blaubuch Nr. 78, S. 13. Depesche des englischen Gesandten v. Bunsen an Grey vom 24. Juli.

[2] Depesche von Bunsen an Grey vom 25. Juli, Blaubuch Nr. 20, S. 23.

[3] Depesche von Bunsen an Grey vom 27. Juli, Blaubuch Nr. 41, S. 37.

Die Situation wird hier in der Hauptsache richtig geschildert sein. Nach der Ablehnung des Ultimatums will Österreich auf jeden Fall den Krieg mit Serbien, weil es glaubt, nur auf diesem Wege seine Großmachtstellung wahren zu können. Diese Auffassung wird in Berlin geteilt. Österreich-Ungarn unternimmt den Krieg im Einverständnis mit seinen Bundesgenossen als Krieg gegen Serbien, aber doch im Bewußtsein, daß daraus ein Weltkrieg hervorgehen kann.[1] Theoretisch macht man dabei freilich auch dem internationalen Standpunkt eine Konzession, indem man erklärt, daß im Interesse Europas Serbien verhindert werden müsse, auch in Zukunft ein Element der allgemeinen Beunruhigung zu bilden, so wie es das während der letzten zehn Jahre gewesen sei.[2] Der europäische Friede könne nicht dadurch gerettet werden, daß sich die Großmächte hinter Serbien stellten und für dessen Straffreiheit einträten. Wenn man auf solchen Ausgleichsversuch eingehen wollte, würde Serbien dadurch nur um so mehr ermutigt, auf dem bisherigen Pfade weiterzugehen, was den Frieden binnen der kürzesten Zeit abermals in Frage

---

[1] Das beweist das am 28. Juli erlassene Manifest des Kaisers Franz Joseph. Mit Recht sagt Beer in seinem Regenbogenbuch, Bern 1915, von diesem Manifest: „Der Ton ist selbstverständlich auch auf die Möglichkeit eines bedeutsamen Krieges eingestellt. Bemerkenswert sind in diesem Zusammenhange besonders folgende Worte: „„In dieser ernsten Stunde bin ich mir der ganzen Tragweite meines Entschlusses und meiner Verantwortung vor dem Allmächtigen voll bewußt. Ich habe alles geprüft und erwogen. Mit ruhigem Gewissen betrete ich den Weg, den die Pflicht uns weist."" Diese Worte überragen natürlich weit die Bedeutung einer Strafexpedition gegen Serbien. Sie gelten für alle Möglichkeiten, die infolge der Entwicklung der Krisis hinter dem österreichisch-serbischen Konflikt standen."

[2] So der österreichisch-ungarische Botschafter Graf Mensdorff im Gespräch mit Grey laut dessen Depesche an den englischen Gesandten in Wien v. Bunsen vom 27. Juli, Blaubuch Nr. 48, S. 42.

stellen möchte.[1] Indessen wird man angesichts der Tatsache, daß am 28. Juli, dem Tage der Kriegserklärung an Serbien, sich schon der Gegensatz zwischen Österreich-Ungarn und Rußland zugespitzt hatte, dieser österreichischen Behauptung, daß die Aktion gegen Serbien im Interesse der Ruhe Europas unternommen werden müsse, keine allzu große Bedeutung beilegen dürfen, denn offensichtlich war für die Ruhe Europas das Heute wichtiger wie das Morgen, auch konnte nach den Erklärungen der Großmächte gegenüber Österreich-Ungarn nicht davon die Rede sein, daß man für Serbiens „Straffreiheit" eintreten wollte.[2] Also Österreich-Ungarn schiebt das Interesse an der Aufrechterhaltung des Friedens unter den Großmächten zurück hinter dem, was es als nationales Lebensinteresse betrachtet und weiß sich dabei eins mit seinem deutschen Bundesgenossen.[3] Die einzige Konzession, die Österreich-Ungarn vor

---

[1] So der Graf Berchtold in seiner Depesche an den Grafen Mensdorff in London vom 28. Juli, Rotbuch Nr. 41, S. 121.

[2] Ging doch der Vorschlag der Konferenz dahin, daß die serbische Antwortnote zur Grundlage der Besprechung gemacht werden sollte, die nach dem früher Gesagten schon eine starke Demütigung Serbiens enthielt, womit auch Rußland einverstanden war. In einer Unterredung vom 27. Juli hatte der russische Minister Ssasanow dem österreichisch-ungarischen Botschafter Szápáry zugegeben, das Ziel der Aktion gegen Serbien, wie er es ihm geschildert, sei ein vollkommen legitimes, aber er meine, der Weg, den man zu dessen Erreichung verfolge, sei nicht der sicherste. Die Note, die man überreicht hätte, sei in der Form nicht glücklich. Vgl. Nr. 51 des Rotbuchs, S. 101. Nach einer Depesche des englischen Vertreters Sir H. Rumhold in Berlin an Sir E. Grey vom 25. Juli, im Blaubuch Nr. 18, hat ihm gegenüber auch der deutsche Minister des Auswärtigen im Privatgespräch zugestanden, daß die Note der Donaumonarchie, als diplomatisches Schriftstück betrachtet, viel zu wünschen übrig lasse; er sei ganz ungerechterweise angeklagt, den Inhalt der Note im voraus gekannt zu haben.

[3] Darüber, daß Rußland denselben Standpunkt einnimmt, siehe weiter unten.

seiner Kriegserklärung an Serbien dem Weltfrieden macht, ist die am 27. Juli nach Petersburg gerichtete Mitteilung, daß so lange der Krieg zwischen Österreich-Ungarn und Serbien lokalisiert bleibe, die Monarchie irgendwelche territoriale Eroberungen nicht beabsichtige.[1] Bezeichnenderweise wird hier noch nicht die Aufrechterhaltung der serbischen Souveränität zugesagt.

Angesichts dieser Tatsache legen wir uns zunächst die Frage vor, ob es denn nicht eine objektive Möglichkeit gegeben hätte, das nationale Lebensinteresse Österreich-Ungarns mit dem europäischen Interesse an der Aufrechterhaltung des Weltfriedens zu versöhnen? Wäre es nicht möglich gewesen, Österreich-Ungarn die in der Beantwortung des Ultimatums vermißten Garantien für eine gerechte Bestrafung der am Komplott beteiligten Personen und für das Aufhören der großserbischen Umtriebe zu verschaffen, ohne daß Serbien im Kriege gedemütigt und dadurch sein russischer Beschützer zum Eingreifen herausgefordert worden wäre?

Die furchtbare Tragik des Weltkrieges mit seinen unermeßlichen Opfern liegt darin, daß diese Möglichkeit fraglos bestanden hat, wie sie auch in Zukunft in dergleichen Fällen immer bestehen dürfte. Zwei Vorschläge sind nach dieser Richtung hin aufgetaucht, die beide eine vielleicht befriedigende Lösung hätten herbeiführen können. An demselben Tage, an dem Österreich-Ungarn den Vorschlag der Viererkonferenz ablehnt und Serbien den Krieg erklärt, findet in Rom ein Gespräch zwischen dem serbischen Gesandten und dem dortigen Minister des Äußern statt, über das der italienische Minister S. Giuliano dem englischen Botschafter berichtet, welch letzterer die Mitteilungen an Grey weiter gibt.[2] Offenbar ist

[1] Depesche des Grafen Berchtold an den Grafen Szápáry in Petersburg vom 27. Juli 1914, Rotbuch Nr. 32, S. 102.

[2] Blaubuch Nr. 64, S. 54.

dem, von zwei schweren, unmittelbar aufeinander folgenden Balkankriegen erschöpften Serbien, trotz des Rückhalts an Rußland nicht wohl bei dem Gedanken, abermals in einen Krieg verwickelt zu werden. Und so erklärt der serbische Geschäftsträger dem italienischen Minister des Auswärtigen, daß Serbien vielleicht doch noch die ganze österreichisch-ungarische Note annehmen würde, wenn Österreich-Ungarn nur geneigt sei, über die strittigen Punkte 5 und 6 des Ultimatums nähere Erklärungen abzugeben, in welchem Umfang hier eine Funktion seiner Organe auf serbischem Boden gemeint sei. Daran knüpft der italienische Staatsmann den Vorschlag, da Österreich-Ungarn unmittelbar nach Ablauf des Ultimatums solche Erklärungen wohl nicht mehr geben würde, könnten sie doch den verhandelnden Mächten unterbreitet werden, damit die letzteren dann Serbien den Rat erteilten, es solle den Forderungen bedingungslos zustimmen.[1] Hier handelt es sich offenbar um einen wahrhaft staatsmännischen Gedanken. Österreich-Ungarn soll die Ziele seines Ultimatums in vollem Umfange verwirklichen, nachdem nur der Inhalt der bestrittenen Forderungen klargestellt, wonach man ja nur bei den polizeilichen Recherchen, nicht an der Aburteilung der Verbrecher beteiligt sein wollte und die Überwachungsbehörde nur als ein geheimes comité de sûreté gedacht war, das mit den serbischen Behörden zusammenarbeiten sollte und andererseits soll es Serbien erleichtert werden, in den sauren Apfel zu beißen, indem die Großmächte ihm den Rat erteilen, sich diesen Forderungen zu fügen. Dann hätte man sich dem

---

[1] Aus dem fraglichen Bericht des englischen Botschafters Rodd an Grey läßt sich nicht mit Sicherheit feststellen, ob dieser Teil des Vorschlags das geistige Eigentum des italienischen Ministers oder ob er von dem serbischen Gesandten selbst ausgegangen ist. Jedenfalls hat der Minister S. Giuliano sich diesen Vorschlag zu eigen gemacht, indem er ihn weitergab.

eigenen Lande gegenüber darauf berufen können, daß man sich nicht vor dem verhaßten Nachbarn, sondern Europa unterworfen habe und die Stellung der Dynastie wäre nicht so gefährdet gewesen, als wenn man in der Demütigung gegenüber Österreich-Ungarn zu weit gegangen. Wir werden weiter unten hören, wie dieser ausgezeichnete Vorschlag Italiens bei den weiteren Verhandlungen in London wieder aufgenommen worden ist, vom Standpunkt der Entente aus war er sehr weitgehend, d. h. hart für das serbische Interesse, mit dem das Interesse Rußlands zusammenfiel, Österreich-Ungarn in Belgrad nicht zu sehr triumphieren zu lassen. Nicht minder für Serbien, wenn die serbische Regierung wirklich so weit entgegenkommen wollte, wie ihr Gesandter es in Rom angeregt hat.[1] Hier interessiert uns auch nur, daß objektiv in dieser Idee die Möglichkeit eines Ausgleichs zu liegen schien.

Aber noch viel besser war ein anderer politischer Gedanke, den am folgenden Tage, dem 29. Juli, als noch alles hätte gut werden können, der französische Botschafter Cambon dem

[1] In der Antwortnote des Zehnverbandes auf den deutschen Vorschlag zu Friedensverhandlungen vom 12. Dezember 1916 befindet sich folgender Passus: „Das englische Konferenzanerbieten, der französische Vorschlag zur Bildung einer internationalen Kommission, das Ersuchen des Kaisers von Rußland an den deutschen Kaiser, ein Schiedsgericht einzusetzen, die zwischen Serbien und Österreich-Ungarn am Vorabend des Konflikts bereits zustande gekommene Verständigung — alle diese Anstrengungen hat Deutschland teils ohne Antwort gelassen, teils ihnen keine Folge gegeben.“ (Siehe diese Antwortnote bei Piloty: Das Friedensangebot der Mittelmächte. Tübingen 1917. S. 5ff.) Was ist mit dieser direkten Verständigung zwischen Serbien und Österreich-Ungarn gemeint? Sollte dieser Vorwurf abzielen auf die fragliche italienische Mitteilung von S. Giuliano, und hinter dieser nicht nur der serbische Gesandte, sondern auch die serbische Regierung gestanden haben? Die daraus hergeleitete direkte Verständigung zwischen Serbien und Österreich-Ungarn wird dann vielleicht von der Entente in einer Pariser Verhandlung vom 31. Juli erblickt, auf die später noch zurückzukommen sein wird.

Auswärtigen Amte in Berlin unterbreitet. Der Staatssekretär von Jagow hat ihm gegenüber geltend gemacht, daß man bei den Völkern des Ostens nie genug an Sicherheiten haben könne, der springende Punkt des Konflikts liege deshalb in dem österreichischen Verlangen nach einer Kontrolle über die Ausführung der ihm gegebenen serbischen Versprechungen. Darauf antwortet Cambon, daß Serbien, wenn es unabhängig bleiben wolle, die Kontrolle einer einzelnen Macht zurückweisen müsse, daß aber eine internationale Kommission nicht denselben Charakter tragen würde. Die Balkanstaaten zählten deren mehr als eine, angefangen mit der Finanzkommission in Athen. Man könnte z. B. neben andern Kombinationen an eine internationale provisorische Kommission denken mit dem Auftrag, die von Österreich geforderte polizeiliche Untersuchung zu kontrollieren, dies Beispiel zeige, daß die serbische Antwort die Tür zu Verhandlungen öffnete und keinen Bruch rechtfertigte.[1]

In der Tat, die Internationalisierung der Kontrolle in bezug auf die loyale Ausführung der von Serbien für die Bestrafung der Schuldigen und sein künftiges Wohlverhalten gegebener Zusagen war das Ei des Kolumbus. Eine derartige Maßnahme hätte Österreich-Ungarn alle Garantien gegeben, auf die es loyaler Weise Anspruch machen konnte, sie würde politisch sehr viel besser gewirkt haben, wie das Funktionieren österreichisch-ungarischer Behörden, das nur neue Erbitterung auf serbischem Boden geschaffen hätte und andererseits wäre damit das Gleichgewicht auf dem Balkan nicht gestört und Rußland jeder Einwand zum militärischen Eingreifen zum Schutz von Serbien entzogen worden. Oft genug ist im Interesse auswärtiger Gläubiger die Finanzgebarung eines Staates ganz oder

[1] Bericht des französischen Botschafters Cambon aus Berlin vom 29. Juli, Nr. 92 des Gelbbuchs.

teilweise einer internationalen Kontrolle unterstellt worden.[1] Hier, wo es sich um einen Konflikt handelte, aus dem mangels friedlicher Beilegung ein Weltenbrand hervorgehen mußte, standen wirklich höhere Interessen auf dem Spiel wie die sichere Rente einiger Kapitalisten. So wäre die Einführung einer internationalen Kontrolle in Serbien durchaus gerechtfertigt gewesen und hätte andererseits, wie gesagt, Österreich-Ungarn alle wünschenswerten Garantien gegeben, ohne daß die Serben das Gefühl hätten haben müssen, von dem großen Nachbarn in ein Verhältnis der Halbsouveränität herabgedrückt worden zu sein, was ihnen die panslavistische Strömung in Rußland unbedingt ersparen wollte.

Eine andere Frage ist die, welche subjektiven Garantien Österreich-Ungarn dafür gehabt hätte, daß die Viermächtekonferenz auch wirklich zu einem Resultate gekommen wäre, das seinen berechtigten Ansprüchen genügen mußte. Die Klärung dieser Frage erfordert, daß wir die Stellung der einzelnen Mächte zum österreichisch-serbischen Problem näher in das Auge fassen. Der eigentliche Widerpart der Donaumonarchie war Rußland, ihr erfolgreicher Rivale auf dem Balkan, dem es, wie früher gesagt, gelungen war, die Serben in sein politisches Schlepptau zu nehmen. Rußland fürchtet schon bei dem Empfang der Note, die Österreich-Ungarn an

[1] Man denke an die Verwaltung der öffentlichen Schuld der Türkei seit 1878, die Überwachung der ägyptischen Finanzverwaltung, einschließlich der Eisenbahnen, der Telegraphen und des Hafens von Alexandria seit 1876 und die Finanzkontrolle Griechenlands seit 1897. Die völkerrechtliche Souveränität wird dadurch nicht berührt. Vgl. Liszt, Lehrbuch des Völkerrechts, 10. Aufl. 1915, S. 54. Dasselbe gilt natürlich erst recht, wenn nur einzelne Einnahmen, z. B. aus gewissen Zöllen, einer Kontrolle mehrerer ausländischer Mächte unterworfen werden, wozu sich z. B. Venezuela zur Beendigung der Friedensblockade vom Frühjahr 1903 verpflichten mußte, damit die Verzinsung seiner Anleihe sichergestellt wurde.

Serbien gerichtet hat, es handle sich um einen Vorwand, Serbien mit einem Krieg zu überziehen und Serbien zu verschlingen, zum wenigsten es seiner Souveränität zu berauben.[1] Die letztere Sorge scheint zunächst nicht ganz unberechtigt gewesen zu sein. Denn wir haben eben gehört, daß einzelne Forderungen des Ultimatums mit der serbischen Souveränität wohl kaum ganz vereinbar waren und daß am 27. Juli, dem Vorabend der österreichisch-ungarischen Kriegserklärung an Serbien, im Falle einer Lokalisierung des Krieges von österreichisch-ungarischer Seite auch nur der Verzicht auf territoriale Erwerbungen ausgesprochen wird.[2] Einen Umsturz des status quo auf dem Balkan will Rußland unter keinen Umständen zulassen, es trifft sofort militärische Vorbereitungen und teilt dem österreichisch-ungarischen Botschafter schon am 26. Juli mit, daß die auf Österreich-Ungarn gerichteten Militärbezirke mobilisiert werden würden, sobald Österreich die serbische Grenze überschreiten sollte. Ist der Streit zwischen Österreich-Ungarn und Serbien juristisch auch ein lokaler zwischen zwei Nachbarn, politisch betrachtet, ist doch Rußland Partei und läßt keinen Zweifel darüber, daß es gar

---

[1] In bezug auf die russische Auffassung des Streites vgl. namentlich den Bericht des Grafen Szápáry an den Grafen Berchtold aus Petersburg vom 24. Juli 1914 im Rotbuch Nr. 14, S. 27, und die Depesche desselben Botschafters vom gleichen Tage, nachdem ein russischer Ministerrat stattgefunden hat, ebendort Nr. 16, S. 29, ferner die Depeschen des englischen Botschafters Buchanan aus Petersburg an Grey vom 24. Juli, 23. und 27. Juli, Blaubuch Nr. 6, 17, 55, S. 11, 17 und 48.

[2] Rotbuch Nr. 32, S. 102. Damit stimmt die von Paris nach London gemachte Meldung des dortigen englischen Botschafters vom 28. Juli überein, der deutsche Botschafter dort habe erklärt, daß Österreich-Ungarn den Länderbesitz Serbiens unangetastet lassen werde; als er aber gefragt worden sei, ob dasselbe mit Serbiens Unabhängigkeit geschehen solle, habe er keine diesbezügliche Versicherung abgegeben.

nicht daran denkt, in dem Falle, daß Österreich-Ungarn bei seinem Vorhaben bestehen bleibt, sein vermeintliches nationales Interesse dem Interesse des Weltfriedens unterzuordnen. Man will auch hier nicht den Weltkrieg unter allen Umständen, aber man ist bereit, ihn in den Kauf zu nehmen, wenn man seinen Standpunkt nicht durchsetzen kann, genau so wie auf der Gegenseite. Österreich-Ungarn und sein deutscher Bundesgenosse hoffen ihre Ziele in Serbien zu erreichen unter Vermeidung des Weltkrieges, wenn der Streit lokalisiert bleibt, während umgekehrt Rußland Serbien schützen will, ohne den Weltkrieg zu entzünden durch eine Europäisierung der österreichisch-serbischen Frage. Um diesem Verlangen sozusagen ein juristisches Fundament zu geben, wird von russischer Seite immer wieder darauf hingewiesen, daß die von Serbien im Jahre 1909 eingegangene Verpflichtung künftigen Wohlverhaltens, auf die das Ultimatum Bezug genommen hatte, gegenüber der Gesamtheit der Mächte eingegangen sei.[1] Was die juristische Tragweite dieser Tatsache anlangt, so läßt sich gewiß daraus ein Recht der beteiligten Großmächte ableiten, gegenüber Serbien auf der Erfüllung seiner Verbindlichkeiten zu bestehen. Indessen folgt andererseits aus dieser Tatsache für Österreich-Ungarn durchaus keine Verpflichtung, darauf zu verzichten, seine eigenen Angelegenheiten mit Serbien dem Forum der Großmächte zu unterbreiten.

Immerhin, es handelte sich um das politische Ziel, den Weltfrieden aufrecht zu erhalten; dazu wäre eine Europäisierung des Konflikts zwischen Österreich-Ungarn und Serbien das beste Mittel gewesen. Die große Frage war nun die: Wo befand sich bei dem gegenwärtigen unfertigen Zustande des

---

[1] Diesen Gesichtspunkt hat Rußland immer wieder vertreten; vgl. z. B. die in Note 1 auf S. 89 angegebenen Depeschen des Botschafters Buchanan aus Petersburg.

Völkerrechts das Europa, das Österreich-Ungarn die nötigen Garantien gab, daß sein nationales Interesse bei der Regelung des Konfliktes nicht zu kurz kam? Gewiß, wir haben das sogenannte „europäische Konzert“ im Völkerrecht[1], ein Name, unter dem die Großmächte von Fall zu Fall eine rein tatsächliche Vorherrschaft ausgeübt und europäische Angelegenheiten geordnet haben bis zur Londoner Konferenz des Jahres 1913 mit ihrer Friedensvermittlung zwischen der Türkei und den Balkanmächten und der weniger erfolgreichen Begründung eines besonderen albanischen Staatswesens.[2] Aber abgesehen davon, daß es sich hier um keine rechtliche Organisation Europas handelt, die sozusagen irgend eine gesetzliche Kompetenz für sich in Anspruch nehmen könnte, hat man sich gewöhnt, das europäische Konzert dort schalten und walten zu sehen, wo es sich um die Angelegenheit der kleineren, tatsächlich untergeordneten und weniger zivilisierten Staaten handelte. Wohl hatten die Großmächte unter diesem Titel auf der Balkankonferenz Montenegro nötigen können, Skutari zu räumen[3]; aber wenn der deutsche Reichskanzler noch am 29. Juli in einer Unterredung mit dem englischen Botschafter geltend macht, er habe die Konferenz ablehnen müssen, weil sie „Österreich unter die Autorität der Mächte zu bringen schien“[4], so spricht daraus das Empfinden

[1] Über das europäische Konzert siehe die Abhandlung von Streit, Revue de droit international et de législation comparée, Bd. 32, S. 5; J. Huber, Die Gleichheit der Staaten, in der Festgabe für Kohler von 1909.

[2] Über die Londoner Botschaftervereinigung siehe im Jahrbuch des Völkerrechts von Niemeyer und Strupp, Bd. II, 2. Hälfte, von 1914, die Abhandlung von Niemeyer, S. 487ff.

[3] Siehe die Abhandlung von Novakovitsch: Die Intervention der Großmächte in der Scutarifrage, im Jahrbuch des Völkerrechts, a. a. O., S. 222ff.

[4] Depesche von Cambon aus Berlin nach Paris vom 29. Juli im Gelbbuch Nr. 92.

einer capitis diminutio für Österreich-Ungarn für den Fall, daß sein Streit mit Serbien wie eine Angelegenheit unter zwei Balkanmächten durch die Großmächte geregelt werden sollte. Man findet das ganze Verfahren der Stellung von Österreich-Ungarn als einer Großmacht unwürdig.[1] Dagegen ließe sich freilich einwenden, daß es sich hier ja gar nicht um eine Betätigung des europäischen Konzerts handeln würde, sondern daß von den Großmächten nur vier in der Rolle von Vermittlern operieren sollen, wobei man soviel Rücksichten auf die Würde von Österreich-Ungarn nimmt, daß man sogar das Wort „Vermittelung" in Wien vermeidet und daß statt dessen der englische Botschafter dort nur von „Unterredungen" spricht, die zwischen den vier weniger interessierten Mächten in London gepflogen werden sollen.[2] Wenn in Europa eine internationale Behörde vorhanden gewesen wäre, die fähig gewesen wäre, ein unparteiisches Gutachten zu erteilen, wie sich die österreichisch-ungarischen Interessen gegenüber Serbien mit dem europäischen Interesse der Aufrechterhaltung des Weltfriedens ausgleichen ließen, so hätte Österreich-Ungarn jeder Grund und jeder Vorwand gefehlt, um eine derartige Vermittelung abzulehnen, und ebenso seinem deutschen Bundesgenossen. Konnte die vorgeschlagene Viermächtekonferenz aber eine solche wirklich unparteiische Behörde ersetzen?

[1] Um das zu verstehen, braucht man nur den teilweise direkt drohenden Ton der Noten zu verfolgen, der von der Londoner Botschafterkonferenz damals auch an die Türkei gerichtet wurde; vgl. namentlich die Kollektivnote der Mächte an die türkische Regierung vom 17. Januar 1913, betreffend die Abtretung Adrianopels an Bulgarien und die Regelung der Frage der Ägäischen Inseln (im Jahrbuch des Völkerrechts, a. a. O., S. 32).

[2] Depesche des englischen Botschafters Bunsen an Grey vom 28. Juli aus Wien, Blaubuch Nr. 62, S. 52.

In den Augen der Zentralmächte war das scheinbar nicht der Fall, weil die unselige Tatsache der großen europäischen Bündnissysteme bewirkte, daß die Vermittler in gewissem Sinne gleichzeitig Parteien waren. Mit bewegten Worten hat am 27. Juli der französische Botschafter Jules Cambon bei der Empfehlung des englischen Vorschlags der Viererkonferenz darauf hingewiesen, der deutsche Staatssekretär von Jagow habe ihm selbst oft sein Bedauern darüber ausgedrückt, die beiden Bundesgruppen immer gegeneinander in Europa stehen zu sehen; hier habe er die Gelegenheit, zu beweisen, daß es einen europäischen Geist gebe, indem er zeige, wie vier Mächte, die den beiden Gruppen angehörten, einträchtig an der Verhinderung eines Konflikts zusammen arbeiteten.[1] Darauf antwortet Herr von Jagow mit großer Offenheit, Deutschland sei gegenüber Österreich Verpflichtungen eingegangen; er weigere sich nicht, an der Beseitigung des österreichisch-russischen Konflikts zu arbeiten, aber er könne nicht in dem österreichisch-serbischen Konflikt intervenieren, er sei gebunden, seine Verpflichtung gegenüber Österreich einzuhalten. Diese Mitteilungen deuten darauf, daß zwischen dem Deutschen Reich und Österreich-Ungarn in bezug auf die serbische Frage besondere Abmachungen bestanden haben. Die Wendung der deutschen Denkschrift in der Einleitung des Weißbuchs: „Wir ließen daher Österreich völlig freie Hand in seiner Aktion gegen Serbien. Wir haben an den Vorbereitungen dazu nicht teilgenommen“, in Verbindung mit jenen Äußerungen des deutschen Staatssekretärs, beweist, daß zwar das Ultimatum von Österreich-Ungarn allein formuliert war,[2] andererseits aber

[1] Depesche von Cambon aus Berlin nach Paris vom 27. Juli, Gelbbuch Nr. 74.

[2] Das ist von deutscher Seite immer wieder amtlich versichert worden und darf nicht bezweifelt werden. Vgl. die Depesche von Grey an Rumbold nach Berlin vom 25. Juli: „Der deutsche Botschafter

durch besondere Abmachungen das Deutsche Reich seinem Bundesgenossen plein pouvoir gegeben hatte, gegen Serbien einzuschreiten[1], und daß es sich nunmehr mit Österreich-Ungarn schlechterdings identifizierte. Es fühlt sich darum nicht berufen, an einer Viermächtekonferenz zwischen Österreich-Ungarn und Serbien mitzuwirken; es ist selbst Partei. Begreiflicherweise betrachtet man deshalb auch die anderen Mächte, die zu der Viererkonferenz herangezogen werden sollen, als Parteien und deshalb als zur Vermittelung ungeeignet. Am Abend des 28. Juli erklärt der Reichskanzler dem englischen Botschafter, er sei außerstande gewesen, Greys Vorschlag einer Viermächtekonferenz anzunehmen, da er an dem Erfolg einer solchen Tagung zweifelte und weil er der Meinung sei, eine derartige Konferenz würde wie ein Areopag aussehen, der aus zwei Parteien, jede aus zwei Mächten gebildet, bestehen würde, und jede dieser Gruppen wäre dann mit der Aufgabe betraut, über die andere zu richten.[2]

Standen nun in Wirklichkeit die Aussichten dafür so gering, daß die Viermächtekonferenz zu einem objektiv befriedigenden Resultate gekommen wäre, wie es nach dem früher Gesagten sehr wohl durch eine Internationalisierung der Kontrolle Serbiens

---

verlas mir ein Telegramm des Auswärtigen Amtes in Berlin, daß die deutsche Reichsregierung keine Kenntnis der österreichisch-ungarischen Note vor ihrem Erscheinen gehabt hätte und daß sie mit dem schroffen Ton des genannten Schriftstücks ebensowenig zu tun gehabt hätte als andere Mächte ...". Blaubuch Nr. 25, S. 26. Vgl. dazu auch den Schluß der Note 2 auf S. 83.

[1] Die Gründe dafür können wir aus folgenden Worten der Denkschrift des deutschen Weißbuchs entnehmen: „Ein moralisch geschwächtes, durch das Vordringen des russischen Panslavismus zusammenbrechendes Österreich wäre für uns kein Bundesgenosse mehr, mit dem wir rechnen und auf den wir uns verlassen könnten, wie wir es angesichts der immer drohender werdenden Haltung unserer östlichen und westlichen Nachbarn müssen."

[2] Depesche des Botschafters Goschen an Grey vom 28. Juli, Blaubuch Nr. 71, S. 67.

zu finden gewesen wäre? Gewiß auch England und Frankreich waren im gewissen Sinne Partei und wollten dennoch Vermittler sein. Kaum ist das serbische Ultimatum in Petersburg bekannt geworden, so spricht der russische Minister des Äußern die Hoffnung aus, daß die Großbritannische Regierung bald ihre Solidarität mit Rußland und Frankreich erklären werde, und der französische Botschafter in Petersburg teilt dem englischen mit, daß Frankreich allen ihm durch das Bündnis mit Rußland auferlegten Verpflichtungen, wenn nötig, nachkommen werde und daß es zudem Rußland in allen seinen diplomatischen Verhandlungen nachdrücklich unterstützen werde. Frankreich und Rußland sind nach den Eindrücken des englischen Botschafters entschlossen, eine feste Haltung einzunehmen, auch wenn England sich fernhält.[1] England vermeidet zwar zunächst die erbetene Solidaritätserklärung und hofft auf mehr Erfolg für seine Vermittlerrolle in Berlin und Wien, wenn es dort als Rußlands Freund auftritt, als wie als russischer Verbündeter, aber es läßt doch den Ententegenossen keinen Zweifel darüber, daß es eventuell, wenn seine Ratschläge zur Mäßigung kein Gehör finden, in die Rolle des russischen Verbündeten übergehen will.[2] Nicht

---

[1] Depesche des Botschafters Buchanan aus Petersburg an Grey vom 24. Juli, Blaubuch Nr. 6, S. 11.

[2] Depesche von Buchanan an Grey aus Petersburg vom 25. Juli und von Grey an Buchanan vom gleichen Tage, Blaubuch Nr. 17 und 24, S. 20 und 25. Nach einer Depesche Buchanans an Grey vom 27. Juli, Blaubuch Nr. 44, S. 39, weigert sich England, in Berlin zu erklären, daß es eventuell mit Rußland und Frankreich kämpfen würde, weil sich durch solche Drohung die Haltung Deutschlands noch mehr versteifen würde, aber am gleichen Tage teilt Grey dem österreichisch-ungarischen Botschafter in London schon mit: „Wir hätten keine Reserven einberufen, aber nachdem sie versammelt sind," — gemeint ist die große englische Flotte, die nach den Manövern in Portsmouth konzentriert und dort behalten wurde — „können wir sie in diesem Augenblick nicht nach Hause schicken." Das war immerhin

ohne Grund sieht also der deutsche Reichskanzler in Frankreich und England, die sich als Vermittler anbieten, eine Partei des russischen Interesses. Für diese Haltung jener Mächte ist nun einmal das intime Verhältnis, in dem sie zu Rußland stehen, bestimmend. Dieses Verhältnis läuft daraus hinaus, daß der eine die politischen Interessen des andern gegenüber dem Außenseiter fördert. Das ist ja das Unglück eines derartigen Systems in Europa, daß bei solchen politischen Gruppierungen kein Staat zunächst fragt, wo Recht und Unrecht ist, sondern daß man sich auf Gedeih und Verderb in einer engeren Gruppe zusammengeschlossen hat und nun die eigene Existenz zu fördern sucht, indem man den Genossen fördert, um von ihm die gleiche Hilfe bei dem nächsten eigenen Interessenkonflikt erwarten zu können.[1]

---

eine ernste Warnung, die von Wien nach Berlin mitgeteilt wurde; siehe die Depesche des Grafen Berchtold vom 28. Juli an den Botschafter Graf Szögyeny in Berlin, Rotbuch Nr. 38, S. 117.

[1] Der deutsche Reichskanzler hat in seiner Rede vom 2. Dezember 1914 im Reichstag gesagt: „Das Londoner Kabinett konnte den Krieg unmöglich machen, wenn es unzweideutig in Petersburg erklärte, England sei nicht gewillt, aus dem österreichisch-serbischen Konflikt einen kontinentalen Krieg der Großmächte herauswachsen zu lassen. Eine solche Sprache hätte auch Frankreich gezwungen, Rußland energisch von allen kriegerischen Maßnahmen abzuhalten. Dann aber gelang unsere Vermittelungsaktion zwischen Wien und Petersburg und es gab keinen Krieg . . . ." Wahrscheinlich ist das richtig, wie namentlich der Brief des belgischen Gesandten De l'Escaille an den Minister Davignon in Brüssel vom 30. Juli beweist, der in der Neuausgabe des deutschen Weißbuchs als Abschnitt V publiziert ist. Die Frage ist nur die, ob man von England ein solches Verhalten gegenüber seinem Ententegenossen Rußland erwarten konnte. Hätte Rußland nicht allen Grund gehabt, auf das „perfide Albion" zu schelten, wenn England Rußland bei der Gefährdung seiner Balkaninteressen im Stiche gelassen hätte? Der Fehler liegt doch wohl weniger in dem Verhalten eines einzelnen Staates wie im bisherigen völkerrechtlichen System Europas. Vgl. zu dessen Beurteilung auch die Lehre des Grotius, lib. II, cap. 25, § 4, über die Grenzen der Bundesgenossenschaft.

Immerhin hatten England und Frankreich keinen Grund, serbenfreundlicher zu sein wie Rußland, und nachdem Rußland sich einverstanden erklärt hatte, die serbische Regierung zu bewegen, soweit wie möglich Österreich-Ungarn Genugtuung zu verschaffen, wenn nur dabei der Länderbesitz Serbiens und sein Charakter als der eines unabhängigen Staates gewahrt bleibe, so daß Serbien nicht in ein Abhängigkeitsverhältnis herabgedrückt werde. Freilich hatte Rußland bei seiner Zustimmung zur Viermächtekonferenz auch die Hoffnung ausgesprochen, daß dann während der Konferenz deren Veranstalter Grey sich an den russischen Botschafter in London halten werde[1]; aber ebenso wäre ja auch wohl bei einem Zustandekommen der Konferenz Deutschland in Fühlung mit Österreich-Ungarn geblieben.[2] Denn nur so hätten die Konferenz-Beschlüsse bei den unmittelbar beteiligten Großmächten Aussicht auf Annahme gehabt. Überblickt man die diplomatischen Verhandlungen in ihrer Gesamtheit, so müssen wir doch sagen, daß anscheinend bei England und Frankreich trotz ihrer Zugehörigkeit zur Entente und ihres entschlossenen Willens, eventuell mit Rußland bis zum Äußersten zu gehen, die ernstliche Absicht vorhanden war, eine sachliche Lösung der österreichisch-serbischen Frage zu finden, die den berechtigten Ansprüchen Österreich-Ungarns

[1] Depesche des Botschafters Buchanan an Grey vom 27. Juli, Blaubuch Nr. 55, S. 48.

[2] In diesem Sinne sagt Sir Edward Grey in einer Depesche an Sir E. Goschen vom 28. Juli (Blaubuch Nr. 67) von der geplanten Konferenz: „Sie würde kein Schiedsgericht sein, sondern eine private und zwanglose Verhandlung, um sich über einen Vorschlag zu verständigen, der zu einer Lösung führen könnte. Kein Vorschlag würde gemacht werden, ohne vorher in Erfahrung gebracht zu haben, ob derselbe Österreich-Ungarn und Rußland genehm sei, mit deren Regierungen die vermittelnden Mächte durch ihre verschiedenen Verbündeten leicht in Fühlung bleiben könnten“.

genügte und andererseits durch Aufrechterhaltung der Souveränität Serbiens auch der Forderung Rußlands so weit entgegenkam, daß der Weltfriede erhalten bleiben konnte. Dasselbe muß von Italien gelten, das, wie früher gesagt, sogar den Vorschlag gemacht hat, Serbien solle noch nachträglich im Auftrage der Großmächte das ganze Ultimatum annehmen, nachdem Österreich-Ungarn gegenüber den Mächten die bisher abgelehnten Punkte erläutert habe.[1] In Wirklichkeit hätte also Österreich-Ungarn auch nach der subjektiven Seite hin der angebotenen Viermächtekonferenz mehr Vertrauen schenken können, als das von hier aus geschehen ist. Und doch bleibt es nach dem Gesagten nicht unverständlich, daß es dieses Vertrauen im entscheidenden Moment nicht aufgebracht hat. Denn zwei von den vier Mächten, die vermitteln wollten, befanden sich nun einmal im Lager des russischen Gegners, den dritten, Italien, kannte man als eine Macht, die auf dem westlichen Balkan durchaus eigene Ziele verfolgte und in ihrer allgemeinen politischen Haltung Österreich-Ungarns Balkaninteressen nicht gerade sonderlich sympathisch gegenüberstand und überhaupt in den letzten Jahren sich innerlich von dem Dreibund immer mehr ab- und der Entente zugewandt hatte. So fürchtet Österreich-Ungarn scheinbar, daß es bei der allgemeinen politischen Stellung der Mehrzahl der Vermittler bei deren Aktion nicht zu seinem Rechte kommen wird, und das kann man bis zu einem gewissen Grade verstehen. Als später während des Krieges von englischer Seite immer wieder

---

[1] Depesche des Botschafters Rodd an Grey aus Rom vom 28. Juli, Blaubuch Nr. 64, S. 54. Bezeichnend für den guten Willen Italiens ist der Schlußsatz: „Der Minister betont, daß er vor allem sehnlichst den sofortigen Anfang der Verhandlungen erwarte. Dem italienischen Botschafter sei große Freiheit gewährt worden, sogleich jeden Punkt oder jeden Vorschlag anzunehmen, welcher uns, d. h. Großbritannien und Deutschland, genehm wäre.“

der Vorwurf erhoben wurde, die Zentralmächte hätten durch ihre Ablehnung der Viererkonferenz den Weltkrieg verursacht, hat im Sommer 1916 der ungarische Staatsmann Graf Tisza im Parlament einmal auf ein freimütiges Wort von Grey während der Balkankonferenz hingewiesen, Österreich-Ungarn könne doch von ihm bei den besonderen Beziehungen, die man nun einmal zu Rußland habe, nicht verlangen, daß sich England auf einen völlig unparteiischen Standpunkt stelle. Wir sehen, hier liegen die eigentlichen Schwächen des Instituts der Vermittelung, so wie es heute ist. Die Diplomaten, die vermitteln wollen, stimmen nach den Instruktionen ihrer Staaten, und diesen Staaten schenken die von der Vermittelung betroffenen Streitenden nicht immer genügendes Vertrauen, weil sie nicht als völlig unparteiisch angesehen werden können. Dieses Mißtrauen drückt in unserem Falle die Einleitung zum Rotbuch der österreichisch-ungarischen Regierung mit den Worten aus: „Die Entente war hingegen von dem Wunsche geleitet, die wirksamen und für Serbien empfindlichen Forderungen Österreich-Ungarns im Wege eines Kompromisses zu beseitigen, wodurch jegliche Gewähr für ein künftiges korrektes Verhalten des Savekönigreichs benommen und Serbien ermutigt worden wäre, die auf die Losreißung der südlichen Gebiete Österreich-Ungarns abzielenden Bestrebungen fortzusetzen.“[1]

Im letzten Grunde ist die Energie, mit der seitens der Zentralmächte in den fraglichen Tagen jeder Vermittelungsversuch zwischen Österreich-Ungarn und Serbien zurückgewiesen wurde, also das Resultat der allgemeinen politischen Konstellation in Europa mit dem fortgesetzten diplomatischen Ringen der beiden Bündnissysteme und der dadurch geschaffenen Atmosphäre. Den Genossen der Entente gegenüber

[1] Rotbuch S. 4.

bestand im Deutschen Reich wie in Österreich-Ungarn eine starke Erbitterung. Man glaubte bei den diplomatischen Kämpfen der letzten Jahre nicht zu seinem Rechte gekommen zu sein. In Deutschland galt das namentlich in bezug auf den Ausgang der Marokkoaffäre[1], in Österreich-Ungarn in bezug auf die Entwickelung der Dinge auf dem Balkan[2], wo der von Rußland begünstigte unruhige serbische Nachbar, dem politischen Einfluß der Donaumonarchie ganz entzogen, sein Staatsgebiet hatte verdoppeln können, während den Zentralmächten die

[1] Daß viele Kreise in Deutschland in dem Ausgang der Marokkoaffäre eine Verkümmerung des naturrechtlichen Anspruchs Deutschlands auf koloniale Expansion gesehen haben, ist richtig beobachtet in den französischen Berichten, die aus der Zeit vor Kriegsbeginn unter dem Titel „Vorboten und Vorspiel" im französischen Gelbbuch publiziert sind. Die schlimmste Wirkung der Marokkosache aber hatte darin gelegen, daß, obgleich das Objekt des Konflikts schließlich Frankreich zugefallen war, die bezüglichen Streitigkeiten in Frankreich mindestens die gleiche Erbitterung gegen Deutschland geschaffen hatten, wie sie umgekehrt entstanden war. Ein solches Resultat wäre undenkbar, wenn in dieser politischen Angelegenheit nicht schwere Fehler von deutscher Seite begangen worden wären, auf die wir hier nicht näher eingehen können. Wenn im übrigen die deutsche Diplomatie glaubte, Grund zu haben, die diplomatische Betätigung der Entente ihr gegenüber mit besonderem Mißtrauen als eine Politik der „Einkreisung" ansehen zu müssen, so scheint ihr doch das Urteil von Neutralen, wie es uns in den Berichten der belgischen Gesandten entgegentritt, völlig recht zu geben. Vgl. dazu die Publikation des Auswärtigen Amtes: Belgische Aktenstücke 1905—1914, Berichte der belgischen Vertreter in Berlin, London und Paris an den Minister des Äußeren in Brüssel, insbesondere daselbst Nr. 62, 66, 84, 96, 100, 101, 102, 103, 115, 118.

[2] Nicht ganz unbegründet ist in dieser Beziehung wohl das Urteil des italienischen Generalsekretärs im Auswärtigen Amt in bezug auf die Krisis, daß die Gefahr der Lage in der Überzeugung der österreichisch-ungarischen Regierung bestände, daß es unumgänglich notwendig sei, um ihr Ansehen zu erhöhen, einen wirklichen Erfolg aufzuweisen, nach den vielen Enttäuschungen, welche ihr die Ereignisse auf dem Balkan bereitet hätten; siehe die Depesche des Botschafters Rodd aus Rom an Grey vom 27. Juli, Blaubuch Nr. 38, S. 32.

unmittelbare Verbindung mit der Türkei genommen war.[1] In dieser Stimmung und nach solchen Erfahrungen wollte man England und Frankreich, und wahrscheinlich auch das als unzuverlässig angesehene Italien in die Regelung der Beziehungen zwischen Österreich-Ungarn und Serbien nicht hereinreden lassen. Dazu aber kann die früher erwähnte Tatsache, daß man überhaupt auf Seiten der Zentralmächte in der angebotenen Vermittelung eine verschleierte Intervention sah, wie sie bisher nur gegenüber Mächten zweiten und dritten Ranges geübt worden war. Und in der Tat war das Institut der Vermittelung so oft zu solchen Zwecken mißbraucht worden, daß es in einen gewissen Mißkredit gekommen war, wie vor dem Weltkrieg auch von gegnerischer Seite anerkannt worden ist.[2]

Das Scheitern der Vermittelungsaktion durch eine Viererkonferenz führte Europa, wie oben gesagt, schon dicht an den Abgrund des Weltkrieges. Immerhin gab es noch die Möglichkeit einer direkten Verständigung zwischen Wien und Petersburg. Schon am 27. Juli war vom russischen Minister des Auswärtigen ein direkter freundschaftlicher Meinungsaustausch zwischen Österreich-Ungarn und Rußland vorgeschlagen,[3] und dieser Vorschlag war in Berlin als ein aussichtsreiches Verfahren begrüßt worden, als man dort den Konferenzvorschlag

---

[1] Nach einem Bericht des belgischen Gesandten Grafen Lalaing aus London vom 24. Februar 1913 (a. a. O., Nr. 100) wird die Verschlechterung der politisch-militärischen Situation Deutschlands durch die Verschiebung der Machtverhältnisse auf dem Balkan sogar vom Foreign Office offen zugegeben und als ausreichender Grund für die deutsche Vermehrung der Armeekorps angesehen.

[2] Vgl. z. B. die ausgezeichnete Abhandlung von Politis: „L'avenir de la médiation“ in der Revue générale de droit international public, Bd. 17 von 1910, S. 136ff.

[3] Depesche von Buchanan an Grey vom 27. Juli, Blaubuch Nr. 55, S. 48.

abgelehnt hatte.[1] Am gleichen Tage dringt der russische Botschafter in Wien in einer Unterredung mit dem Unterstaatssekretär von Machio darauf, der österreichisch-ungarische Botschafter in Petersburg solle ermächtigt werden, die Besprechungen mit dem russischen Minister des Äußern fortzusetzen, da der letztere geneigt sei, Serbien anzuraten, alles was man von ihm als unabhängigen Staat verlangen könne, zu gewähren.[2] Grey verzichtet einstweilen auf die weitere Befürwortung der Konferenz[3] und hofft auf eine Entspannung der Lage, zumal der deutsche Reichskanzler am Abend des 28. Juli dem britischen Botschafter versichert, er tue sein Bestes, um zwischen Wien und Petersburg zu vermitteln und hege große Hoffnung auf solche Auseinandersetzung.[4] Aber am selben Tage findet ein Gespräch zwischen dem öster-

---

[1] Depesche von Goschen aus Berlin an Grey vom 27. Juli, Blaubuch Nr. 43, S. 38.

[2] Depesche von Bunsen aus Wien an Grey vom 27. Juli, Blaubuch Nr. 56, S. 49.

[3] Grey depeschiert am 28. Juli an den Botschafter Goschen nach Berlin: „Solange Aussicht vorhanden ist, daß Österreich-Ungarn und Rußland ihre Meinungen direkt austauschen, ziehe ich vor, keinen anderen Vorschlag zu machen, da dies mir die beste Gewähr für den Erfolg zu sein scheint" (Blaubuch Nr. 67). „Sir Edward Grey schloß sich also damals dem deutschen Standpunkt vollkommen an und stellte seinen Konferenzvorschlag ausdrücklich zurück." So der deutsche Reichskanzler in seiner Rede vom 19. August 1915 im Reichstag. Auf diese Tatsache, daß der Konferenzgedanke von deutscher Seite nicht zurückgewiesen sei, ohne daß gleichzeitig ein anderer Vorschlag gemacht sei, den Grey selbst für den besseren erklärt habe, ist von deutscher Seite immer besonderes Gewicht gelegt worden. Vgl. die Antwort des Wolffschen Telegraphenbureaus vom 15. Januar 1917 „von befugter informierter Seite" auf die amtliche Auslassung des Reuterschen Bureaus über die deutsche Note an die Neutralen bei Piloty: Das Friedensangebot der Mittelmächte. Tübingen 1917. S. 25ff.

[4] Depesche von Goschen aus Berlin an Grey vom 28. Juli, eingelaufen am 29. Juli, Blaubuch Nr. 71, S. 57.

reichisch-ungarischen Minister des Auswärtigen Grafen Berchtold und dem russischen Botschafter Schebeko statt, worin Österreich-Ungarn es ablehnt, durch seinen Gesandten einen Gedankenaustausch über die serbische Antwortnote mit dem russischen Minister des Auswärtigen fortsetzen zu lassen und seinen Petersburger Botschafter zu diesem Zweck mit Instruktion zu versehen.[1] Diese verhängnisvolle Nachricht läuft in Petersburg erst am 29. Juli ein und verschärft natürlich abermals die Situation. Eine dennoch angesponnene Verhandlung zwischen dem österreichisch-ungarischen Botschafter Szápáry und dem russischen Minister des Auswärtigen Ssasanow vom gleichen Tage vermag in Petersburg die Brücke zwischen dem entgegengesetzten Standpunkt von Österreich-Ungarn und Rußland nicht zu schlagen. Denn der österreichische Botschafter versichert zwar, daß man im Falle der Lokalisierung des Konflikts weder serbisches Territorium annektieren noch Serbiens Souveränität antasten wolle, lehnt es aber ab, über die Notentexte und den Streit zwischen Österreich-Ungarn und Serbien überhaupt zu diskutieren. Rußland besteht dagegen auf einer Diskussion der Note, weil die Aufzwingung der österreichischen Bedingungen für Serbien schon ein Vasallentum bedeute.[2] Damit ist der Versuch einer direkten Verständigung zwischen Rußland und Österreich-Ungarn zunächst auch gescheitert. Vielleicht bot sie von Anfang an wenig Aussichten. Denn wenn Österreich-Ungarn sich in bezug auf seine Beziehungen zu Serbien durchaus nicht von der Viererkonferenz der relativ neutralen Großmächte beraten lassen wollte, wie England vorgeschlagen hatte, weil man darin eine Demütigung sah, war es da nicht noch sehr viel schwerer für die Donau-

[1] Depesche des Grafen Berchtold an den Botschafter Szápáry nach Petersburg vom 28. Juli, Rotbuch Nr. 40, S. 120.

[2] Depesche des Grafen Szápáry aus Petersburg an Berchtold vom 29. Juli, Rotbuch Nr. 41, S. 127.

monarchie, dem russischen Patron Serbiens und Balkanrivalen gegenüber in direkten Verhandlungen in bezug auf das Ultimatum nachzugeben?

§ 2. Die Erneuerung des Vermittelungsversuchs.

So steht am 29. Juli die Situation schlecht, zumal Rußland als Antwort auf die am Tage vorher geschehene österreichische Kriegserklärung an Serbien schon die Militärbezirke von Kiew, Odessa, Moskau und Kasan mobilisiert. Österreichische Truppen bombardieren Belgrad. Trotzdem lassen die Großmächte die Hoffnung auf die Erhaltung des Weltfriedens nicht sinken. Noch einmal kehren sowohl der Gedanke der Vermittelung wie der direkten österreichisch-russischen Verständigung wieder. Rußland erklärt immer wieder seine Bereitwilligkeit, die Viererkonferenz zu akzeptieren.[1] Es rät der Minister des Äußern, daß nach Greys Vorschlag eine Konferenz der vier Botschafter abgehalten oder wenigstens ein Meinungsaustausch zwischen Grey und den drei fraglichen Botschaftern herbeigeführt werde, er hat auch nichts dagegen einzuwenden, wenn Grey dazu den Vertreter Österreich-Ungarns heranziehen will, ihm ist jeder Ausweg recht, der von Frankreich und England gutgeheißen wird, nur dürfe keine Zeit verloren werden.[2] Grey hat am Morgen des 29. Juli darüber eine Unterredung mit dem deutschen Botschafter in London. Da nach dessen Informationen der Berliner Regierung die vorgeschlagene Art der Konferenz, der Beratung, oder der Verhandlung oder selbst der persönlichen Unterredung zwischen den Vertretern der vier Mächte in

[1] Depesche des Ministers des Äußern in Petersburg vom 29. Juli an den Geschäftsträger in Berlin im Orangebuch Nr. 49.

[2] Depesche des Botschafters Buchanan aus Petersburg an Grey vom 29. Juli, Blaubuch Nr. 78, S. 62.

London „viel zu förmlich“ ist, drängt Grey darauf, die deutsche Regierung solle irgend einen Vorschlag machen, wonach der gemeinsame Einfluß der vier Mächte dazu benutzt würde, um einem Krieg zwischen Österreich-Ungarn und Rußland vorzubeugen. Sowohl Frankreich als Italien seien damit einverstanden. Deutschland möge irgend eine Methode ausarbeiten, um das vorgeschlagene Vermittelungsverfahren, das sogleich angewendet werden könne, einzuleiten, wenn die von ihm beantragte Ausführung der deutschen Regierung nicht angemessen scheine, denn jeder auf diesen Zweck gerichtete Vorschlag würde sofort praktische Verwertung finden. Deutschland dürfe nur im Interesse des Friedens das Zeichen hierzu geben.[1] Bei dieser Unterredung überreicht Grey dem deutschen Botschafter auch ein Telegramm des englischen Botschafters Rodd aus Rom mit den Vorschlägen des dortigen Ministers di San Giuliano, daß Serbien nachträglich noch die ganze Note im Auftrage der Großmächte annehmen solle, und erklärt, der Marquis di San Giuliano hätte damit den Weg gewiesen, der, wenn es den Mächten erlaubt sei, ein Wort mitzusprechen, Österreich-Ungarn eine völlige Genugtuung gewähren würde, wenn das letztere den Mächten eben nur eine Gelegenheit dazu biete. Solange die Donaumonarchie sich aber weigere, Unterhandlungen mit den Mächten über die serbische Streitfrage zu führen, könne er, Grey, keinen Vorschlag in diesem Sinne machen. Grey gibt dem deutschen Botschafter auch eine Abschrift der von ihm nach Rom erteilten Antwort, in der er den italienischen Minister des Äußern bittet, seine Stimme in Berlin und Wien vernehmen zu lassen und seiner Freude für den Fall Ausdruck gibt, daß irgend einer seiner Vorschläge dort günstig aufgenommen

[1] Depesche von Grey an Goschen vom 29. Juli, Blaubuch Nr. 84, S. 66.

würde.[1] Am Nachmittage des 29. Juli hat Sir Edward Grey noch eine Unterredung mit dem deutschen Botschafter Fürsten Lichnowsky.[2] Wenn der Reichskanzler mit seinem Bemühen einer direkten Vermittelung zwischen Wien und St. Petersburg Erfolg habe, sei alles gut[3], andernfalls sei es wichtiger als je, daß der Reichskanzler selbst entsprechend seinem, Greys, Vorschlag vom gleichen Tage den vier Mächten den Weg weise, wie sie sich um die Erhaltung des europäischen Friedens verdient machen könnten. Rußland verlange jetzt freilich für eine Vermittelung die gleichzeitige Einstellung der

---

[1] Siehe über jene wichtige Unterredung zu der vorerwähnten Depesche den Nachtrag in Gestalt der Depesche von Grey an Goschen vom 29. Juli (Blaubuch Nr. 90, S. 72) und das Original von Greys Antwort nach Rom vom gleichen Tage (Blaubuch Nr. 81, S. 65).

[2] Depesche von Grey an Goschen nach Berlin vom 29. Juli, Blaubuch Nr. 88, S. 70.

[3] Vgl. dazu auch die Depesche von Grey an Goschen nach Berlin vom gleichen Tage (Blaubuch Nr. 77, S. 62) über die Bemühungen des Reichskanzlers. Immerhin ist doch nach dieser Depesche vom 29. Juli noch in Petersburg direkt zwischen Ssasanow und Szápáry verhandelt worden, wenn auch ohne Resultat. Am Tage vorher hatte freilich Ssasanow schon an den russischen Botschafter Graf Benckendorff in London ein Telegramm gerichtet: The austrian declaration of war cleary puts an end to the idea of direct communications between Austria and Russia. Action by London Cabinet in order to set on foot mediation with a view to suspension of military operations of Austria against Servia is now most urgent. Unless military operations are stopped, mediation would only allow matters to drag on and give Austria time to cruch Servia. Dieses Telegramm ist erst am 29. Juli Grey überreicht; vgl. Blaubuch Nr. 70 unter II. Das Regenbogenbuch (a. a. O. S. 208) macht darauf aufmerksam, daß das fragliche Telegramm im Orangebuch Nr. 48 eine ganz andere Fassung bekommen hat, indem dort der wichtige Satz weggelassen ist, daß nach Ssasanows eigener Meinung durch den Kriegsausbruch zwischen Österreich und Serbien die direkten Verhandlungen zwischen Wien und Petersburg gescheitert sind. Durch diese Weglassung soll augenscheinlich die volle Verantwortung auf Österreich-Ungarn abgewälzt werden, dessen Ablehnung damals Ssasanow noch nicht bekannt war.

militärischen Maßnahmen.[1] Es sei nun freilich zu spät, jedes militärische Vorgehen gegen Serbien einzustellen, da vermutlich binnen kurzer Frist die österreichisch-ungarischen Truppen in Belgrad einziehen und einen Teil serbischen Gebiets besetzen würden. Aber sogar dann wäre es noch möglich, irgend eine Vermittelung ausfindig zu machen, wenn Österreich-Ungarn das von ihm bereits besetzte Gebiet behalte, bis es von Serbien vollständig befriedigt sei und erkläre, daß es nicht weiter vorrücken würde, bis die Mächte einen Versuch gemacht hätten, zwischen ihm und Rußland zu vermitteln. Frankreich ist darüber von seinem Botschafter informiert worden, daß Rußland nach wie vor an der Konferenzidee festhält, keinen Wert auf den offiziellen Titel dieser Beratungen legt und sich allen englischen Bemühungen zugunsten des Friedens anschließen wird.[2] In diesem Sinne macht dann der französische Botschafter Cambon bei seiner erneuten Vorstellung zugunsten einer Konferenz den Vorschlag, nach Serbien eine internationale Kommission zu schicken.[3]

Wir sehen, noch hätte eine Vermittelungsaktion, die am 29. Juli beschlossen wäre, die Lage retten können. Allein die Zentralmächte vermögen sich mit der erneut vorgeschlagenen Idee der Viererkonferenz noch immer nicht zu befreunden.[4] Der deutsche Botschafter in Petersburg bezeichnet an

---

[1] Vgl. die Depesche, die in diesem Sinne an den russischen Vertreter in London ergangen und von diesem Grey mitgeteilt ist im Blaubuch Nr. 70, II.

[2] Vgl. im Gelbbuch Nr. 86 und 91 die Depeschen des französischen Botschafters Paléologue an den stellvertretenden Minister des Auswärtigen in Paris vom 29. Juli.

[3] Depesche des Botschafters Cambon aus Berlin nach Paris vom 29. Juli, Gelbbuch Nr. 92.

[4] Über das energische Eintreten Deutschlands für den letzten Vermittelungsvorschlag von Grey, betreffend die bloße Besetzung von Belgrad, siehe weiter unten.

diesem Tage den Vorschlag als Eingriff in die Souveränitätsrechte Österreich-Ungarns. Dieses Land habe versprochen, durch Erklärung seines territorialen Desinteressements Rücksicht auf russische Interessen zu nehmen, ein großes Zugeständnis eines kriegführenden Staates. Man sollte deshalb die Doppelmonarchie ihre Angelegenheit mit Serbien allein regeln lassen. Es werde beim Friedensschluß immer noch Zeit sein, auf Schonung der serbischen Souveränität zurückzukommen.[1] Zum Zwecke der Garantie für das zukünftige Wohlverhalten, die man seitens Österreichs mit Gewalt in Serbien durchsetzen will, hofft man auf dieser Seite doch wohl die früher besessene Vormachtstellung im Savekönigreich zurückgewinnen zu können, denn auf die Vorstellung Greys vom 29. Juli gegenüber dem österreichisch-ungarischen Botschafter, welche Einwirkung Österreichs Vorgehen auf die Balkanstellung Rußlands haben könnte, erwidert der Botschafter, daß Serbien immer als der österreichisch-ungarischen Einflußsphäre zugehörend betrachtet sei.[2] Auf die Anregung Greys in Berlin, wenn die Viererkonferenz in London nicht genehm sei, irgend einen andern Vorschlag zu machen, damit sofort ein Vermittelungsverfahren der vier Mächte einem Kriege zwischen Österreich-Ungarn und Rußland vorbeuge, geht man in Berlin zunächst nicht ein.[3] Statt dessen befragt am Abend des 29. Juli der deutsche Reichskanzler den englischen Botschafter, ob

[1] Deutsches Weißbuch, Denkschrift, Depesche des Grafen Pourtalès aus St. Petersburg an den Reichskanzler vom 29. Juli.

[2] Depesche von Grey an den Botschafter Bunsen vom 29. Juli, Blaubuch Nr. 91, S. 73.

[3] Am Abend des 29. Juli erhält der englische Botschafter die Antwort, daß man noch keine Zeit gefunden habe, auf die Aufforderung, einen Vorschlag zu machen, welcher es den vier Mächten ermöglichen würde, zwischen Rußland und Österreich-Ungarn zu vermitteln, die Antwort zu erteilen. Siehe die Depesche von Goschen an Grey vom folgenden Tage (Nr. 107 des Blaubuches).

England im Falle eines Krieges, in den Deutschland durch einen russischen Angriff auf Österreich-Ungarn mit Rußland und Frankreich verwickelt werden könne, neutral bleiben würde.[1] Offenbar sind also die Hoffnungen für die Aufrechterhaltung des Friedens hier nur noch gering.

Das abermalige Scheitern des Konferenzvorschlags ist um so bedauerlicher, als England, wie wir hörten, inzwischen sich auf den Boden des Vorschlags von Giuliano gestellt hat, wonach durch Vermittelung der Großmächte Serbien genötigt werden soll, nachträglich noch die ganze Note anzunehmen. Denn damit waren alle Voraussetzungen für eine Lösung gefunden, die objektiv Österreich-Ungarn hätte befriedigen müssen, es sei denn, daß es die Note nur so scharf formuliert hätte, damit sie abgelehnt werden solle und man dann durch Anwendung von Gewalt noch weitergehende Zugeständnisse von Serbien hätte durchsetzen können. Wäre die Viererkonferenz zustande gekommen, so wäre sie wahrscheinlich auf dieser Basis gleich einig geworden. Denn Italien und England stimmten darin überein. Ein weiteres Maß von Zugeständnissen konnte auch Deutschland nicht verlangen, wenn es sich überhaupt zur Beteiligung an der Konferenz entschloß, und auch der Anschluß Frankreichs war wohl nicht zweifelhaft, das zwar einerseits bedingungslos Rußland die Erfüllung seiner Bündnispflichten zugesagt hatte, andererseits aber gerade deshalb sich redlich um ein Zustandekommen der Vermittelungsaktion bemüht.[2] Auch Rußland war über den fraglichen Ausweg, den der italienische Staatsmann S. Giuliano

---

[1] Depesche des Botschafters Goschen an Grey vom 29. Juli, Blaubuch Nr. 85, S. 67.

[2] Vgl. z. B. die Depesche des Ministerpräsidenten René Viviani an den französischen Botschafter Cambon in London vom 29. Juli, betreffend Erneuerung von Greys Konferenzvorschlag im Gelbbuch Nr. 97.

vorgeschlagen hatte, schon befragt worden. Der englische Gesandte Buchanan hat darüber am 29. Juli mit Ssasonow verhandelt. Dieser hat erwidert, daß alles, was die vier Mächte beschlössen und was Serbien genehm sei, auch seinen Beifall finden würde, da er keinen Grund habe, serbischer als Serbien selbst zu sein, indessen müßten noch Erläuterungen unterbreitet werden, um die Schroffheit des Ultimatums zu mildern.[1] Nun kann man diese Antwort verschieden auslegen. Daß Österreich-Ungarn die bisher abgelehnten Punkte seines Ultimatums den Mächten gegenüber noch näher präzisieren sollte, war ja von Anfang an von Italien selbst vorgeschlagen, würde also keine Einschränkung der russischen Zustimmung bedeuten.[2] Eher könnte man diese schon aus dem Zusatz entnehmen, daß Rußland das genehm sei, was Serbien annehmen würde. Denn diese Klausel läßt Rußland scheinbar die Möglichkeit offen, sich immer noch hinter Serbien zu stecken, damit Serbien selbst dann eine derartige Lösung als unmöglich bezeichnen und Rußland sie so indirekt zu Falle bringen könne. Indessen scheint Grey solche Befürchtungen in bezug auf Rußland doch nicht gehabt zu haben, sonst hätte er doch nicht, ohne neue Schwierigkeiten heraufzuführen, dem deutschen Botschafter diese Lösung empfehlen können.[3] Zum mindesten wäre es doch für die Erhaltung des

---

[1] Depesche von Buchanan an Grey vom 29. Juli, Blaubuch Nr. 78, S. 62.

[2] Wie oben schon gesagt ist, hatte inzwischen die österreichisch-ungarische Regierung solche Erläuterungen auch schon gegeben, indem sie in den von ihr publizierten Anmerkungen zur serbischen Antwort auf ihr Ultimatum ausgeführt, daß sie nur bei den polizeilichen Recherchen und nicht bei der Aburteilung der Verbrecher beteiligt sein wollte, und die Überwachungsbehörde nur ein geheimes Comité de sûreté sein solle, das mit den serbischen Behörden zusammenarbeiten solle.

[3] Als Grey die fragliche Unterredung mit dem deutschen Botschafter hatte, muß ihm nämlich jene russische Antwort schon be-

Weltfriedens von unermeßlichem Vorteil gewesen, wenn zunächst einmal Deutschland und England sich auf die Lösung der Krisis geeinigt hätten, die von S. Giuliano vorgeschlagen war. Denn eben diese hatte sich Grey zu eigen gemacht. Auch lagen wiederholte ausdrückliche Versicherungen vor, daß Rußland sich mit allen Maßnahmen einverstanden erkläre, die Frankreich und England zur Bewahrung des Friedens vorschlagen würden.[1] Auch hätte Deutschland ja seine Beteiligung an der Viererkonferenz feierlich davon abhängig machen können,

---

kannt gewesen sein. Denn die bezügliche Depesche aus Petersburg trägt im Blaubuche die Nr. 78, während die entsprechende Weisung nach Berlin „Depesche an Goschen", mit Nr. 81 überschrieben ist.

[1] Es kommen dafür folgende Zeugnisse in Betracht: 1. Die Depesche von Buchanan an Grey vom 29. Juli aus Petersburg (Nr. 78 des Blaubuches). Darin meldet der englische Botschafter von Ssasanow: „Irgend ein Ausweg, den Frankreich und England guthießen, würde auch ihm genehm sein und ebenso jedwede Verhandlungsart. Zeit dürfe jetzt keine verloren gehen, und das einzige Mittel, den Krieg zu verhindern, sei für Sie (Grey), im Gespräch mit jedem einzelnen Botschafter oder durch gleichzeitige Verhandlung mit allen diplomatischen Vertretern zusammen, eine Lösung zu finden und dieselbe dann Österreich-Ungarn zur Annahme zu empfehlen. Die ganze Zeit über hätte sich die russische Regierung der größten Offenheit und Versöhnlichkeit beflissen und alles, was in ihrer Macht gelegen, getan, um den Frieden zu erhalten. Wenn ihre Bemühungen in letzterer Hinsicht keinen Erfolg gehabt hätten, so hoffte er doch, daß das englische Volk von der Schuldlosigkeit Rußlands an diesem Mißlingen überzeugt sei." 2. Die Depesche des französischen Botschafters Paléologue an den stellvertretenden Minister des Auswärtigen Bienvena-Martin vom 29. Juli: „Ich bin nunmehr in der Lage, Ew. Exzellenz versichern zu können, daß die russische Regierung sich mit allen Maßnahmen einverstanden erklärt, die Frankreich und England ihr zur Bewahrung des Friedens vorschlagen werden. Mein englischer Kollege telegraphierte in demselben Sinne nach London." 3. Übereinstimmend damit die Depesche von Ssasanow an den österreichischen Botschafter Graf Benckendorff nach London vom 29. Juli, in der es heißt: „Jetzt bleibt nichts mehr übrig, als uns zugleich auf die Großbritannische Regierung und die von ihr gutgeheißenen Schritte zu verlassen."

daß die Konferenz sich von vornherein auf den Boden des fraglichen, ihm sowohl von London wie von Rom aus bekannt gewordenen Vorschlags von S. Giuliano stellen würde. Oder die Reichsregierung hätte die Viererkonferenz unter der Bedingung annehmen können, daß sie sich auf die Plattform des Vorschlags stellen würde, den am gleichen Tage Cambon in Berlin betreffend eine internationale Kommission für Serbien gemacht hatte.

Jedenfalls lagen die Dinge jetzt so, daß, wenn nach der oben von uns ausgesprochenen Vermutung bei der ersten Ablehnung des Konferenzvorschlags ein gewisses Mißtrauen gegen das Resultat einer solchen Konferenz obgewaltet haben mag, nach dieser Richtung hin jetzt von den Ententeländern England und Frankreich wie von Italien schon soviel Entgegenkommen gezeigt war, daß dieser Grund in Wegfall kommen mußte. Folglich kann nur die Rücksicht auf das Prestige und der formale Ehrenpunkt, zunächst keine Konferenz der Großmächte in den Streit zwischen Österreich-Ungarn und Serbien hereinreden lassen zu wollen, den Ausschlag gegeben haben.

Andrerseits erklärt das Verhalten Deutschlands sich zum Teil aus der immer noch vorhandenen Hoffnung, auf anderem Wege als durch die Viererkonferenz schneller zum Ziele zu kommen. Während man dem Grundsatze treu bleibt, daß auf den österreichisch-serbischen Konflikt keine Vermittelungsaktion einwirken dürfe, bemüht man sich fortgesetzt von Berlin aus zwischen Wien und St. Petersburg zu vermitteln. Am 29. Juli teilt die Berliner Regierung durch ihren Pariser Botschafter mit, man hoffe, von Österreich das Ziel und die Ausdehnung der Garantien in Serbien in Erfahrung zu bringen und Angaben zu erhalten, die geeignet sein würden, Rußland zufrieden zu stellen. Diese Bemühungen seien in keiner Weise durch die inzwischen eingetretene Kriegserklärung unterbrochen worden und man werde in Petersburg darüber eine entsprechende Mitteilung machen.[1] Weiter bemüht sich der deutsche Reichskanzler auf das redlichste, um den direkten Meinungsaustausch zwischen Petersburg und Wien wieder in Gang zu bringen. Er geht dabei „bis an das Äußerste dessen, was mit unserem Bundesverhältnis noch vereinbar war".[2] Am 29. abends hat er seitens des kaiserlichen Botschafters in Petersburg die Nachricht empfangen, nach Mitteilung des dortigen Ministers habe das Wiener Kabinett auf den von Rußland geäußerten Wunsch, in direkte Besprechungen einzutreten, mit einer kategorischen Ablehnung geantwortet, und es bleibe nach dessen Meinung somit nichts anderes übrig, als auf den Vorschlag Sir Edward Greys, einer Konversation zu Vieren, zurückzukommen. Inzwischen hat sich indessen schon die Wiener Regierung zu einem direkten Meinungsaustausch mit Petersburg bereit erklärt, und es hat in Petersburg, wie wir gehört haben, auch schon wieder eine freilich ergebnislose Aussprache zwischen dem Botschafter Österreich-Ungarns und Ssasanow stattgefunden. Trotzdem ihm das Irrtümliche der direkten Petersburger Nachricht bekannt ist, depeschiert der Reichskanzler sofort an den deutschen Botschafter in Wien in folgender Weise:

> „Die Meldung des Grafen Pourtalès steht nicht im Einklang mit der Darstellung, die Eure Exzellenz von der Haltung der österreichisch-ungarischen Regierung gegeben haben. Anscheinend liegt ein Mißverständnis vor, das ich Sie aufzuklären bitte. Wir können Österreich-Ungarn nicht zumuten, mit Serbien zu verhandeln, mit dem es im Kriegszustand begriffen ist. Die Verweigerung jedes Meinungsaustausches mit St. Petersburg würde aber ein

[1] Depesche des stellvertretenden Ministers des Auswärtigen aus Paris für die beteiligten Botschafter vom 29. Juli im Gelbbuch Nr. 94.

[2] So wörtlich der Reichskanzler in seiner Reichstagsrede vom 19. August 1915.

schwerer Fehler sein. Wir sind zwar bereit, unsere Bundespflicht zu erfüllen, müssen es aber ablehnen, uns von Österreich-Ungarn durch Nichtbeachtung unserer Ratschläge in einen Weltbrand hineinziehen zu lassen. Eure Exzellenz wollen sich gegen Grafen Berchtold sofort mit allem Nachdruck und großem Ernst in diesem Sinne aussprechen."[1]

Zwei Faktoren wirken augenscheinlich darauf ein, daß die deutsche Regierung diese direkte Vermittelung zwischen Wien und Petersburg mit ganz besonderem Eifer betreibt. Einmal die inständige Bitte des Zaren vom 29. Juli an Kaiser Wilhelm II., alles Mögliche zu tun, um seinen Bundesgenossen zu beeinflussen, nicht zu weit zu gehen, damit einem europäischen Krieg vorgebeugt werde, die von Wilhelm II. mit der Mitteilung erwidert wird, daß er die Stellung als Vermittler bereitwillig angenommen habe und eine seines Erachtens mögliche und wünschenswerte direkte Verständigung zwischen der zarischen Regierung und Wien herbeizuführen suche.[2] Weiter hat aber die Vermittelungstätigkeit der deutschen Regierung offensichtlich einen Ansporn dadurch erhalten, daß spät in der Nacht vom 29. auf den 30. Juli ein Telegramm des deutschen Botschafters Fürsten Lichnowsky aus London eingelaufen ist, laut dessen ihm der englische Minister Grey aufrichtig und freimütig erklärt hat, daß, wenn es zu einem europäischen Kriege käme, Deutschland mit der Möglichkeit der englischen Beteiligung an diesem Kriege rechnen müsse.[3] Unter diesem Eindruck beschränkt sich die Reichsregierung

---

[1] Der Wortlaut dieser Depesche ist in der vorgenannten Rede mitgeteilt. Die Instruktion ist datiert vom 30. Juli, aber offenbar spätestens am Morgen dieses Tages abgegangen.

[2] Siehe den Depeschenwechsel im Deutschen Weißbuch, Anlagen 21 und 22.

[3] Vgl. über diese Unterredung die Depesche von Grey an Goschen nach Berlin vom 29. Juli im Blaubuch Nr. 89, S. 71.

nicht darauf, in Wien anzufragen, welches Ziel man in Serbien verfolge, sie beschränkt sich weiter, wie oben gesagt, nicht auf das energische Verlangen, daß Österreich-Ungarn den direkten Meinungsaustausch mit Rußland fortsetzen soll, sondern sie macht noch in der Nacht vom 29. auf den 30. Juli bei der österreichisch-ungarischen Regierung die Anfrage, ob sie eine Vermittelung unter der Bedingung annehmen wolle, daß ihre Truppen Belgrad oder irgend einen andern Punkt besetzten und daß sie dann ihre Forderungen veröffentlichte.[1] Offenbar ist das eine Anlehnung an Greys Vorschlag vom 29., der zwischen dem russischen Verlangen nach völliger Einstellung der Feindseligkeiten gegen Serbien und dem österreichischen Willen zu einer sofortigen Aktion diesen staatsmännischen Ausweg vorgeschlagen hatte, der Österreich wenigstens doch ein Pfand in die Hand gegeben hätte. Denn die österreichisch-ungarischen Truppen sollten das serbische Gebiet erst wieder räumen, wenn die Donaumonarchie volle Befriedigung erlangt hätte.[2] Sollte sich Österreich-Ungarn nach seiner Besetzung von Belgrad und dem benachbarten serbischen Gebiet bereit erklären, im Interesse des europäischen Friedens sein Vorrücken einzustellen und über die Mittel, wie ein vollständiges Übereinkommen zu erreichen wäre, zu verhandeln, so sollen die Mächte prüfen, inwiefern Österreich-Ungarn durch Serbien befriedigt werden könnte, ohne daß dabei das letztere seiner Souveränitätsrechte und seiner Unabhängigkeit beraubt würde. Grey propagandiert diesen Vorschlag auch in Petersburg und in Paris.[3] „Es ist dies nur ein dünner Faden, an

---

[1] Depesche von Goschen an Grey nach London vom 30. Juli über eine Unterredung mit dem deutschen Staatssekretär im Blaubuch Nr. 98, S. 79.

[2] Depesche von Grey an Buchanan nach Petersburg vom 30. Juli im Blaubuch Nr. 103, S. 83.

[3] Für Petersburg siehe die letztgenannte Depesche und für Paris das Telegramm Greys an den dortigen Gesandten Bertie im Blau-

dem der Frieden noch hängt, aber der einzige, der, wenn der russische Minister des Äußern sich mit Berlin nicht verständigen kann, mir in den Händen geblieben ist." Wie gesagt sucht Grey mit diesem Vorschlag zwischen dem russischen und dem deutsch-österreichischen Standpunkt zu vermitteln und hält an diesem Vorschlag fest, obwohl Rußland, erbittert durch die mangelnde Nachgiebigkeit Österreich-Ungarns, zusehends schroffer wird. Denn um 2 Uhr in der Frühe des 30. Juli hat der russische Minister Ssasanow als einzige Möglichkeit für die Aufrechterhaltung des Friedens dem deutschen Botschafter die Formel diktiert:

„Wenn Österreich-Ungarn einwilligt, in Betracht dessen, daß sein Konflikt mit Serbien eine Frage europäischer Interessen geworden ist, sich bereit zu erklären, in seinem Ultimatum jene Forderungen zu streichen, welche dem Prinzip der Souveränität Serbiens zuwiderlaufen, verpflichtet sich Rußland, mit seinen militärischen Vorbereitungen innezuhalten."[1]

Diese Basis war natürlich für die Zentralmächte unmöglich, denn die Verpflichtung, gewisse Forderungen fallen zu lassen, hätte Österreich-Ungarn nur übernehmen können, wenn ihm gleichzeitig zugesichert worden wäre, daß in anderer Weise sein berechtigtes Verlangen nach Garantien gegenüber Serbien erfüllt werden würde. Davon ist hier aber gar nicht die Rede.

---

buch Nr. 104, darin auch die Bitte, der französische Minister des Äußern möge weiterhin, wie Grey wohl bekannt, in Petersburg dahin wirken, daß Rußland die Krise nicht beschleunige. Grey spricht wörtlich von den in Petersburg „dringend gemachten Vorstellungen" Frankreichs.

[1] Depesche von Buchanan an Grey vom 30. Juli im Blaubuch Nr. 97, S. 78. Über die fragliche Unterredung zwischen Ssasanow und dem deutschen Botschafter, bei der letzterer im Namen der Reichsregierung Bürgschaft für die Aufrechterhaltung der Integrität Serbiens angeboten hat, vgl. auch die Zirkulardepesche Ssasanows an die diplomatischen Vertreter Rußlands vom 30. Juli im Orangebuch Nr. 60.

Um so bedeutsamer ist es, daß Grey, weil es ihm ehrlich um Vermittelung zu tun ist, auch gegenüber Rußland einen für Österreich-Ungarn günstigeren Standpunkt einnimmt.[1] Der von Rußland ausgegangene Vorschlag wird denn auch in Berlin in einer Unterredung zwischen dem russischen Botschafter und dem deutschen Staatssekretär als für Österreich - Ungarn unannehmbar zurückgewiesen.[2]

Angesichts der gesamten Situation wäre es nur im Interesse der Aufrechterhaltung des Weltfriedens dringend wünschenswert gewesen, wenn die Berliner Regierung im Laufe des 30. Juli irgend etwas über den Erfolg ihrer Bemühungen in Wien England, als der die Vermittelungsaktion immer von neuem aufnehmenden Macht, hätte mitteilen können. Das war aber zunächst leider nicht der Fall. Weder ist im Laufe des 30. Juli in Berlin eine Antwort auf die Anfrage eingelaufen, wie weit man die Garantien in Serbien auszudehnen beabsichtige und welches Ziel man damit verfolge, noch ist die Anfrage beantwortet, ob man im Sinne Greys eine Vermittelung unter der Bedingung annehmen wollte, daß man sich auf die Besetzung Belgrads beschränke und von dort aus seine

---

[1] Bedeutsamerweise hält Grey in seiner Depesche an Buchanan vom 30. Juli (Blaubuch Nr. 103) an seinem Vermittelungsvorschlag im Gegensatz zu dem russischen fest, obgleich in einer Unterredung zwischen dem russischen Botschafter Graf Benckendorff und Grey Rußland sein Versprechen, alle englischen Vermittelungsvorschläge anzunehmen, sozusagen zurückgenommen hat, und zwar wegen veränderter Umstände, weil durch den Protest des deutschen Botschafters in Petersburg gegen die russische Mobilmachung gegenüber Österreich die Beziehungen zu Deutschland kompromittiert seien; siehe über diese Unterredung die Depesche von Benckendorff an Ssasanow vom 30. Juli, Orangebuch Nr. 64.

[2] Depesche von Swerbejew in Berlin an Ssasanow vom 30. Juli im Orangebuch Nr. 63. Die Depesche spricht irrtümlich von einem russischen Vorschlag vom 29. Juli. Es kann aber nur der vom 30. in der Frühe um 2 Uhr gemeint sein, das beweist das Gelbbuch Nr. 107.

Forderungen formuliere. Noch ungünstiger wirkt es, daß auf die wiederholte Anfrage des englischen Botschafters Goschen und des französischen Botschafters Cambon in Berlin, wie man sich zu Greys Anregung stelle, selbst eine Formel für die Intervention der nicht interessierten Mächte aufzustellen, von dem Staatssekretär v. Jagow eine ablehnende Antwort erteilt wird.[1] Man habe sich, um Zeit zu gewinnen, zu einem direkten Vorgehen entschlossen und habe Österreich gebeten zu sagen, auf welcher Grundlage man mit ihm verhandeln könne. Aber da, wie gesagt, aus Österreich keine Antworten vorliegen, so sehen England und Frankreich die Situation immer trister an und holen zur Vorbereitung eines militärischen Zusammenwirkens die Briefe hervor, die im Jahre 1912 zwischen Grey und Paul Cambon gewechselt sind, und eine Art pactum de contrahendo der beiden Regierungen über bewaffnete Hilfe darstellen.[2] Freilich befand sich Grey dabei in Kenntnis der Tatsache, daß von deutscher Seite auf Österreich-Ungarn eingewirkt wurde, seine letzte Vermittelungsformel, betreffend die bloße Besetzung Belgrads und Umgebung usw., anzunehmen.[3] Aber da die Antwort ausbleibt, so zweifelt er

[1] Depesche von Goschen an Grey vom 30. Juli, Blaubuch Nr. 107, S. 88, und von Cambon aus Berlin an den Ministerpräsidenten Viviani vom gleichen Tage, Gelbbuch Nr. 109.

[2] Depesche von Grey an Bertie nach Paris mit Anlagen, Blaubuch Nr. 105, S. 84ff.

[3] Grey war darüber informiert sowohl durch eine Depesche des englischen Botschafters in Berlin wie durch die Mitteilungen des deutschen Botschafters in London. Nach ersterer hatte der deutsche Staatssekretär gesagt, daß wenn Grey Rußland bewegen könnte, auf Grund des fraglichen Vorschlags eine Verständigung zu finden und es mittlerweile davon abhielte, Schritte, die als aggressiv gegen Österreich-Ungarn ausgelegt werden könnten, zu unternehmen, er noch Hoffnung auf Erhaltung des europäischen Friedens hege. Vgl. die Depesche von Goschen an Grey vom 30. Juli im Blaubuch Nr. 98. Lag schon in dieser Mitteilung des deutschen Staatssekretärs ein Sich-zu-eigen-Machen des

anscheinend an der Aufrichtigkeit dieser Mitteilung oder an dem Erfolg der deutschen Bemühung. Erst recht schlimm wirkt natürlich das am 30. Juli mittags in Berlin ausgegebene Extrablatt des Lokalanzeigers[1], nach dem der Kaiser die allgemeine Mobilmachung angeordnet habe, obgleich diese Mitteilung als irrig kurze Zeit darauf von der Regierung beschlagnahmt wird.[2]

---

fraglichen Vorschlags, so war der deutsche Botschafter in London noch viel deutlicher geworden, indem er mitgeteilt hatte, daß die Reichsregierung sich bemühen würde (would endeavour), Österreich-Ungarn dahin zu beeinflussen, nachdem es Belgrad eingenommen und serbisches Grenzgebiet besetzt haben würde, ein Versprechen abzugeben, nicht weiter vorzudringen. Das teilt Grey selbst dem englischen Botschafter am 30. Juli nach Petersburg mit. Vgl. die Depesche vom 30. Juli im Blaubuch Nr. 103. Wie stark die Einwirkung von Berlin auf Wien gewesen ist, davon wird weiter unten noch zu sprechen sein. Hier muß nur konstatiert werden, daß sie leider anscheinend zunächst resultatlos blieb. Denn wie oben gesagt, war der fragliche Vorschlag noch in der Nacht vom 29. auf den 30. Juli von Berlin nach Wien weitergegeben; es gelangt aber im Laufe des 30. Juli weder von Berlin noch von Wien eine Antwort nach London darüber, ob Greys Vorschlag von Österreich-Ungarn angenommen wird.

[1] Vgl. darüber die Depesche des Botschafters Cambon aus Berlin vom 30. Juli im Gelbbuch Nr. 105 und die Depeschen des russischen Botschafters aus Berlin vom gleichen Tage (Nr. 61 u. 62 des Orangebuches) an den Minister des Äußern. Welche vernichtende Wirkung die fragliche Nachricht in Wien auf den Glauben an eine Verständigungsmöglichkeit ausgelöst hat, sieht man aus der Depesche des dortigen französischen Botschafters Demaine an Viviani vom 30. Juli, Nr. 104 des Gelbbuches.

[2] Wie es möglich gewesen ist, daß der als offiziös geltende „Lokalanzeiger" das fragliche Extrablatt mit der falschen Nachricht verbreiten konnte, liegt noch im Dunkel. Ein bloßer Irrtum erscheint unwahrscheinlich. Interessant ist eine bezügliche Mitteilung auf S. 12 der anonymen Flugschrift: Deutsche Reichspolitik seit dem 14. Juli 1909, die gegen den Reichskanzler von Bethmann-Hollweg gerichtet ist. Dort heißt es: „Umsonst drängten Generalstabschef, Kriegsminister und die maßgebenden Marinestellen auf Befehl zur Mobilmachung. Es gelang ihnen zwar, den Kaiser am Donnerstag, den 30. Juli, von der

§ 3. Die militärischen Vorbereitungen der Mächte.

Wir müssen in diesem Zusammenhang einen Augenblick Halt machen, um zu konstatieren, wie es um diese Zeit mit den militärischen Vorbereitungen der verschiedenen Staaten steht, die die auf Verständigung gerichtete Arbeit der Diplomatie durchkreuzen und schließlich die Katastrophe herbeiführen. Wie früher erwähnt wurde, hatte als erster Staat Serbien schon einige Stunden vor der Überreichung seiner Antwort auf das Ultimatum mobil gemacht, also am 25. Juli. Da man weiß, daß das Ultimatum nicht vollständig angenommen werden wird und deshalb einen Krieg zwischen Österreich und Serbien befürchtet, bei dem Rußland die Serben nicht im Stiche lassen will, trägt man sich schon am 27. Juli mit Mobilmachungsideen in Rußland. Schon an diesem Tage teilt nämlich der dortige Minister des Äußern Ssasanow dem englischen Botschafter mit, daß sowieso die russische Mobilmachung angeordnet werden müsse; ein Ministerrat würde darüber zu erwägen haben, während der endgültige Beschluß wahrscheinlich andern Tages unter Vorsitz des Kaisers gefaßt werden würde. Ssasanow rechnet nämlich von Anfang an damit, daß „die allgemeine europäische Frage, deren einen Teil die serbische Frage selbst bilde, nun angeschnitten würde."[1] Damit ist offenbar die große Kraftprobe in Europa gemeint.

unabweisbaren Notwendigkeit dieser Maßregel halb und halb zu überzeugen, so daß am Nachmittage Berliner Polizeiorgane und der „Lokalanzeiger" die Mobilmachung bereits bekannt gaben; aber dem Eingreifen Herrn von Bethmanns gelang es, den entscheidenden und erlösenden Befehl zu vereiteln." Demnach scheint doch zwischen der betreffenden militärischen Aktion beim Kaiser und jener Publikation ein Zusammenhang bestanden zu haben.

[1] Über die betreffende Unterredung siehe die Depesche des Botschafters Buchanan an Grey vom 24. Juli, Blaubuch Nr. 6, S. 11.

England ist sichtlich erschrocken und sein Botschafter bittet am 25. Juli den russischen Minister, den Krieg nicht zu überstürzen und mit der Mobilmachung zu warten, bis England im Interesse des Friedens eingegriffen hätte. Der Botschafter tut nach seinem Bericht alles was er kann, um den Minister zur Vorsicht zu mahnen und ihn zu warnen; im Falle einer russischen Mobilisation würde Deutschland dazu keine Zeit lassen und sich selbst nicht mit der eigenen Mobilisation zufriedenstellen, sondern wahrscheinlich sogleich den Krieg erklären.[1] Trotzdem scheint schon am gleichen Tage in Rußland eine teilweise Mobilmachung gegenüber Österreich beschlossen worden zu sein, wenn auch ihre Ausführung noch hinausgeschoben sein wird. Denn als der Kaiser Wilhelm II. sich am 30. Juli über die Mobilisation gegenüber Österreich beschwert, die die ihm übertragene Vermittelung gefährde, wenn nicht unmöglich mache, antwortet der Zar, daß die fragliche Maßnahme schon vor fünf Tagen beschlossen sei, und zwar aus Gründen der Verteidigung gegen die Vorbereitungen Österreichs.[2] Am 26. Juli läßt der deutsche Reichskanzler durch den Botschafter Fürsten Lichnowsky in England mitteilen, daß, wenn es richtig sei, daß in Rußland mehrere Reservistenjahrgänge einberufen werden sollten, das einer Mobilisierung gegen Deutschland gleich käme, die zu Gegenmaßregeln zwingen würde; ähnliche Mitteilungen werden in Paris und Petersburg gemacht.[3] Am 27. Juli sagt der Staatssekretär in Berlin zu dem englischen Botschafter, daß Österreich-Ungarn bisher nur

[1] Depesche von Buchanan an Grey vom 25. Juli, Blaubuch Nr. 17, S. 20.

[2] Siehe den Depeschenwechsel im deutschen Weißbuch, Anlagen 23 und 23a.

[3] Depesche des Reichskanzlers an den deutschen Botschafter in London vom 26. Juli, Weißbuch Anlage 10, daselbst auch die Depeschen des Reichskanzlers nach Paris und Petersburg vom gleichen Tage, Anlagen 10a und 10b.

teilweise mobilisiert habe, daß aber, wenn Rußland gegen Deutschland mobil mache, das letztere mit derselben Maßnahme antworten müsse. Auf die Frage des Botschafters, was mit einer Mobilmachung „gegen Deutschland“ gemeint sei, antwortet der Staatssekretär, daß, wenn Rußland nur im Süden mobilisiere, Deutschland untätig bleiben würde, sollte die russische Mobilisation sich aber auch auf den Norden erstrecken, so wäre Deutschland gezwungen, ebenfalls zu den Waffen zu greifen.[1] Am gleichen Tage warnt der englische Botschafter in Petersburg den dortigen Minister abermals, nichts zu unternehmen, was den Konflikt beschleunige, und spricht seine Hoffnung aus, daß die russische Regierung den Mobilisationsukas so lange als möglich hinausschiebe und die Truppen selbst nach seiner Erteilung die Grenzen nicht überschreiten würden.[2] Auf Veranlassung des Ministers Ssasanow war schon am 26. Juli der deutsche Militärattaché in Petersburg durch den dortigen Kriegsminister über die militärische Situation aufgeklärt. Der Kriegsminister gibt ihm sein Ehrenwort, daß noch keine Mobilmachungsordre ergangen sei.[3] Es würden lediglich vorläufige Vorbereitungsmaßnahmen getroffen; aber es sei kein Reservist eingezogen und kein Pferd ausgehoben. Wenn Österreich die serbische Grenze überschreiten sollte, so würden diejenigen Militärbezirke, die auf Österreich gerichtet wären, Kiew, Odessa, Moskau, Kasan mobilisiert werden. Diejenigen an der deutschen Front unter keinen Umständen. Der Militärattaché sagt dem Kriegsminister darauf,

---

[1] Depesche von Goschen an Grey vom 27. Juli, Blaubuch Nr. 43, S. 38.

[2] Depesche von Buchanan an Grey aus Petersburg vom 23. Juli, Blaubuch Nr. 44, S. 39.

[3] Offenbar ist hier zu unterscheiden zwischen der noch nicht ergangenen Publikation und dem Beschluß selbst, welch letzterer schon am 25. Juli ergangen war. Daß ein fester Beschluß schon vorliegt, ergibt sich aus der weiteren Mitteilung des Kriegsministers.

daß auch die allein gegen Österreich gerichtete Mobilmachung in Deutschland sehr bedrohlich angesehen werden würde.[1]

In Frankreich wird schon am 26. Juli gemeldet, daß die ganze deutsche Flotte in Norwegen Befehl zur unmittelbaren Heimreise erhalten hat[2]; aus Diedenhofen wird nach Paris mitgeteilt, daß die vier letzten Urlaubsklassen Befehl erhalten hätten, sich für jeden Zeitpunkt zur Verfügung der Kommandantur zu halten[3]; aus Basel wird unter dem 27. Juli nach Paris berichtet, die deutschen Offiziere hätten schon vor vier Tagen Befehl erhalten, ihre Ferien zu unterbrechen und nach Deutschland zurückzukehren, auch seien die Eigentümer von Kraftfahrzeugen in Baden angewiesen, ihre Wagen für die Militärbehörde bereit zu halten.[4] So trifft man anscheinend auch in Deutschland militärische Vorbereitungen, die freilich durchaus nicht den Charakter einer Mobilmachung haben. Am 27. Juli gibt England bekannt, daß es die zu Manöverzwecken versammelte Flotte einstweilen nicht demobilisieren werde, eine Maßregel, die im geheimen von Churchill, dem Lord der Admiralität, schon am 24. Juli getroffen war.[5] Am 28. Juli erfolgt die österreichische Kriegserklärung

---

[1] Weißbuch Anlage 11. Das Weißbuch und die zugehörige Denkschrift datieren die fragliche Unterredung vom 27. Juli, sie hat aber am 26. spät abends stattgefunden, was sich aus einem Telegramm des Grafen Szápáry vom 26. ergibt. Rotbuch Nr. 28.

[2] Depesche des Gesandten aus Christiania vom 26. Juli, Gelbbuch Nr. 58.

[3] Depesche des Geschäftsträgers aus Luxemburg vom 26. Juli, Gelbbuch Nr. 59. Danach soll in Diedenhofen auch allen Reservisten verboten sein, sich von ihrem Wohnort zu entfernen.

[4] Depesche des französischen Generalkonsuls in Basel vom 27. Juli im Gelbbuch Nr. 60.

[5] Depesche des Geschäftsträgers in London nach Paris vom 27. Juli, im Gelbbuch Nr. 66. Genauer haben sich die Dinge folgendermaßen zugetragen: Am 25. Juli lag die große britische Flotte, aus 65 Schlachtschiffen bestehend, auf der Reede von Portland, wo ein Manöver und

an Serbien. Deutschland fährt mit seinen militärischen Vorbereitungen fort. Im Laufe des 28. Juli und in der Nacht auf den 29. finden beträchtliche Truppenbewegungen statt, denn wie aus Frankfurt gemeldet wird, sind dort mehrere feldmarschmäßig ausgerüstete Regimenter angekommen.[1] Die großen Mühlen von Illkirch in Elsaß-Lothringen werden aufgefordert, ihre Produktion zurückzuhalten für die Armee, von Straßburg werden Transporte von Automobilkarawanen

---

eine Besichtigung durch den König stattgefunden hatte. Sie zerfiel in drei Teile. Die erste und zweite Flotte war auch im Frieden vollbemannt und von keiner Einziehung von Reserven abhängig. Die erste Flotte hatte stets alle Mannschaften an Bord, die zweite nur die Hälfte, aber die andere Hälfte war am Land in Schulen und Kasernen untergebracht. Für die Erreichung der Hafenstationen und die Heranziehung der anderen Mannschaftshälfte waren zwei bis drei Tage erforderlich. Die dritte Flotte, 16 Schlachtschiffe stark, war im Frieden nur mit einem Kern von Seeleuten bemannt; erst die Einberufung der Reserve ermöglichte ihre Mobilmachung. Am 26. Juli erließ der erste Seelord, Prinz Louis von Battenberg, die Ordre, daß die für den 27. Juli dem Personal der ersten Flotte in umfassendem Maße bewilligten Beurlaubungen zurückgenommen seien. Der zweiten Flotte wurde befohlen, die Hafenstationen anzulaufen, um jeden Augenblick ihre Restbesatzung an Bord zu nehmen. Bei der dritten Flotte war gerade am 24. Juli während obschwebenden Ultimatums, die elftägige Übungsperiode zu Ende gewesen. Die Reservisten wurden zwar entlassen, aber Maßregeln getroffen, daß man ihrer jeden Tag wieder Herr werden konnte. Am 26. Juli erging für die erste und zweite Flotte der Befehl des Prinzen Battenberg: „to stand fast", der dem europäischen Frieden auch nicht gedient hat, wie Helfferich: Die Entstehung des Weltkriegs, S. 30, mit Recht bemerkt. Am 30. Juli befahlen der Marineminister Churchill und Prinz Battenberg als erster Seelord, ohne Befragung des Kabinetts, dessen Spaltungen sie fürchteten, daß die große Flotte ihre Kriegsstellung in der Nordsee beziehen soll. Diese genaueren Nachrichten entstammen einer englischen Quelle, nämlich dem Buche von Maccallum Scott: „Winston Churchill in peace and war", London 1916, und sind zitiert nach einem Aufsatze von Daniels in den Preuß. Jahrbüchern, Bd. 166, Heft 3, S. 450.

[1] Depesche des Generalkonsuls aus Frankfurt nach Paris vom 28. Juli, Gelbbuch Nr. 88.

gemeldet. Die Metzer Infanterie ruft die Ernteurlauber aus Bayern zurück.[1] Andererseits laufen in Berlin so viele Nachrichten über französische Kriegsvorbereitungen ein, daß der deutsche Reichskanzler am 29. Juli in Paris durch seinen Botschafter erklären läßt, daß derartige Maßnahmen zu Schutzmaßregeln zwingen würden und daß eventuell der Zustand der Kriegsgefahr in Deutschland proklamiert werden müsse, was zwar noch keine Einberufungen und Mobilisierung bedeute, aber die internationale Spannung erhöhen müsse.[2] Sind schon diese Maßnahmen militärischer Vorbereitung, die sich die Staaten wechselseitig mit eigentümlicher Naivität zum Vorwurf machen, nur geeignet, den Stand der diplomatischen Verhandlungen schädigend zu beeinflussen, so gilt das natürlich erst recht von der in Rußland trotz aller Warnungen eintretenden Teilmobilisierung gegen Österreich-Ungarn. In Österreich hatte man sich zunächst beschränkt auf die Mobilisierung von acht Armeekorps gegen Serbien. Die Meldung des russischen Botschafters aus Wien vom 28. Juli, dort sei der Befehl für die allgemeine Mobilmachung unterzeichnet[3], ist entweder irrig oder doch nur von relativer Bedeutung, solange der Befehl nicht publiziert wurde. Wenn wirklich vorbereitende Maßregeln für eine allgemeine Mobilmachung getroffen worden sein sollten, erklärt sich das zur Genüge daraus, daß Rußland seinerseits mit Mobilmachung gedroht hatte, für den Fall, daß die serbische Grenze überschritten werden sollte. Und diese Teilmobilisierung gegen Österreich-Ungarn kommt nun zur Ausführung. Schon am 28. Juli hatte Rußland in Berlin als Folge der österreichischen Kriegserklärung seine Teilmobilisation für den 29. ankündigen

[1] Depesche des französischen Gesandten in München vom 29. Juli, im Gelbbuch Nr. 89.

[2] Weißbuch Anlage 17.

[3] Orangebuch Nr. 58.

lassen.[1] Auf die am gleichen Tage von Berlin nach Petersburg gerichtete Vorstellung, daß durch das weitere Fortschreiten der russischen Mobilisierungsmaßnahmen Deutschland veranlaßt werden könnte, auch seinerseits zu mobilisieren[2], erfolgt im Auftrage des Kriegsministers durch den Generalstabschef gegenüber dem deutschen Militärattaché die feierliche Versicherung, es sei alles so geblieben, wie der Minister vor zwei Tagen mitgeteilt habe. Er, der Generalstabschef, bietet eine schriftliche Bestätigung dafür an und gibt sein Ehrenwort in feierlichster Form, daß nirgends eine Mobilmachung, d. h. eine Einziehung eines einzigen Mannes oder Pferdes bis zur Stunde, d. h. 3 Uhr nachmittags erfolgt sei. Er könne sich dafür für die Zukunft nicht verbürgen, aber wohl nachdrücklichst bestätigen, daß an den deutschen Grenzen von Sr. Majestät keine Mobilisierung gewünscht werde. Auf die Vorhaltung, daß ihm aber aus verschiedenen Teilen des Reiches, wie aus Warschau und Wilna vielfache Nachrichten über die Einziehung von Reservisten zugegangen seien, die die amtlichen Nachrichten zu einem Rätsel machten, erwidert der Chef des Generalstabes auf „Offiziersparole", daß solche Nachrichten unrichtig seien und es sich hier um falschen Lärm handeln müsse. Der deutsche Militärattaché gibt diese Versicherung nur mit dem Vorbehalt nach Deutschland weiter, daß das Gespräch als ein Versuch anzusehen sei, über den wahren Umfang der bisherigen Maßnahmen irre zu führen.[3]

Jedenfalls gaben die Tatsachen Anlaß, in bezug auf die russische Mobilmachung sehr vorsichtig zu sein. Wenn der russische Generalstabschef am 29. um 3 Uhr gesagt hatte,

---

[1] Blaubuch Nr. 70, I.

[2] Depesche des österreichisch-ungarischen Botschafters aus Berlin an den Grafen Berchtold vom 29. Juli, Rotbuch Nr. 46, S. 127.

[3] Depesche des deutschen Militärattachés in Petersburg an den Reichskanzler vom 29. Juli, im Weißbuch, Denkschrift.

daß er sich in bezug auf eine Teilmobilisation gegen Österreich „für die Zukunft" nicht verbürgen könne, so lag diese Zukunft doch sehr nahe, denn noch am selben Tage erfährt die Wiener Regierung die Mobilisation der Militärbezirke Kiew, Odessa, Moskau und Kasan als ein Faktum.[1] Natürlich mobilisiert Österreich jetzt auch an der galizischen Grenze[2], von einer allgemeinen Mobilmachung in Österreich-Ungarn, die, wie wir hören, vom russischen Botschafter am 28. schon gemeldet war, ist aber noch nicht die Rede. Vielmehr erwähnt ein Bericht des französischen Botschafters ein Gerücht, es solle am 30. Juli oder am 4. August die allgemeine Mobilmachung verfügt werden, bezeichnenderweise mit der Erklärung, es solle dadurch jeder Drohung begegnet und vielleicht in Petersburg Eindruck gemacht werden.[3] Am 29. Juli, als in Rußland die Teilmobilisation schon vollzogen ist, teilt der deutsche Bot-

[1] Depesche des Grafen Berchtold an den Botschafter in Berlin vom 29. Juli, Rotbuch Nr. 48, S. 129. Die Nachricht ist dreifach begründet. Der Temps-Korrespondent aus Petersburg drahtet am 29. Juli: „Die Mobilisierung schreitet in Kiew, Odessa, Wilna, Warschau und Petersburg fort .... Truppenzüge passieren Warschau alle Viertelstunden". Das Bureau Reuter drahtet am 29. Juli: „Es besteht jedes Anzeichen dafür, daß die ganze umfangreiche militärische Maschinerie bald in Bewegung gesetzt werden wird."

[2] Depesche des französischen Botschafters in Wien vom 29. Juli, im Gelbbuch Nr. 90. Die fraglichen Maßregeln Österreichs an der galizischen Grenze sind offenbar nur die Beantwortung der russischen Teilmobilisierung. Sollten sie dieser aber auch vorausgegangen sein, so handelt es sich dabei doch offensichtlich nur um eine Verteidigung angesichts der russischen Drohungen. Denn Österreich-Ungarn kann in aller Welt keinen Grund haben, während seines Krieges mit Serbien von sich aus Rußland anzugreifen. Seltsam ist deshalb die Mitteilung des französischen Botschafters Paléologue aus Petersburg nach Paris vom 29. Juli, daß nach Feststellung des russischen Generalstabes Österreich seine militärischen Vorbereitungen gegen Rußland überstürzt und seine Mobilmachung durchführe, die an der galizischen Grenze begonnen habe. Gelbbuch Nr. 91.

[3] Vgl. die in der vorigen Note zu Anfang erwähnte Depesche.

schafter in Petersburg den Entschluß seiner Regierung mit, selbst zu mobilisieren, wenn Rußland nicht seine militärischen Vorbereitungen einstelle, ohne damit etwas zu erreichen, vielmehr beschließt Ssasanow als Antwort auf solche Vorstellungen eine Beschleunigung der russischen Mobilmachung: „Da wir dem Wunsche Deutschlands nicht Folge geben können", heißt es in seiner Depesche an den russischen Botschafter in Paris, Iswolsky, „bleibt uns nichts anderes übrig, als unsere eigenen Rüstungen zu beschleunigen und mit der wahrscheinlichen Unvermeidlichkeit des Krieges zu rechnen. Verständigen Sie die französische Regierung davon und danken Sie ihr gleichzeitig für die Erklärung, die der französische Botschafter in ihrem Namen abgab, daß wir nämlich vollständig auf die Unterstützung unseres Verbündeten in Frankreich rechnen können. Unter den gegenwärtigen Umständen ist uns diese Erklärung besonders wertvoll."[1] Wir sehen, die allgemeine Mobilmachung rückt in Rußland immer näher, weil Ssasanow immer mehr mit der Möglichkeit rechnet, daß eben der Moment für die große Kraftprobe der zwei Bündnissysteme gekommen ist, von der er schon am 24. Juli mit dem englischen Botschafter Buchanan als von der „Europäischen Frage" gesprochen hat, daß man in Rußland dicht vor einer allgemeinen Mobilmachung steht, leuchtet auch durch in dem ersten Zarentelegramm, in dem Nikolaus den deutschen Kaiser um seine Vermittelung bittet, wo es heißt:[2]

„Ich sehe voraus, daß ich sehr bald dem Druck, der auf mich ausgeübt wird, nicht mehr werde widerstehen können und gezwungen sein werde, Maßregeln zu ergreifen, die zum Kriege führen werden" ......

---

[1] Orangebuch Nr. 58.
[2] Weißbuch Anlage 21.

In seiner Antwort sagt Kaiser Wilhelm II.:[1]

„Natürlich würden militärische Maßnahmen Rußlands, welche Österreich-Ungarn als Drohung auffassen könnte, ein Unglück beschleunigen, das wir beide zu vermeiden wünschen, und würden auch meine Stellung als Vermittler, die ich auf Deinen Appell an meine Freundschaft und Hilfe bereitwillig angenommen habe, untergraben."

Trotz dieser wiederholten Warnungen von Berlin schreitet die Mobilmachung in Rußland weiter fort. Als ein offizielles Communiqué am Morgen des 30. Juli in den russischen Zeitungen mitteilt, daß die Reservisten in einer bestimmten Anzahl von Gouvernements zu den Fahnen gerufen worden seien, berichtet der belgische Geschäftsträger de l'Escaille an seine heimische Regierung: „Wer die Zurückhaltung der russischen offiziellen Communiqués kennt, kann ruhig behaupten, daß überall mobil gemacht wird."[2] Der französische Botschafter meldet am 30. Juli nach Paris, der Ton, in dem am Abend vorher der deutsche Botschafter von Rußland die Einstellung der militärischen Vorbereitungen verlangt habe, habe die russische Regierung bestimmt, noch in der Nacht die Mobil-

---

[1] Weißbuch Anlage 22.

[2] Siehe den aufgefangenen Brief des belgischen Geschäftsträgers de l'Escaille vom 30. Juli an den Minister Davignon in der Neuausgabe des Weißbuchs, Abschnitt 4. Die fragliche teilweise Mobilmachung, die am 30. Juli in den russischen Zeitungen angekündigt wurde, rief schon zwei Drittel der Gefechtsstärke des europäischen Rußlands und die Hälfte des gesamten Reiches zu den Waffen, ging aber, wie der belgische Diplomat vermutet, tatsächlich wohl noch weiter. Denn auch Harald Williams, Korrespondent des Daily Chronicle, drahtet am 30. Juli aus Petersburg: „Der Befehl für partielle Mobilisierung ist als Antwort auf die österreichische Kriegserklärung gedacht, tatsächlich ist sie absolut und allgemein. Die Reservisten in den nördlichen Distrikten sind ebenfalls zu den Fahnen gerufen". Vgl. Price, The Diplomatic History of the War. London, Allen & Unwin. II. Ausgabe 1915. S. 156—159.

machung der 13 Armeekorps, die gegen Österreich operieren sollten, anzuordnen.[1] Offenbar gestützt auf die Fortschritte in seiner Mobilmachung nimmt Rußland jetzt gegenüber Österreich-Ungarn eine immer schroffere Haltung ein und in jener früher erwähnten Unterredung zwischen Ssasanow und dem deutschen Botschafter Grafen Pourtalès, die sich am 30. Juli um zwei Uhr in der Frühe in Petersburg zugetragen hat und bei der Deutschland nach den Bedingungen anfragt, unter denen Rußland bereit wäre, seine militärischen Rüstungen einzustellen, diktiert Ssasanow dann jene Formel, daß Österreich anerkennen solle, daß die österreichisch-serbische Frage den Charakter einer europäischen Frage angenommen habe, und daß es sich bereit erklären solle, aus seinem Ultimatum diejenigen Punkte zu entfernen, die die souveränen Rechte Serbiens antasteten.[2] Wir haben schon an anderer Stelle gesagt, daß diese Formel für Österreich-Ungarn unannehmbar war, weil die Donaumonarchie doch nicht einfach gewisse Forderungen aus ihrem Ultimatum streichen konnte, ohne daß ihr wenigstens gleichzeitig die Erreichung ihrer legitimen Ziele nach Garantien gegenüber Serbien anderweitig sicher gestellt wurde. Diese Formel bedeutete einfach eine völlige Unterwerfung unter den russischen Standpunkt, und zwar unter dem Druck der russischen Waffen, so daß man es verstehen kann, wenn, wie oben gesagt, die Berliner Regierung diese Regelung sofort zurückweist. Der englische Botschafter berichtet aber gleich nach London, daß, wenn Österreich-Ungarn diese Formel Ssasanows nicht annehme, Rußland mit seinen Maßnahmen für

---

[1] Depesche des Botschafters Paléologue nach Paris vom 30. Juli, Gelbbuch Nr. 100.

[2] Zirkulardepesche des Ministers Ssasanow an die Botschafter vom 30. Juli, im Orangebuch Nr. 60, und Depesche des englischen Botschafters in Petersburg an Grey vom gleichen Tage, Blaubuch Nr. 97, S. 78.

eine allgemeine Mobilisation fortfahren und ein europäischer Krieg die unausbleibliche Folge davon sein werde. Da Rußland wisse, daß auch Deutschland rüste, könne es aus strategischen Gründen kaum vermeiden, die teilweise Mobilisierung in eine allgemeine zu verwandeln.[1] Die unheilvolle Wirkung der russischen Mobilisierung gegen Österreich-Ungarn tritt auch darin zutage, daß daraus der unmittelbare Konflikt zwischen Rußland und dem Deutschen Reiche erwächst, der schließlich die letzte Ursache zum Weltkriege werden sollte. Denn die Erklärung des deutschen Botschafters in Petersburg, daß Rußland seine Rüstungen einstellen oder gewärtig sein müsse, daß auch das Deutsche Reich mobilisiere, wird in Petersburg als schwere Kränkung empfunden, und während Rußland früher England immer versichert hat, alle seine Vorschläge zur Erhaltung des Friedens annehmen zu wollen, wofern nur Österreich nicht aus diesem Aufschub Nutzen ziehe, macht jetzt der russische Botschafter bei Grey geltend, daß durch die deutsche Aktion in Petersburg die Beziehungen sich geändert hätten, die russische Antwort sei diejenige, die einer Großmacht würdig sei und Grey müsse deshalb die neue durch Deutschlands Fehler geschaffene Lage in Betracht ziehen.[2] Grey fährt freilich, wie wir oben sahen, nichtsdestoweniger in seinen Bemühungen fort, eine bessere Formel zu suchen; gleichwohl wird es Rußland in seiner schroffen Haltung ermutigt haben, daß gegenüber dem russischen Botschafter Grey versichert, er verstünde seinen Standpunkt und würde seinen Argumenten Rechnung tragen.

Die Tatsache, daß die russische Mobilmachung gegen Österreich-Ungarn einen friedlichen Ausgleich ungemein erschwert

---

[1] Blaubuch Nr. 97, am Ende.

[2] Depesche des russischen Botschafters Graf Benckendorff in London an den Minister des Äußern nach Petersburg vom 30. Juli, im Orangebuch Nr. 64.

habe, wird auch am 30. Juli von dem deutschen Staatssekretär betont[1], wie auch der Reichskanzler noch am Morgen des 31. gegenüber dem englischen Botschafter versichert, daß seine Bemühungen, in Wien für den Frieden und Mäßigung zu wirken, durch die russische Mobilisation stark beeinträchtigt worden sei.[2]

In der Tat, wenn schon an sich die direkte Einigung zwischen Rußland und Österreich-Ungarn, wie wir früher dargelegt haben, schwierig war, weil Österreich-Ungarn, das schon eine Demütigung darin sah, sich in bezug auf sein Verhältnis zu Serbien von der Viererkonferenz der relativ neutralen Staaten beraten zu lassen, auch deshalb nicht sonderlich geneigt sein konnte, dem russischen Balkanrivalen wesentliche Zugeständnisse in unmittelbaren Verhandlungen zu machen, so waren solche Zugeständnisse für Österreich-Ungarn erst recht erschwert, wenn sie infolge der russischen Mobilmachung weniger als eine sachliche Konzession wie als Ausdruck der Furcht vor den russischen Waffen erscheinen mußte. In diesem Sinne telegraphiert Kaiser Wilhelm II. am 30. Juli an den Kaiser von Rußland:

> „Mein Botschafter ist angewiesen, Deine Regierung auf die Gefahren und schweren Konsequenzen einer Mobilisation hinzuweisen, das Gleiche habe ich Dir in meinem letzten Telegramm gesagt. Österreich-Ungarn hat nur gegen Serbien mobilisiert und zwar nur einen Teil seiner Armee. Wenn Rußland, wie es jetzt nach Deiner und Deiner Regierung Mitteilung der Fall ist, gegen Österreich-Ungarn mobil macht, so wird die Vermittlerrolle, mit der Du mich in freundschaftlicher Weise betrautest und die ich auf Deine ausdrückliche Bitte angenommen habe, gefährdet, wenn nicht unmöglich gemacht. Die ganze Schwere der Entscheidung ruht jetzt auf Deinen Schultern, sie haben die Verantwortung für Krieg und Frieden zu tragen.“[3]

---

[1] Depesche von Goschen an Grey vom 30. Juli, Blaubuch Nr. 98, S. 79.

[2] Depesche von Goschen an Grey vom 31. Juli, Blaubuch Nr. 188, S. 88.

[3] Weißbuch Anlage 23.

Der Zar antwortet darauf, daß die jetzt in Kraft tretenden militärischen Maßnahmen schon vor fünf Tagen beschlossen seien, und zwar aus Gründen der Verteidigung gegen die Vorbereitungen Österreichs; er hoffe aber von ganzem Herzen, daß diese Vorbereitungen in keiner Weise Wilhelms II. Stellung als Vermittler beeinflußten, die er sehr hoch anschlage.[1] Diese Antwort klingt so, als seien in Österreich-Ungarn tatsächlich militärische Vorbereitungen gegen Rußland getroffen worden, während die Donaumonarchie doch nur das einzige Interesse hatte, ihren Konflikt mit Serbien zu lokalisieren. Aber das ist das Charakteristikum jeder Mobilmachung, daß sie immer nur zu Verteidigungszwecken erfolgt. Inzwischen sieht sich natürlich Österreich-Ungarn auch genötigt, seine Mobilmachung zu erweitern.[2] Auch Prinz Heinrich von Preußen, der offenbar im Auftrag seines kaiserlichen Bruders nach England gekommen, spricht in seinem Schreiben an den König Georg von den militärischen Maßnahmen in Rußland, die die Ausführung der Bitte des Kaisers Nikolaus an Wilhelm II., zu vermitteln, durchkreuzen; er fügt hinzu, daß Frankreich auch militärische Vorbereitungen treffe, während in Deutschland keinerlei militärische Maßnahmen verfügt seien. Aber die militärischen Vorbereitungen der Nachbarn könnten Deutschland jeden Moment zwingen, für die Sicherheit seines eigenen Landes, das sonst wehrlos bleiben würde, ihrem Beispiel zu folgen, was dann einen europäischen Krieg bedeuten

---

[1] Weißbuch Anlage 23a.

[2] Das teilt Graf Berchtold in Wien dem dortigen russischen Botschafter in seiner Unterredung vom 30. Juli mit; vgl. Berchtolds Depesche darüber an den Grafen Szápáry nach Petersburg, im Rotbuch Nr. 50, S. 131. Sollte schon am 29. Juli Österreich militärische Maßnahmen in Galizien getroffen haben, wie solche nach Paris gemeldet sind, so können sie nach der Natur der Dinge jedoch nur einen defensiven Charakter gehabt haben; vgl. darüber das S. 127 in Note 2 Gesagte.

würde.[1] In der Antwort versichert der König, er tue sein Möglichstes, um Rußland und Frankreich nahezulegen, weitere militärische Vorbereitungen aufzuschieben.[2]

Die hier erwähnten militärischen Vorbereitungen Frankreichs haben ja, wie wir früher hörten, in Paris schon am 29. Juli zu amtlichen Vorstellungen des deutschen Botschafters geführt, andererseits sind die einzelnen Maßregeln militärischer Vorbereitung aus Deutschland nicht nur in Frankreich[3], sondern auch in Rußland gemeldet und Ssasanow teilt am 30. Juli dem englischen Botschafter mit, daß die russische Regierung im Besitze unwiderleglicher Beweise sei, daß Deutschland gegen Rußland zu Lande und zu Wasser, besonders in der Richtung gegen den Finnischen Meerbusen, militärische Vorbereitungen treffe.[4] Die Richtigkeit dieser Angaben vorausgesetzt, hat es sich dabei doch keineswegs um eine Mobil-

---

[1] Neuausgabe des Weißbuchs, Abschnitt 5 I. Die Behauptung des Prinzen Heinrich, daß in Deutschland noch gar keine militärischen Maßregeln getroffen seien, ist irrtümlich. Siehe weiter unten.

[2] Neuausgabe des Weißbuchs, Abschnitt 5 II.

[3] Vgl. oben S. 123 und 124. Über weitere bedrohliche militärische Vorbereitungen von Deutschland berichtet ein Schreiben des Ministerpräsidenten Viviani an den Londoner Botschafter Cambon, das als Dokument dem Blaubuch Nr. 105, S. 84ff., beigefügt und angeblich am 30. Juli übermittelt ist. In seinem Inhalt stimmt es überein mit einer im Gelbbuch unter Nr. 106 enthaltenen Depesche Vivianis an Cambon, die ebenfalls vom 30. Juli datiert ist. Nach dem Inhalt haben damals bereits die deutschen Truppen hart an der französischen Grenze gestanden, ja zweimal deutsche Patrouillen diese Grenze überschritten. Es ist in Deutschland aber von verschiedenen Seiten konstatiert worden, daß diese Unterredung gar nicht vom 30. Juli datieren kann. Denn im ersten Druck des Blaubuchs hieß es in der Mitteilung: „hier vendredi". Nun ergibt sich aber aus dem Kalender, daß danach die Note erst am 1. August überreicht sein und die fragliche Grenzüberschreitung erst am 31. Juli stattgefunden haben kann; siehe darüber das Regenbogenbuch, S. 281.

[4] Depesche von Buchanan an Grey aus Petersburg vom 30. Juli Blaubuch Nr. 97, S. 78.

machung gehandelt, ebensowenig wie eine solche in Frankreich geschehen war. Es wird vielmehr von diesen militärischen Anordnungen Deutschlands dasselbe zu gelten haben, was Grey am 30. Juli ganz offen in London dem deutschen Botschafter auf dessen Befragen über die militärischen Vorbereitungen Englands sagt, daß sie keinerlei offensiven Charakter hätten, daß es aber bei dem gegenwärtigen Stand der Angelegenheit auf dem Festland erklärlich sei, einige Vorsichtsmaßregeln zu ergreifen, daß man aber in England wie in Frankreich die Erhaltung des Friedens wünsche und daß, wenn man in England wie in Frankreich Defensivmaßregeln ins Auge fasse, das nicht zum Zwecke einer Vorbereitung einer Aggressive geschehe.[1]

§ 4. Der Fortgang der diplomatischen Verhandlungen und Greys „grand dessin".

Unzweifelhaft sind die in verschiedenem Maße hier wie dort ergriffenen Maßregeln militärischer Art die Wirkung, aber leider gleichzeitig auch wieder die Ursache der stündlich schlimmer werdenden Situation. Wegen der letzteren verhängnisvollen Eigenschaft aller militärischen Vorbereitungen, das wechselseitige Mißtrauen zu erhöhen und die Temperatur für die diplomatischen Verhandlungen zu verschlechtern, muß man sich als Deutscher freuen, daß der Wille der militärischen Instanzen nach einer allgemeinen Mobilmachung hier am 30. Juli nicht durchgedrungen und die leider irrtümlich in die Welt gegangene Nachricht einer deutschen Mobilmachung sofort widerrufen ist. Denn wenn wir nunmehr zum Stande der diplomatischen Unterhandlungen vom Abend des 30. Juli zurückkehren, so scheinen sie gerade jetzt mehr Aussicht auf

---

[1] Depesche des Botschafters Cambon aus London nach Paris, im Gelbbuch Nr. 108.

die Erhaltung des Weltfriedens zu bieten als vorher. Diese Aussicht gründet sich auf zwei Tatsachen. Einmal steht unter den Mächten noch der oben erwähnte Vermittelungsvorschlag von Grey zur Diskussion, daß die Donaumonarchie sich bei ihrer militärischen Operation gegen Serbien auf die Besetzung von Belgrad und Umgegend beschränken soll, damit dann die Mächte Österreich-Ungarn eine vollständige Befriedigung verschaffen, ehe es das serbische Territorium wieder räumt. Dieser Vorschlag ist von Berlin aus, wie wir wissen, in Wien empfohlen [1], und da die Antwort ausbleibt oder unbefriedigend ausfällt, wird von Berlin aus immer schärfer auf Wien eingewirkt. Der deutsche Reichskanzler schickt zu diesem Zweck folgende Depesche nach Wien:

> „Falls die österreich-ungarische Regierung jede Vermittelung ablehnt, stehen wir vor einer Konflagration, bei der England gegen uns, Italien und Rumänien allen Anzeichen nach nicht mit uns gehen würden, so daß wir mit Österreich-Ungarn drei Großmächten gegenüber stünden. Deutschland würde infolge der Gegnerschaft Englands das Hauptgewicht des Kampfes zufallen. Das politische Prestige Österreich-Ungarns, die Waffenehre seiner Armee sowie seine berechtigten Ansprüche gegen Serbien können durch die Besetzung Belgrads oder anderer Plätze hinreichend gewahrt werden. Wir müssen daher dem Wiener Kabinett dringend und nachdrücklich zur Erwägung geben, die Vermittelung zu den angebotenen Bedingungen anzunehmen. Die Verantwortung für die sonst eintretenden Folgen wäre für Österreich-Ungarn und uns eine ungemein schwere.“ [2]

---

[1] Vgl. oben S. 118.

[2] Die fragliche Depesche ist vom Reichskanzler erst am 9. November 1916 im Hauptausschuß des Reichstags bekanntgegeben, beweist aber, wie aufrichtig seine Mitteilung an den englischen Botschafter vom 31. Juli (Blaubuch Nr. 108), er hätte in Wien sein Bestes getan, vielleicht sogar

Leider erlangt der Reichskanzler auch jetzt noch keine Zusage, aber bekommt wenigstens die Antwort, daß der Minister des Äußern darüber am 31. früh die Wünsche des Kaisers Franz Joseph einholen wolle.[1] Zum andern hat sich die deutsche Regierung fortgesetzt bemüht, in Wien für eine Wiederaufnahme direkter Verhandlungen zwischen Österreich-Ungarn und Rußland zu wirken.

Und dieses Bemühen ist schon am 30. in Wien erfolgreich gewesen.[2] Es hat an diesem Tage in Wien eine Unterredung zwischen dem Minister des Äußern Grafen Berchtold und dem russischen Botschafter Schebeko stattgefunden und es ist auch der österreichisch-ungarische Botschafter in Petersburg von Wien aus angewiesen worden, mit dem russischen Minister des Äußern dort wieder in Verhandlungen einzutreten.[3] Die Berichte über diese Verhandlungen zwischen Wien und

---

mehr, als am Ballplatz erwünscht". Wahrscheinlich ist diese energische Depesche erst am Abend des 30. von Berlin nach Wien gesandt worden; denn wie der Reichskanzler am folgenden Tage Goschen mitteilt, hat er am Abend des 30. Juli Österreich-Ungarn gebeten, auf Greys letzten Vorschlag eine Antwort zu geben.

[1] Mitteilungen des Reichskanzlers an Goschen, siehe dessen Depesche an Grey vom 31. Juli, Blaubuch Nr. 112, S. 91. Der in der Arbeit unermüdliche alte Kaiser von Österreich pflegte um $^1/_2$4 Uhr aufzustehen, aber auch sehr früh schlafen zu gehen. Man kann deshalb verstehen, daß mit Rücksicht auf sein Ruhebedürfnis seine Entscheidung erst am andern Morgen eingeholt wird. Aber da die ursprüngliche Anfrage schon in der Nacht vom 29. auf den 30. nach Wien weitergegeben ist, so war immerhin hier ein höchst bedauerlicher Zeitverlust entstanden, der sich wohl nur aus einem Widerstand in der Sache selbst erklären läßt.

[2] Mitteilung des deutschen Botschafters in London an Grey, siehe dessen Depesche an Buchanan nach Petersburg vom 31. Juli, im Blaubuch Nr. 110, S. 89.

[3] Depeschen des Grafen Berchtold an den Grafen Szápáry nach Petersburg vom 31. Juli, im Rotbuch Nr. 49 und 50, S. 130ff. Beachte auch den Bericht des französischen Botschafters Dumaine aus Wien vom 30. Juli, Gelbbuch Nr. 104.

Petersburg, die unter Umständen noch in letzter Stunde einen friedlichen Ausgleich hätten schaffen können, weichen freilich in ihrem Inhalte voneinander ab, wobei es sehr seltsam ist, daß in dem russischen Parlamentsbuch ein Bericht über diese auf deutsches Betreiben von Österreich-Ungarn gegenüber Rußland versuchte Annäherung, die dicht vor der allgemeinen russischen Mobilmachung geschah, überhaupt nicht zu finden ist. Wäre der Bericht des französischen Botschafters richtig, so hätte am 30. Juli der Graf Berchtold dem russischen Botschafter in Wien die weitestgehenden Zugeständnisse gemacht. Nach dessen Angaben ist nämlich zwischen beiden verabredet worden, der österreichische Botschafter in Petersburg solle zwar nicht bevollmächtigt werden, bei seinen Unterhandlungen mit dem dortigen Minister des Auswärtigen die Sätze des Ultimatums abzuändern, aber er solle doch in Petersburg diskutieren, welche Abänderungen mit deren Würde und deren Prestige vereinbar wären. Demnach hätten die Verhandlungen zwar einen präparatorischen Charakter gehabt, sich aber doch auf materielle Änderungen des Ultimatums bezogen, und es wäre durch diese Beratungen dasjenige geleistet worden, was Grey schon nach seinem ersten Vorschlag der Viererkonferenz zugedacht hatte.[1] Der französische Botschafter berichtet deshalb auch, daß der englische Gesandte in Wien sofort das Einverständnis des Foreign Office in London mit solchem Verfahren bekundet hätte. Der russische Gesandte hätte versichert, daß seine Regierung in weit höherem Maße als man annehme, den Bedürfnissen der österreichischen Monarchie Rechnung tragen wolle, und die Unterhaltung sei in einem freundschaftlichen Tone geführt. Wenn die Dinge sich wirklich so abgespielt hätten, so wäre

[1] Darauf wird von dem französischen Botschafter Dumaine ausdrücklich hingewiesen.

eigentlich schon ein günstiger Ausgang solcher Verhandlungen gesichert gewesen. Indessen ergibt eine Nachprüfung des Vorgangs an der Hand der österreichischen Quellen, daß materiell das Einverständnis zwischen Österreich-Ungarn und Rußland längst noch nicht so weit fortgeschritten war. In seiner Anweisung an seinen Botschafter in Petersburg vom 30. Juli[1] teilt der Graf Berchtold diesem mit, daß er bezüglich der Note Herrn Ssasanow die gewünschten Erläuterungen geben solle; aber das geschieht einmal mit dem bedenklichen Zusatz, daß die Note durch den Kriegsausbruch überholt erscheine — was darauf deutet, daß Österreich-Ungarn jetzt gegen Serbien unter Umständen noch weitergehende Forderungen stellen wird — und zum zweiten wird ausdrücklich gesagt, die fraglichen Erläuterungen könnten sich nur im Rahmen nachträglicher Aufklärungen bewegen, da es niemals in der Absicht Österreich-Ungarns gelegen habe, sich von den Punkten seiner Note etwas abhandeln zu lassen. Offensichtlich ist dieses wirkliche Zugeständnis von Österreich-Ungarn etwas mager; um es nach etwas mehr aussehen zu lassen, wird dem hinzugefügt, daß der Botschafter ermächtigt sein soll, die speziellen Beziehungen zwischen Österreich-Ungarn und Rußland im allgemeinen freundschaftlich zu besprechen.[2]

Immerhin, durch die Wiederaufnahme der direkten Verhandlungen zwischen Österreich-Ungarn und Rußland war

---

[1] Rotbuch Nr. 50, S. 131.

[2] Daß nach dieser Note Berchtolds an Szápáry der französische Bericht über Berchtolds Verhandlungen mit Rußland korrigiert werden muß, ergibt sich aus anderen Quellen, so aus der Darstellung der betreffenden Verhandlungen, die der deutsche Botschafter dem englischen Minister in London gibt; vgl. darüber Greys Depesche an Buchanan vom 31. Juli, Blaubuch Nr. 110, S. 89, und den Bericht des Grafen Szápáry vom 1. August über den tatsächlichen Verlauf seiner Gespräche mit Ssasanow in Petersburg vom 1. August, im Rotbuch Nr. 56, S. 135.

wenigstens etwas erreicht, und nicht ohne Grund spricht Grey auf die Kunde davon seine „große Genugtuung" mit der Hoffnung aus, daß der Minister des Äußeren diese Verhandlungen möglichst fördern möge[1]. Solange ein unmittelbarer Meinungsaustausch zwischen den beiden wegen Serbien in Konflikt geratenen Großmächten stattfindet, ist wenigstens doch ein wenig Hoffnung auf die Erhaltung des Weltfriedens. Es kommt hinzu, daß sich die Unterhaltung des österreichischen Staatsmannes mit dem russischen Botschafter in Wien vom 30. Juli offenbar in sehr angenehmer Form bewegt hat und daß der leitende Minister Graf Berchtold noch einmal feierlich erklärt hat, daß man keine Eroberungspolitik in Serbien treiben, dessen Souveränität auch nicht antasten, sondern nur einen Zustand schaffen wolle, der Sicherheiten böte gegen künftige Beunruhigungen Serbiens. Auch über die Mobilmachungen hat man sich offen ausgesprochen. Rußland hat versichert, damit solle nur „die Absicht sowie das Recht des Zaren gekennzeichnet werden, seine Stimme bei der Regelung der serbischen Frage zur Geltung zu bringen" und die österreichischen Mobilmachungsmaßnahmen sollen natürlich auch keine aggressive Bedeutung haben und bezwecken lediglich, „die Situation auf demselben Fuß zu halten". Beide Seiten wollen Sorge tragen, daß ihre Maßnahmen nicht als Zeichen der Feindseligkeit aufgefaßt werden und die österreichische Regierung unterdrückt sogar zu diesem Zwecke in der Wiener Presse die Nachrichten über die teilweise Mobilmachung Rußlands. Alles das berichtet wenigstens der französische Botschafter von Wien an den Ministerpräsidenten Viviani.[2]

[1] Depesche von Grey an Buchanan vom 31. Juli, Blaubuch Nr. 110, S. 89.

[2] Dieser Bericht ist freilich mit einer gewissen Vorsicht aufzunehmen, weil er, wie oben dargelegt, in bezug auf das Maß der Zugeständnisse, die Österreich-Ungarn machen wollte, unrichtige Mit-

Trotz dieser verheißungsvollen Ansätze sollte der folgende Tag, der 31. Juli, die katastrophale Wendung bringen. Als der englische Botschafter zum deutschen Reichskanzler kommt, klagt ihm dieser, er wisse jetzt sicher, daß Rußland auch militärische Vorbereitungen gegen Deutschland richte, gegen die sich Deutschland nicht untätig verhalten könne. Die Nachrichten über militärische Vorbereitungen an der russisch-deutschen Grenze seien gerade eingetroffen, als der Kaiser im Begriff gestanden, entsprechend dem Ansuchen des Zaren in Wien zu vermitteln, jetzt müsse er zu einer Audienz beim Kaiser gehen, weil möglicherweise die Reichsregierung schon heute einen ernsten Schritt unternehmen werde.[1] Die verheerende Wirkung jener Nachrichten über Rußlands militärische Vorbereitungen gegen Deutschland zeigt sich dann darin, daß bei einer weiteren Audienz des englischen Botschafters[2] der Reichskanzler mit dieser bedrohlichen Kunde aus dem Osten so beschäftigt ist, daß er gar nicht auf die Darlegungen des Botschafters eingehen kann, sondern sich eine Abschrift der betreffenden Note ausbittet. Bei dieser am Vormittag des 31. Juli in Berlin überreichten Note von Sir Edward Grey handelt es sich um ein Dokument, das weit über die Entstehungsgeschichte des gegenwärtigen Krieges hinaus in der Geschichte der Diplomatie einen dauernden höchst ehrenvollen Platz haben wird.[3]

---

teilungen enthält, vielleicht um durch die am Schluß des Berichtes enthaltene irrtümliche Nachricht von der deutschen Mobilmachung Deutschland als den Störer des beinahe gesicherten Friedens hinstellen zu können.

[1] Depesche von Goschen an Grey vom 31. Juli, im Blaubuch Nr. 108, S. 88.

[2] Siehe über diese Audienz die Depesche von Goschen an Grey vom 31. Juli, im Blaubuch Nr. 109, S. 89.

[3] Die Note ist enthalten in der Depesche von Grey an Goschen vom 30. Juli, Blaubuch Nr. 101, S. 81.

Nachdem Grey in dieser Note zunächst die früher erwähnte Anfrage des Reichskanzlers, ob England mit dem deutschen Reich ein Neutralitätsabkommen schließen wolle, abgelehnt hat, um sich freie Hand für einen etwaigen Krieg vorzubehalten, betont er, daß der beste Weg, um die guten Beziehungen zwischen Großbritannien und Deutschland aufrecht zu erhalten, die weitere gemeinsame Arbeit zur Bewahrung des europäischen Friedens sei. Dann fährt die Note fort:

„Ich will dann noch das Folgende beifügen. Sollte der Frieden gewahrt und die gegenwärtige Krise überstanden worden sein, dann werde ich es mir angelegen sein lassen, ein unter Teilnahme Deutschlands getroffenes Übereinkommen zu fördern, welches ihm die Sicherheit gewähren würde, daß Frankreich, Rußland und wir selbst — einzeln oder zusammen — weder gegen das Reich noch seine Verbündeten eine feindliche Politik verfolgten. Das war bisher mein Wunsch, den ich, so viel in meinen Kräften lag, während der letzten Balkankrise zur praktischen Ausführung brachte, und da Deutschland von demselben Wunsche beseelt ist, verbesserten sich unsere Beziehungen zu Deutschland. Die Idee war bis jetzt eine zu utopische, um den Gegenstand bestimmter Vorschläge zu bilden, aber wenn die jetzige Krise — die schwerste, welche Europa seit vielen Menschenaltern durchzumachen hat — überstanden sein wird, hoffe ich, daß die darauf folgende Erleichterung und der daraus entstehende Rückschlag eine innigere Verständigung zwischen den Mächten als bisher ermöglichen werde.“

Es ist eine reizvolle Aufgabe für den Historiker, den tieferen Gründen nachzugehen, weshalb Grey an diesem entscheidenden Tage mitten zwischen den Verhandlungen über eine konkrete Angelegenheit der höheren Politik, die Europa an den äußersten Rand des Abgrundes des Weltkrieges geführt hat, einen Vorschlag in die Debatte wirft, der, so unbestimmt er ist, doch einen radikal pazifistischen Charakter trägt.[1] Deutschland soll durch ein internationales Abkommen eine Sicherheit erhalten, daß die Entente nicht gegen das Reich und seine Bundesgenossen eine feindliche Politik führt. Das ist doch nur so denkbar, daß die großen Bündnissysteme Europas miteinander verschmolzen und sozusagen ein europäischer Staatenbund aufgerichtet wird, in dessen Schoße die internationalen Angelegenheiten nach Möglichkeit im internationalen Geiste erledigt werden, nach dem Gesetz, das in ihnen selbst durch die Natur der Dinge enthalten und nicht nach dem Gesichtspunkt des Sondervorteils, den die eine oder die andere Bündnisgruppe glaubt für sich bei dieser Gelegenheit herausschlagen zu können. Ähnlich wie Ssasanow in seiner ersten Unterredung mit dem englischen Botschafter Buchanan[2] berührt jetzt auch Grey aus Anlaß des Konfliktes zwischen Österreich-Ungarn und Serbien die „europäische Frage". Aber während Ssasanow vom ersten Tage an damit rechnete, daß die europäische Frage durch einen Weltkrieg gelöst werden müsse und während er sich diese Lösung offenbar so denkt, daß die Entente ihre militärische Überlegenheit erweist, will Grey diesen europäischen Krieg vermeiden durch ein Programm des organisatorischen Pazifismus.

Und indem Grey verspricht, das Seinige zu tun, um die hohe Politik Europas für die Zukunft auf eine ganz neue Plattform zu stellen, will er gleichzeitig den Boden bereiten für eine friedliche Lösung des gegenwärtigen konkreten Konfliktes. Auch das ist ein echt staatsmännischer Gedanke. Grey weiß aber offenbar auch sehr wohl, in welchem Maße

---

[1] Aus diesem Grunde haben wir ihn oben im Anschluß an das angebliche Projekt Heinrichs IV. von Navarra Greys „grand dessin" genannt.

[2] Depesche Buchanans an Grey aus Petersburg vom 24. Juli, im Blaubuch Nr. 6, S. 11.

man in Berlin unter dieser politischen Konstellation der zwei Bündnissysteme gelitten hat[1], nicht nur weil dieses Gegeneinander statt eines Miteinander die Lösung jeder Frage der auswärtigen Politik wesentlich erschweren mußte, sondern weil schon die Lockerung des Dreibundes durch den sich vorbereitenden Abfall Italiens bewirkte, daß das Deutsche Reich immer auf der diplomatisch schwächeren Seite war und im Rate der Völker deshalb nicht die Stimme führen konnte, die ihm nach seinen militärischen, wirtschaftlichen und kulturellen Kräften zukommen mußte.[2] Grey kennt also die Beschwerden, die man in Deutschland gegen die sogenannte „Einkreisungspolitik" auf dem Herzen hat, und deshalb will er sie für die Zukunft aus dem Wege räumen. Offenbar fürchtet er, diese unzweifelhaft für Deutschland höchst unbefriedigende politische Gesamtlage Europas könnte von verhängnisvollem Einfluß sein auf die Haltung in dem momentanen konkreten Konflikte, sei es nun, daß Deutschland zum Schwerte greifen

---

[1] Interessant ist in dieser Beziehung ein Gespräch, das Cambon als französischer Botschafter in Berlin am 6. Mai 1913 mit dem deutschen Staatssekretär v. Jagow gehabt hat. Es bezieht sich auf die Tätigkeit der Londoner Botschafterkonferenz und die Krisis während des Balkankrieges. v. Jagow äußert sich darüber: „Es scheint, daß wir in einem bergigen Lande marschieren. Kaum haben wir einen steilen Hügel überschritten, sehen wir schon andere Höhen sich vor uns erheben." Siehe den Bericht von Cambon vom 6. Mai 1913 an den Minister Pichon im Gelbbuch Nr. 3. In anderem Zusammenhang ist schon ein Gespräch zwischen denselben Personen vom 27. Juli 1914 erwähnt, wo Cambon gegenüber dem Staatssekretär v. Jagow betont, wie oft er früher sein Bedauern ihm gegenüber ausgedrückt habe, die beiden Bündnisgruppen in Europa immer gegeneinander zu sehen. Vgl. Nr. 74 des Gelbbuchs, enthaltend eine Depesche von Cambon nach Paris vom 27. Juli.

[2] Wie diese Politik der Entente gegenüber Deutschland auch von neutraler Seite beurteilt worden ist, dafür muß an dieser Stelle nochmals auf die vom deutschen Auswärtigen Amte publizierten belgischen Aktenstücke 1905—1914, Berlin, Mittler & Sohn, hingewiesen werden.

könnte, weil das Eintreten der Entente für Serbien den Becher des Mißtrauens vor militärischen Plänen der Entente gegen die Zentralmächte zum Überlaufen bringt, sei es, daß Deutschland, nach dieser letzten Erfahrung auf diplomatischem Gebiete, auf den Ausweg verfallen sollte, den Knoten mit dem Schwerte durchzuhauen und durch große militärische Erfolge eine Umwälzung in den politischen Verhältnissen Europas herbeizuführen. Nach beiden Richtungen hin soll die Zusicherung Greys Deutschland Vertrauen geben, daß es vor jedem Überfall und jeder Vergewaltigung auf diplomatischem Gebiete für die Zukunft geschützt sein soll. Niemals würde Grey aber mit diesem Entschluß hervorgetreten sein, wenn ihm selbst nicht gerade diese Krise die Gefahren des bisherigen europäischen Systems mit besonderer Klarheit vor Augen geführt hätte.

§ 5. Die russische allgemeine Mobilmachung.

Wir brauchen hier nicht zu untersuchen, ob für die Anregung von Grey damals in Berlin im allgemeinen der richtige Boden gegeben war; denn der Fortgang der konkreten Ereignisse nimmt den deutschen Instanzen die Möglichkeit, jene theoretische Anregung zu einem neuen völkerrechtlichen System in Europa gründlich durchzudenken. Hat der Reichskanzler schon am Morgen des 31. gegenüber dem englischen Botschafter mit großer Sorge von den beunruhigenden Nachrichten über militärische Maßnahmen Rußlands an der Grenze gesprochen, so erfährt die Berliner Regierung um Mittag, daß Rußland in der Frühe den Befehl zur Mobilmachung seiner gesamten Armee ausgegeben hat.[1] Diese Nachricht brachte für

[1] In Wirklichkeit ist der Befehl wohl schon am 30. Juli vor Mitternacht erlassen. Nach der Times vom 1. August drahtet deren Korrespondent am 31. Juli aus Petersburg: „Die Regierung hat gestern abend

alle Verhandlungen eine katastrophale Wendung; denn von diesem Augenblick an lassen in Berlin die entscheidenden Instanzen die Hoffnung darauf fahren, daß in irgendwelchen diplomatischen Formen der Konflikt noch friedlich beigelegt werden könnte.[1] Was die Gründe anbetrifft, die Rußland zu dieser offensichtlich schon seit mehreren Tagen vorbereiteten Maßregel veranlaßt haben, so geben die Parlamentsbücher darüber keine befriedigende Auskunft. Das russische Orangebuch führt drei Tatsachen an.[2] Einmal den nicht zu bestreitenden Vorgang, daß der letzte von Rußland selbst ausgehende Vermittelungsvorschlag, Österreich-Ungarn solle den europäischen Charakter seines Konfliktes mit Serbien anerkennen und die mit der serbischen Souveränität unvereinbaren Forderungen aus seinem Ultimatum streichen, in Berlin als unannehmbar für die Donaumonarchie bezeichnet worden ist.[3] Sodann die Nachricht, daß Österreich-Ungarn selbst schon die allgemeine Mobilmachung angeordnet habe. Aber diese Mitteilung des Orangebuchs ist falsch und in sich nicht schlüssig. Österreich-Ungarn hatte nur das einzige Interesse, seinen Konflikt mit Serbien zu lokalisieren und konnte unmöglich auf den Gedanken verfallen, gleichzeitig einen Angriffskrieg gegen Rußland zu führen. Es hatte sich deshalb auch zunächst darauf beschränkt, gegen die 400000 Serben acht österreichische

---

spät (late last night) die allgemeine Mobilisierung beschlossen." Am 11. September 1914 schreibt Stephan Graham in der Times, daß er am 31. Juli in Sibirien in einem Kosakendorf an der mongolischen Grenze gewesen sei und das erste Telegramm mit der Ordre zur Mobilmachung dort schon um 4 Uhr morgens durchkam.

[1] Siehe das Gespräch des Reichskanzlers mit dem englischen Botschafter Goschen in dessen Depesche an Grey, Blaubuch Nr. 112, S. 91.

[2] Orangebuch Nr. 77, enthaltend die Note des Ministeriums des Auswärtigen über die Vorgänge der letzten Tage.

[3] Vgl. oben S. 117.

Armeekorps zu mobilisieren.[1] Rußland hatte, wie wir wissen, schon am 28. amtlich in Berlin mitgeteilt, daß es im Falle des Kriegsbeginns gegen Serbien eine Teilmobilisation anordnen werde, was mittlerweile geschehen war. Österreich-Ungarn hatte unter diesem Druck militärische Maßnahmen in Galizien angeordnet, die der Natur der Dinge nach nur einen rein defensiven Charakter haben konnten[2]; in dem Telegramm des englischen Botschafters aus Petersburg an Grey vom 31. Juli wird auch die russische allgemeine Mobilmachung gemeldet, ohne daß die Behauptung aufgestellt wird, daß sie die Antwort auf eine Generalmobilisierung in Österreich-Ungarn sei[3]; vielmehr teilt der englische Botschafter in Wien erst am folgenden Tage, dem 1. August, aus Wien die allgemeine Mobilmachung mit.[4] Aber auch wenn das spätere Datum der österreichisch-unga-

---

[1] Vgl. die Depesche von Grey an Buchanan im Blaubuch Nr. 110, S. 90. Daß gegen Rußland nicht ein Mann mobilisiert war, ergab sich daraus, daß die Bezirke I., X. und XI. Korps in der Mobilmachung nicht mit einbegriffen waren, worauf noch am 30. Juli der Graf Berchtold den russischen Botschafter in Wien hingewiesen hat; siehe dessen Depesche an den Grafen Szápáry vom 30. Juli, Rotbuch Nr. 50.

[2] Darauf war in der in der vorigen Note erwähnten Unterredung ausdrücklich hingewiesen.

[3] Depesche von Buchanan an Grey vom 31. Juli, Blaubuch Nr. 113, S. 92.

[4] Depesche des Botschafters Bunsen an Grey vom 1. August, Blaubuch Nr. 127, S. 162. Allerdings könnte hier ein Irrtum vorliegen. Denn nach der Mitteilung des französischen Botschafters Dumaine aus Wien (Gelbbuch Nr. 115) ist dort die allgemeine Mobilmachung am 31. Juli in früher Morgenstunde verfügt worden. Auch dann wird sie die Antwort auf die russische Gesamtmobilisierung gewesen sein, die, wie S. 145, Note 1, gesagt ist, in Sibirien schon um 4 Uhr morgens bekannt war. Es kommt auch in Betracht, daß die auswärtigen Gesandtschaften und die Preßkorrespondenten in Petersburg schon den ganzen Tag des 30. wußten, daß Rußland an diesem Abend mobilisieren werde; vgl. das oben genannte Werk von Price: The Diplomatic History of the War, S. 171, so daß die fragliche Tatsache auch in Wien schon in der Nacht vom 30. auf den 31. bekannt gewesen sein wird.

rischen Mobilmachung nicht unanfechtbar historisch feststände, wie kommt es, daß, während man früher gegen Österreich-Ungarn eine Teilmobilisation für ausreichend erachtet hat, nunmehr mit einem Male eine Gesamtmobilisation angeordnet wird? Offenbar ist das eine Maßregel, die sich auch gegen Deutschland richtet. Richtig dagegen ist die dritte Tatsache, die das Orangebuch zur Rechtfertigung der russischen Maßregel anführt, daß die Österreicher ihr Unternehmen gegen Serbien fortsetzten; aber auch sie ist nicht schlüssig. Denn wenn bisher die Teilmobilisierung für ausreichend angesehen wurde, um Rußlands Balkaninteressen zu wahren, warum bedarf es denn jetzt einer Mobilmachung des gesamten Heeres und der gesamten Flotte? Ebensowenig vermag uns der erwähnte Bericht des englischen Botschafters aus Petersburg über die wahren Gründe der russischen Gesamtmobilisation aufzuklären.[1] Er spricht zunächst von einem Bericht des russischen Botschafters aus Wien, der besage, daß Österreich-Ungarn entschlossen sei, der Vermittelung der Mächte nicht Folge zu leisten und daß es seine Truppen sowohl gegen Rußland als auch gegen Serbien vorrücken lasse. Auffallenderweise ist aber ein solcher Bericht in dem russischen Parlamentsbuch nicht enthalten. Wenn mit dem „Vorrücken der Truppen gegen Rußland", das in diesem angeblichen Bericht gemeldet sein soll, auf aggressive Absichten Österreich-Ungarns gegen Rußland hingedeutet werden soll, so ist das völlig sinnlos. Denn die Donaumonarchie hatte, wie immer wieder gesagt werden muß, nur die eine Tendenz, ihren Krieg zu lokalisieren. Daß die Behauptung, Wien wolle Petersburg angreifen, von dem russischen Vertreter in Österreich-Ungarn wohl kaum jemals erhoben ist, ergibt sich auch aus seiner im Orangebuch mitgeteilten Depesche vom 31., die dort erst nach der

[1] Blaubuch Nr. 113, S. 92.

in der Frühe geschehenen Mobilmachung eingelaufen ist.[1] Weiter begründet der englische Botschafter die russische Mobilmachung mit den Worten: „Rußland glaubt auch annehmen zu dürfen, daß Deutschland militärische Vorbereitungen betreibe, und die Regierung des Zaren dürfe sich in dieser Beziehung nicht zuvorkommen lassen." In Wahrheit war ja aber Deutschland mit Österreich-Ungarn einig in der Tendenz zur Lokalisierung des Konflikts und bestand keine Tendenz zu einem Angriffskrieg gegen Rußland. Wenn für den Fall, daß die Lokalisierung nicht gelingen und der Weltkrieg demnach entbrennen sollte, auch in Deutschland schon militärische Vorbereitungen getroffen wurden, so handelte es sich dabei doch nur um Urlaubsabkürzung der Offiziere, Heimbeorderung der Truppen aus dem Mannöver usw.[2], kurz um Maßregeln, die sich auf das stehende Heer bezogen und keinerlei Art von Mobilmachung darstellten.

Die Anführung so widersprechender und so unrichtiger Gründe für die Gesamtmobilisation in Rußland beweist, daß man seine wahren Entschlüsse weder vor dem eigenen Volke noch vor den Bundesgenossen klarstellen will. Am auffallendsten tritt das in dem französischen Parlamentsbuch zutage. In Frankreich ist es bekanntlich gelungen, wie zunächst der Manchester Guardian festgestellt hat, die russische Mobil-

[1] Diese Depesche (Orangebuch Nr. 66) lautet: „Ungeachtet der allgemeinen Mobilmachung setze ich den Gedankenaustausch mit dem Grafen Berchtold und seinen Mitarbeitern fort. Sie alle bestehen darauf, daß Österreich-Ungarn keinerlei aggressive Absichten Rußland gegenüber und keinerlei Eroberungsbestrebungen Serbien gegenüber habe. Alle bestehen aber zugleich auf der Notwendigkeit, daß Österreich das begonnene Werk zu Ende führe und Serbien eine ernste Lektion erteile, die eine gewisse Garantie für die Zukunft bieten könne.

[2] Siehe darüber das Gespräch des deutschen Staatssekretärs mit dem russischen Botschafter vom 31. Juli nach des letzteren Depesche im Orangebuch Nr. 68.

machung so lange zu verheimlichen, bis zunächst die deutschen Gegenmaßregeln bekannt geworden waren, um dann die Mobilmachung Rußlands als Antwort auf die deutsche Bedrohung erscheinen zu lassen. Dieselbe Tendenz zeigt sich im Gelbbuch. Zunächst wird hier eine Depesche des Berliner Botschafters Cambon mitgeteilt, wonach Deutschland den Zustand der Kriegsgefahr proklamiert und die Demobilisation in Rußland verlangt habe.[1] Dann eine Depesche des französischen Ministerpräsidenten an den Botschafter in Petersburg[2], nach der abends um 7 Uhr dem Ministerpräsidenten noch nichts von der Gesamtmobilisation in Rußland bekannt war, und endlich ein Telegramm aus Petersburg, das die Mobilmachung meldet.[3] Als Begründung wird zunächst angeführt die allgemeine Mobilmachung Österreichs, von der wir mit Sicherheit sagen können, daß sie erst als eine Gegenmaßregel verfügt ist.[4] Dann wird gesprochen von den deutscherseits seit sechs Tagen geheim, aber ununterbrochen getroffenen Mobilmachungsmaßregeln. Rußland habe sich nicht ohne schwerste Gefahr weiter zuvorkommen lassen können; in Wahrheit treffe es nur diejenigen militärischen Maßnahmen, die denen entsprächen, die Deutschland schon getroffen habe; aus ge-

---

[1] Gelbbuch Nr. 116.

[2] Ebendort Nr. 117. Damit korrespondiert die Tatsache, daß um dieselbe Zeit, nach 7 Uhr abends, auch der englische Botschafter Bertie an Grey nach London berichtet, der russische Botschafter in Paris habe ihm gesagt, von einer allgemeinen Mobilisation Rußlands wisse er nichts. Blaubuch Nr. 117.

[3] Depesche von Paléologue im Gelbbuch Nr. 118.

[4] Der Friedenswille von Österreich-Ungarn gegenüber Rußland folgt doch auch mit zwingender Logik aus der schon oben mitgeteilten Tatsache, daß nach einer Depesche des französischen Botschafters in Wien vom 30. Juli (Gelbbuch S. 104), also einer unanfechtbaren Quelle, die russische Teilmobilisation an Österreichs Grenzen von der Regierung in Wien in der Presse unterdrückt wird, um die Besserung der diplomatischen Situation nicht durch Volkserregung zu gefährden.

bieterischen strategischen Gründen habe Rußland, da es wußte, daß Deutschland sich bewaffnete, nicht mit der Umwandlung seiner teilweisen in die allgemeine Mobilmachung warten können. Es ist aber schon gesagt, wie unzureichend diese Begründung mit den militärischen Vorbereitungen Deutschlands ist.

Das ganze Verhalten beweist, daß man sich der ungeheuren Tragweite der russischen Gesamtmobilisation wohl bewußt war und deshalb die Verantwortung für diese Maßregel möglichst abzuschwächen suchte. Diese ungeheure Tragweite lag darin, daß man, kurz gesagt, eine diplomatische Situation in eine militärische verwandelte und damit die gerade wieder aussichtsvoller gewordenen Vermittelungsaktionen zum Scheitern brachte.

Solcher Vermittelungsaktionen gab es im Moment der russischen Gesamtmobilisation nicht weniger wie drei, von denen nach menschlicher Wahrscheinlichkeit bei einigermaßen gutem Willen der Beteiligten schließlich doch noch eine hätte zum Ziele führen und Europa die furchtbarste Katastrophe der ganzen Weltgeschichte hätte ersparen müssen. Die erste war die englische, bestehend in dem früher erwähnten präzisen Vorschlag Greys, daß Österreich-Ungarn sich mit der pfandweisen Besetzung von Belgrad und dem benachbarten Gebiet begnügen und daß dann die unbeteiligten Mächte zwischen ihm und Serbien vermitteln sollten. Dieser Vorschlag war, wie oben dargelegt, von Berlin in Wien unterstützt und von dem englischen Minister Rußland und Frankreich empfohlen.[1] Für den Fall seiner Annahme sollten die anderen Mächte, also auch Rußland, ihre militärischen Vorbereitungen einstellen. Eine österreichische Antwort lag im Moment der Gesamtmobilisation noch nicht vor, war aber, wie wir wissen, an

[1] Vgl. oben S. 115.

dem 31. zu erwarten. Wie sie ausfallen würde, konnte man mit absoluter Sicherheit in Petersburg nicht wissen. Aber man war dort von England her darüber informiert, daß von Berlin aus in Wien eingewirkt wurde, um die dortige Regierung zur Annahme des Vorschlags von Grey zu bestimmen. Hätte es da nicht nahegelegen, erst den Erfolg dieser letzten Aktion von Grey abzuwarten, statt in dem Moment eine militärische Situation zu schaffen, wo nicht mehr der Krieg, sondern der Friede drohte? Die furchtbare Tragik der Ereignisse liegt darin, daß die russische Gesamtmobilmachung gerade in dem Moment geschah, wo sich alles noch zum Guten zu wenden schien. Denn deutscherseits scheint man schon in der Nacht vom 30. auf den 31. davon unterrichtet gewesen zu sein, daß Österreich einlenken wollte. Wir haben darüber drei verschiedene Zeugnisse. Am 31. Juli teilt zunächst der deutsche Staatssekretär dem englischen Botschafter in Berlin mit, man habe noch gestern abend in Österreich-Ungarn gedrungen, die Verhandlungen fortzusetzen; dabei seien die diesbezüglichen telegraphischen und telephonischen Antworten aus Wien vielversprechend gewesen.[1] Weiter depeschiert Wilhelm II. am 31. Juli an König Georg, der Greys Formel empfohlen hatte: „Deine Vorschläge decken sich mit meinen Ideen und mit den Mitteilungen, die ich heute nacht von Wien erhielt und die ich nach London weitergegeben habe ...“.[2] Und drittens hat der deutsche Botschafter in Petersburg erzählt, er sei am Morgen des 31. in froher Stimmung gewesen, daß durch die Nachgiebigkeit Österreichs die Kriegsgefahr vorüber, als ihm zwischen 8 und 9 Uhr beim Ankleiden der deutsche Militärbevollmächtigte gemeldet, daß die russische Totalmobilmachung an allen Straßenecken

---

[1] Depesche von Goschen an Grey, Blaubuch Nr. 121.
[2] Neuausgabe des Weißbuchs, Abschnitt D, III.

angeschlagen sei.[1] Daß Österreich-Ungarn tatsächlich unter dem Berliner Druck zu einem gewissen Entgegenkommen in der Frage der englischen Vermittelung bereit war, beweist ein trotz Kenntnis der russischen Gesamtmobilmachung von Wien am 31. Juli abgesandtes Telegramm des Grafen Berchtold, das an die Botschafter in London und Petersburg gerichtet war, und mitteilt, daß man bereit sei, den Vorschlag Greys einer Vermittelung zwischen der Donaumonarchie und Serbien näher zu treten, vorausgesetzt, daß die militärische Aktion gegen Serbien einstweilen ihren Fortgang nähme und daß Rußland seine Mobilisierung zum Stillstand bringe. Hier ist also die englische Vermittelungsaktion schon angenommen und es fehlt zur vollen Erfüllung von Greys Formel nur die ausdrückliche Zusage, die militärische Aktion auf die Besetzung von Belgrad und Umgebung zu bechränken.[2] Grey selbst hat darin keinen Mangel erblickt.[3]

Dann war, wie früher dargelegt, am Tage vor der russischen Gesamtmobilisation auf Betreiben von Berlin auch der direkte Meinungsaustausch zwischen Österreich-Ungarn und Rußland wieder in Gang gekommen, und Österreich hatte sich bereit erklärt, was früher strikt verweigert war, seine Note an Serbien mit Rußland in dem Sinne zu diskutieren, daß es in bezug auf die streitigen Punkte, die Serbiens Souveränität in Rußlands Augen gefährdete, Interpretationen geben wolle. Endlich hatte Kaiser Wilhelm II. persönlich auf Veranlassung des Zaren die Vermittelung zwischen Rußland und Österreich in

---

[1] Ergänzung von Professor Hans Delbrück zu dem sehr wertvollen Aufsatz von Glaukos: „Die neue Diskussion der Schuldfrage“ in den Preuß. Jahrbüchern, Bd. 166, Heft 11, S. 328ff.

[2] Rotbuch Nr. 51, S. 133.

[3] Das beweist seine Depesche vom folgenden Tage an den englischen Botschafter in Petersburg, worin er die Annahme seines Vorschlages meldet; vgl. Blaubuch Nr. 135.

die Hand genommen und sich in seinen redlichen Absichten, damit den Frieden unter den Großmächten zu bewahren, selbst dadurch nicht erschüttern lassen, daß Rußland schon eine Teilmobilisierung gegen das ihm verbündete Österreich-Ungarn angeordnet hat. In seinem früher mitgeteilten Telegramme vom vorhergehenden Tage, dem 30. Juli, hatte Kaiser Wilhelm II. den Zaren darauf aufmerksam gemacht, wie sehr seine Vermittelung durch die Teilmobilisation erschwert werde, die Antwort darauf besteht scheinbar in der allgemeinen Mobilmachung, die sich fraglos auch gegen Deutschland richtet!

Man gewinnt beinahe den Eindruck, daß die Krisis jetzt in Petersburg planmäßig verschärft wird und daß man hier — weit entfernt, dem österreichisch-ungarischen Standpunkt das sachliche Zugeständnis zu machen, daß Österreich-Ungarn zunächst einmal seine militärische Aktion durchführt, damit dann die Mächte dafür sorgen, daß bei der Verwirklichung seiner Forderungen die serbische Souveränität Rußland zuliebe gewahrt bliebe —, überhaupt die Vermittelungsaktion abbrechen will.[1] Man zieht scheinbar einen Krieg gegen die Zentralmächte vor, der mit der serbischen Frage zugleich die europäische im Sinne von Ssasanows ersten Gespräch mit Buchanan entscheidet. Jedenfalls wußte man in Rußland genau, was man tat. Nicht nur, daß von deutscher Seite, wie früher dargelegt ist, immer wieder vor den gefährlichen Folgen der russischen Teilmobilisierung gewarnt war, der Zar selber hatte in seinem Telegramm vom 29. Juli an den Kaiser von dem auf ihn ausgeübten Druck zu Maßregeln gesprochen, „die zum Kriege führen werden", und der englische Gesandte Buchanan hatte

[1] Interessant ist die Tatsache, daß auch das englandfreundliche Buch von Stovell, einem Völkerrechtslehrer von der Columbia-Universität in Boston, The Diplomacy of the War of 1914, die Haltung Rußlands in den letzten drei Tagen vor Kriegsausbruch preisgibt; vgl. darüber die Angabe von Glaukos, a. a. O.

schon am 25. Juli den Minister des Auswärtigen in Petersburg gewarnt, daß für den Fall einer russischen Mobilmachung „Deutschland dazu keine Zeit lassen, sich aber selbst nicht mit der eigenen Mobilisation zufriedenstellen, sondern wahrscheinlich sogleich den Krieg erklären werde“.[1]

Ein interessantes Licht auf die Vorgeschichte der russischen Mobilmachung haben nachträglich die Aussagen des Suchomlinow-Prozesses geworfen.[2] Sie bestätigen uns zunächst, daß wir zwischen der russischen Teilmobilisation vom. 29. Juli und der in der Nacht vom 30. auf den 31. Juli verhängten Generalmobilisation scharf unterscheiden müssen.

Was die früher besprochene Teilmobilisation vom 29. Juli anbetrifft[3], so sagte der russische General Januschkiewitsch nach der Wiedergabe in der Nowoje Wremja vom 26. August darüber folgendes aus:

> „Am 29. Juli, als die Anordnung der Mobilmachung beschlossen, sie aber noch nicht erklärt war, beauftragte mich der Exzar, dem deutschen Botschafter, Grafen Pourtalès, zu sagen, daß die Erklärung der Mobilmachung durch Rußland kein feindseliger Akt gegenüber Deutschland sei, und er beauftragte mich, dem deutschen Botschafter die Versicherung abzugeben, daß Rußland die Absicht habe, freundschaftliche Beziehungen zu Deutschland aufrecht zu erhalten. Ich machte von diesem Auftrage eine Mitteilung an Ssasanow. Der Minister hatte eine sehr geringe Meinung von dem früheren deutschen Botschafter. Er sagte mir, daß Graf Pourtalès das in seiner Weise auslegen werde und riet,

---

[1] Denkwürdig ist auch das Wort, das aus der Feder des bekannten Militärschriftstellers, des Obersten Repington, am 31. Juli in der Times erschien: „Ist einmal die russische Mobilmachung erfolgt, so müßte ein Wunder geschehen, wenn nicht in kurzer Zeit ganz Europa in Flammen stände“.

[2] Siehe die Broschüre: „Suchomlinow, Die russische Mobilmachung im Lichte amtlicher Urkunden und der Enthüllungen des Prozesses“, Bern 1917 und „Die Enthüllungen des Prozesses Suchomlinow“. Olten 1917.

[3] Vgl. darüber oben S. 126 unten.

lieber mit dem deutschen Militärattaché Rücksprache zu nehmen, der in diesen Fragen mehr verstehe. Der Militärattaché erschien auf meine Einladung im Generalstab. Früher erschien er in Militäruniform pünktlich zur angegebenen Stunde und sprach nur russisch. An diesem Tage aber ließ er mich eine ganze Stunde warten, erschien in Zivil und sprach nur französisch. Ich wies darauf hin, daß Rußland gegenüber Deutschland keine aggressiven Ziele verfolge. Der Major antwortete, daß die Mobilmachung in Rußland leider bereits begonnen habe. Ich gab ihm die Versicherung, daß diese noch nicht in Angriff genommen sei. Da erklärte der Militärattaché mit außerordentlicher Sicherheit, daß er diesbezüglich genauere Nachrichten besitze. Ich gab ihm das Ehrenwort des Generalstabschefs, daß in jenem Moment, genau um 3 Uhr am 29. Juli, die Mobilmachung noch nicht erklärt sei. Ich erinnere mich dieses wichtigen Momentes in allen Details genau. Der Major glaubte mir nicht. Ich bot ihm an, es schriftlich zu geben, was er höflich ablehnte. Ich hielt mich für berechtigt, ihm eine solche Erklärung schriftlich abzugeben, weil eine Mobilmachung in diesem Moment tatsächlich noch nicht erfolgt war. Den Ukas über die Mobilmachung hatte ich noch in der Tasche."

Man wird immerhin sagen können, daß dieses Verhalten des russischen Generals, wenn es auch keinen Bruch des Ehrenworts im formellen Sinne bedeutet, doch diplomatischer war, als daß man es mit Treu und Glauben unter Ehrenmännern noch in Einklang bringen könnte. Aber wichtiger sind hier die Aussagen über die allgemeine Mobilmachung in Rußland.

Die oben ausgesprochene Meinung, daß der Befehl dazu am 30. Juli vor Mitternacht ergangen, wird durch die Aussagen des russischen Generalstabschefs Januschkiewitsch genau bestätigt. Über die Geschichte dieses Befehls erfahren wir folgendes:

„Alsdann wurde dieser Beschluß (einer Mobilmachung der vier südwestlichen Bezirke) geändert, und am 30. Juli nach meinem Bericht an den früheren Zaren unterschrieb derselbe einen Ukas an den Senat, betreffend eine allgemeine Mobilisation. Ich bestand auf der allgemeinen Mobilisation und rapportierte damals, daß es notwendig sei, nicht nur Österreich gegenüber unseren Standpunkt klarzulegen, sondern auch dem hinter seinem Rücken stehenden Deutschland. Es war uns wohl bewußt, daß Deutschland den Krieg wollte, daß es auf denselben nicht verzichten konnte, da es wußte, daß unser großes Militärprogramm im Jahre 1918 fertig sein würde und daß es die Zeit bis dahin ausnützen mußte. Aus Peterhof kam ich in die Sitzung des Ministerrates und las den Ukas des Monarchen über die Mobilisation vor.“[1]

An einer späteren Stelle seiner Aussage kommt derselbe Zeuge auf diese Dinge noch einmal mit den Worten zurück:

„Die Sache lag so, daß wir durch eine Teilmobilisation nur Österreich bedrohen konnten; wir entschlossen uns damals dazu, indem wir Serbien unter unseren Schutz nahmen. Wir wußten aber, wie ich bereits die Ehre hatte zu berichten, daß Deutschland der Verbündete Österreichs ist und daß die Mobilisation gegen Österreich auch die Mobilisation gegen Deutschland bedeutet. Außerdem wußten wir genau, daß Deutschland zum Kriege bereit sei, daß es diesen Krieg zu der damaligen Zeit sehnsüchtig erwartete, da unser großes Rüstungsprogramm noch nicht ausgeführt war (dasselbe sollte erst im Jahre 1917 fertig sein), da unsere Kriegsmacht nicht auf jener Höhe stand, auf welcher sie den Mitteln des Landes entsprechend stehen konnte. Wir wußten, daß der Krieg unvermeidlich sei, nicht nur mit Österreich, sondern auch mit Deutschland. Deshalb wäre eine Teilmobilisation nur gegen Österreich, die unsere Front gegen Deutschland offen gelassen hätte, unzweckmäßig gewesen. Das hätte ein Unglück hervorrufen können. Das ist selbst jedem Nichtmilitär verständlich.“

Wir haben hier die interessantesten Aufschlüsse über die Ideengänge, durch die der Friedenszar bestimmt worden ist, seine Genehmigung zur allgemeinen Mobilmachung zu erteilen. Schon im anderen Zusammenhang haben wir gesagt: „Es ist das seltsame Charakteristikum jeder Mobilmachung, daß sie immer nur zu Verteidigungszwecken erfolgt.“[2] So ist die Maßregel also auch dem Zaren abgerungen worden. Nachdem man sich einmal entschlossen hat, im Interesse Serbiens eine

---

[1] Nach dem Bericht der Russkoje Slowo vom 26. August. Beinahe wörtlich gleichbedeutend ist der Bericht der Nowoje Wremja vom gleichen Tage.

[2] Vgl. oben S. 133.

teilweise Mobilmachung gegen Österreich-Ungarn durchzuführen, erfordert angeblich die Sicherheit des eigenen Landes, daß man auch gegen Deutschland mobil macht. Denn Deutschland steht hinter Österreich, Deutschland will den Krieg und muß ihn wollen als einen notwendigen Präventivkrieg, da es weiß, daß 1917 oder 1918 Rußland seine Rüstung wesentlich verstärkt haben wird und Deutschland wird deshalb die Gelegenheit benutzen und schon auf Grund der Teilmobilmachung gegen Österreich-Ungarn Rußland in die Flanke fallen.

Es liegt kein Grund vor, zu bezweifeln, daß zunächst die äußeren Vorgänge sich so zugetragen haben, wie hier erzählt ist. Es erscheint sogar nicht einmal völlig ausgeschlossen, daß der russische Generalstabschef von den Gedanken tatsächlich geleitet gewesen ist, die er dem Zaren vorgetragen hat, so unsinnig man sie in Deutschland auch finden wird. Dies wäre dann ein interessanter Beweis für die spezifisch militärische Mentalität und den Wahnsinn des ganzen internationalen Systems des Wettrüstens vor dem Kriege. Die russischen Militärs wissen angeblich ganz genau, der Gegner will den Krieg. Denn sie versetzen sich in seine Seele und kommen so zu dem Schluß, daß er den Krieg wollen muß, um seinen Rüstungsvorsprung entsprechend auszunutzen. Und so empfehlen sie eine Defensivmaßregel, die dann den Dingen erst durch ihre Wirkungen die katastrophale Entwicklung gibt. Es ist auch möglich, daß im Unterbewußtsein dieser Instanzen der eigene Wille zum Kriege die entscheidende Rolle gespielt hat und daß man nur das eigene Gewissen und das Gefühl der sittlichen Verantwortung dadurch betäubt hat, daß man sich einredet, der Gegner will den Krieg und sich so selbst belügt. Und es ist endlich die dritte Möglichkeit gegeben, daß die Militärs ihre Argumente gegen besseres Wissen vorgebracht haben, um durch die Schilderung erlogener Gefahren eine Situation zu schaffen, die den Krieg zur Folge haben mußte. So werden die Dinge in Deutschland angesehen, wo man die russischen Militärs schlechterdings als bewußte Kriegsverschwörer beurteilt.[1]

Aber sei dem wie es sei, Tatsache bleibt, daß ein Herrscher von so ausgesprochener Friedensliebe wie Nikolaus II. durch halbwegs plausible Gründe hat bestimmt werden können, eine Maßregel zu ergreifen, die so verhängnisvoll wirkte, wie die

---

[1] In diesem Sinne hat sich der deutsche Reichskanzler v. Bethmann Hollweg in einem Interview vom 4. September gegenüber dem Direktor von Wolffs Telegraphischen Bureau ausgesprochen; vgl. Berliner Tageblatt vom 5. September Nr. 452. Hier sagt er: „Wer steckte hinter all diesen Leuten, die es doch wohl nicht allein aus sich selbst unternehmen konnten, die russische Großmacht und damit Europa und schließlich die ganze Welt in einen Krieg von niemals dagewesener Furchtbarkeit hineinzutreiben? Ich brauche nicht an die Beziehungen Suchomlinows zu der französischen Chauvinistengruppe der Herren Poincaré und Genossen zu erinnern. Bekannt ist, daß schon die Wahl von Poincaré unter dem Zeichen eines russisch-französischen Angriffskrieges gegen Deutschland stattfand und daß Suchomlinow damals nach Paris entboten wurde, um Poincaré die Leitung der französischen Republik in die Hand zu spielen. Damals gab Suchomlinow in Paris eine Erklärung über die Angriffskraft der russischen Armee und die Umänderung der russischen Mobilmachungspläne ab, die er kurz vor dem Kriege in den bekannten Artikeln der russischen Börsenzeitung über die Kriegsbereitschaft Rußlands in herausforderndem Sinne wiederholte.“ Andererseits hat der russische Generalstabschef in bezug auf Suchomlinow ausgesagt, er könne sich nicht erinnern, daß dieser auf Durchführung der Mobilmachung gedrungen hätte. Doch scheint es festzustehen, daß Suchomlinow einer der Kriegstreiber gewesen ist. Man brachte in dieser Beziehung auch eine Äußerung von Miljukow in der Petrogradski Listok vom 2. Sept. 1917. „Ich las in dem Birschewija Wjedmosto den berüchtigten Artikel, der dem General Suchomlinow zugeschrieben wurde und der die Überschrift trug: „ „Wir sind bereit.“ “ Ich und meine Parteigenossen wußten, daß der ganze Artikel eine prahlerische Lüge sei. Außerdem, da wir die politische Stimmung Österreichs, Deutschlands und Frankreichs kannten, stellte dieser Artikel gewissermaßen das Öl dar, das ins Feuer gegossen wurde.

russische Gesamtmobilmachung. Daß diese Maßregel von demjenigen, der sie traf, nämlich dem Zaren, tatsächlich als eine solche der Verteidigung und nicht der Bedrohung gedacht war, ergibt der dramatische Verlauf der Angelegenheit. Wir haben oben gesagt, daß die allgemeine Mobilmachung in Deutschland als eine seltsame Antwort auf die Depesche Wilhelms II. vom 30. Juli angesehen werden mußte, durch die er seine Bereitwilligkeit zur Vermittlung ausspricht, aber ausdrücklich darauf aufmerksam macht, wie gefährlich schon eine Bedrohung Österreich-Ungarns durch militärische Maßnahmen Rußlands für den Frieden sein würde. Aus dem Suchomlinow-Prozeß erfahren wir aber, daß dieses Telegramm noch gar nicht in die Hand des Zaren gelangt war, als er seine Einwilligung zur allgemeinen Mobilmachung gab. Deutlicher kann gar nicht zutage treten, wie ungeheuerlich eigentlich dieses Verfahren ohne Fristen und Formen bei Staatenstreitigkeiten im heutigen Völkerrecht ist, die katastrophale Wendung der Gesamtmobilmachung tritt ein, während eine hochwichtige Erklärung des gegnerischen Staatsoberhauptes unterwegs ist. Aus der Depesche des Kaisers vom 30. Juli sieht der Zar, daß er sich vor einem Angriff von Deutschland auf Rußland nicht zu fürchten braucht, daß er aber selbst durch die unter diesem Vorgeben ihm abgenötigte Einwilligung zur Gesamtmobilisation den Frieden auf das äußerste gefährdet hat und er tut nun, was er kann, um den verhängnisvollen Schritt ungeschehen zu machen. So hat auch dieses Drama nach der Katastrophe der russischen Mobilmachung seine Peripetie, es scheint einen Moment, als könnte noch alles wieder gut werden. Hören wir darüber die Aussagen der hauptsächlich beteiligten Personen:

Suchomlinow: „In der Nacht auf den 30. Juli läutete der frühere Zar bei mir an und ersuchte um Einstellung der Mobilisation.

Ich erhielt somit einen direkten Befehl, der keinen Widerspruch gestattete. Ich war wie vor den Kopf geschlagen. Ich wußte, daß die Mobilisation nicht aufgehalten werden kann, daß das technisch unausführbar war, daß in Rußland Gott weiß was für ein Brei entstehen würde. Zugleich hing über mir der allerhöchste Befehl. Jetzt scheint Ihnen das vielleicht lächerlich zu sein, aber damals dachte ich, daß ich untergehe."[1]

Januschkiewitsch: „Am selben Tage (30. Juli) aber, spät abends gegen 11 Uhr, wurde ich vom Zaren ans Telephon gerufen. Mir wurde die Frage vorgelegt: ‚Ist es nicht möglich, die allgemeine Mobilisation nicht zu erklären — ist es nicht möglich, sie durch eine Teilmobilisation, die gegen Österreich-Ungarn gerichtet ist, zu ersetzen?'

Ich antwortete, das sei sehr schwer, das drohe mit katastrophalen Folgen. Die Mobilmachung sei schon begonnen und ungefähr 400000 Reservisten einberufen. Darauf wurde mir von dem früheren Monarchen kategorisch erklärt, er hätte ein Telegramm von Wilhelm erhalten, in dem dieser sich mit seinem Ehrenwort dafür verbürgt, daß die Beziehungen zwischen Rußland und Deutschland nach wie vor freundschaftlich bleiben sollten, wenn die allgemeine Mobilisation nicht erklärt werden wird."[2]

Warum kam nun dieser Plan nicht zur Ausführung? Zunächst verständigen sich der Kriegsminister und der

---

[1] Nach der Russkoje Slowo vom 26. August. Etwas ausführlicher ist die Aussage noch wiedergegeben in der Russkoje Wolga vom gleichen Tage. Hier heißt es: Der frühere Zar habe ihn Suchomlinow antelegraphiert und ihm von dem Telegramm Wilhelms und seinem Ehrenwort erzählt und ihm erklärt, daß es eine Möglichkeit gäbe, den Krieg abzuwenden und daß die Mobilisation eingestellt werden müsse. „Ich war wie vom Donner gerührt. Ich antwortete: das ist unmöglich, das ist technisch unmöglich. Das ist ein Unglück. Er aber liest mir das Telegramm Wilhelms vor. Ich höre es an und antworte: „„Aber er verspricht Euer Majestät doch gar nichts, er gibt bloß sein Ehrenwort."" Mir aber wurde nicht geglaubt. Stellen Sie sich vor, was geschehen konnte, wenn der Befehl erteilt worden wäre, die Mobilisation einzustellen, da die Vorarbeiten schon im Gange waren. Es wäre ein derartiger Brei geworden, ein fürchterliches Unglück."

[2] Nach der Russkoje Slowo vom 26. August; beinahe wörtlich gleichlautend in der Nowoje Wremja vom gleichen Tage.

Generalstabschef. Nach der Nowoje Wremja sagt Suchomlinow aus:

„Eine halbe Stunde nach dem Gespräch mit dem Zaren läutete mich Januschkiewitsch an; er sagte mir, der Zar habe ihn von der Einstellung der Mobilmachung in Kenntnis gesetzt. Und was haben Sie ihm geantwortet, fragte ich Januschkiewitsch. Ich antwortete, daß es technisch unmöglich sei, aber der Zar befahl trotzdem, die Mobilmachung einzustellen. General Januschkiewitsch fragte mich sodann, was nun geschehen solle. Ich antwortete ihm, tun Sie nichts! Ich fühlte, wie ein Seufzer der Erleichterung von seinen Lippen kam. Am nächsten Morgen log ich dem Zaren vor, und erklärte ihm, die Mobilmachung finde nur in den Bezirken der Südwestbezirke statt. An diesem Tage kam ich beinahe um meinen Verstand. Ich wußte, daß die Mobilmachung in vollem Gange sei, und daß es unmöglich sei, sie einzustellen."

Außerdem gibt Suchomlinow dem Generalstabschef den klugen Rat, sofort den Minister des Auswärtigen, Ssasanow, aufzusuchen, um seine Unterstützung für die militärische Auffassung der Dinge zu gewinnen. Januschkiewitsch fährt sofort zum Minister und überzeugt ihn, daß man jetzt eine Aufhebung der allgemeinen Mobilmachung nicht bewerkstelligen könne.[1] Das geschah also noch in der Nacht vom 30. auf den 31. Juli. Es wird beschlossen, daß der Minister am Morgen dem Zaren einen neuen Vortrag halten soll.[2] In der Frühe des 31. Juli um halb 5 Uhr findet dann eine Beratung zwischen

---

[1] Aussage von Januschkiewitsch nach der Nowoje Wremja vom 26. August.

[2] Der Generalstabschef sagt: „Tatsächlich hat er diesen Vortrag gehalten." Es wird uns aber nicht gesagt, welches Resultat der Vortrag gehabt hat. Entweder ist der Zar zunächst bei seiner Meinung verblieben, die Mobilmachung müsse rückgängig gemacht werden und die Umstimmung ist Ssasanow erst gelungen nach seiner Konferenz mit den beiden Militärs, von der weiter oben die Rede ist, oder mit dem Vortrag des Ministers beim Zaren, von dem Januschkiewitsch spricht, ist überhaupt nur das Telephongespräch gemeint, das weiter oben erwähnt ist.

dem Minister des Auswärtigen, dem Kriegsminister und dem Generalstabschef im kaiserlichen Schlosse statt. Letzterer berichtet darüber folgendes:

„Am nächsten Tage, am 30. (muß heißen 31.) Juli, hatten wir alle drei, ich, der Kriegsminister und der Minister des Auswärtigen eine Beratung, die 5 Minuten dauerte. Uns war ja alles vollständig klar. Es genügte, daß ich Ssasanow einfach die Karte zeigte, damit er verstand, was aus einer Teilmobilmachung hervorgehen konnte. Nach der Beratung läuteten wir in Zarskoje Selo an. Ich berichtete dem früheren Zaren neuerdings, daß die Mobilmachung einzustellen technisch unmöglich sei. Die ganze Angelegenheit der Mobilmachung sei wie ein Zug, der in einer gewissen Richtung läuft und den keine fremde Macht ohne Unglück und Katastrophe anhalten könne. Darauf wurde mir der Befehl, das Hörrohr dem Minister des Äußeren zu übergeben. Ssasanow überredete lange und mit Eifer den früheren Zaren. Das Resultat war, daß dieser seinen Befehl zurücknahm und die Katastrophe war dadurch abgewendet.“[1]

Offenbar ist es für den Ausgang der Begebenheit entscheidend geworden, daß die Militärs die Unterstützung des verantwortlichen Staatsmannes für ihr höchst fragwürdiges Verhalten gefunden haben. Wie ist ihnen das gelungen? Zunächst haben sie wieder als Sachverständige mit der Behauptung gearbeitet, daß es technisch unmöglich sei, eine einmal verkündete Mobilmachung rückgängig zu machen. Wieweit diese These richtig ist, vermag der Gelehrte des Völkerrechts nicht zu entscheiden. In Deutschland hat man darin nur einen törichten Vorwand gesehen, hinter dem sich der absolute Kriegswille versteckte. Dieser absolute Kriegswille mag vorhanden gewesen sein, aber die Gerechtigkeit erfordert die Feststellung, daß, wie weiter unten noch darzulegen sein wird, auch der Deutsche Kaiser am 1. August 1914 an den König von England depeschiert hat: „Aus technischen Gründen muß meine schon heute nachmittag nach zwei Fronten, nach Osten

---

[1] Wiedergegeben nach dem ausführlichsten Bericht in der Russkoje Wolga vom 26. August.

und Westen, angeordnete Mobilmachung vorbereitungsgemäß vor sich gehen. Gegenbefehl kann nicht mehr gegeben werden, weil Dein Telegramm leider zu spät kam." Daß diese technischen Gründe in entscheidenden Momenten eine so verhängnisvolle Rolle spielen können, wirft ein höchst seltsames Licht auf den Wert der ganzen Kriegsmaschinerie, die nach dem Satze: „si vis pacem para bellum" den Krieg verhindern soll, statt dessen aber zur Kriegsursache wird.[1] Aber die Militärs sind nicht bei ihren technischen Erwägungen stehen geblieben. Wenn der Generalstabschef davon spricht, daß er dem Minister die Karte gezeigt habe, um ihm zu beweisen, welches Unglück für Rußland aus einer bloßen Teilmobilisation hervorgehen könne, so wird hier offenbar wieder mit dem Gedanken gearbeitet, daß Deutschland Rußland in die Flanke fallen werde. Es fragt sich allerdings, ob und inwieweit hier bei den Militärs und bei Ssasanow noch guter Glaube vorhanden gewesen sein kann, da ihnen die friedlichen Versicherungen bekannt waren, die Kaiser Wilhelm II. dem Zaren gegeben hatte und an die dieser mit Recht glaubte. Vielleicht hat man geltend gemacht, daß in der Sache selbst doch vom Deutschen Kaiser dem russischen Standpunkt kein Zugeständnis gemacht[2] sei und daß man die energische Maßregel der allgemeinen Mobilmachung aufrecht erhalten müsse, um Deutschland zu einem diplomatischen Rückzuge zu veranlassen. Das wäre dann die für das Zeitalter vor dem Kriege bei derlei politischen Händeln so charakteristische Politik des Bluffs gewesen, die schließlich in den Abgrund des Weltkriegs führen mußte.[3]

---

[1] In diesem Sinne der anonyme Verfasser der Broschüre: Die Enthüllungen des Prozesses Suchomlinow, a. a. O., S. 32.

[2] Diesen Gesichtspunkt hatte Suchomlinow schon in seiner telephonischen Unterredung mit dem Zaren in der vorausgegangenen Nacht vorangestellt; vgl. die Note 1 auf S. 161.

[3] Vgl. oben S. 22 dieses Buches über diese Art von Politik.

Es ist natürlich auch möglich, daß jene drei Männer, die den Zaren bestimmten, die Gesamtmobilisation aufrecht zu erhalten, bewußt und planmäßig den Krieg heraufführen wollten. Denn wie schon oben gesagt ist, wußte Ssasanow genau, was er tat, und war namentlich von deutscher Seite genügend gewarnt worden.[1]

[1] Vgl. oben S. 154 unten, dazu namentlich die Äußerung des Grafen Pourtalès vom 26. Juli 1914 zu Ssasanow: „In solchen Momenten gelangt die rein militärische Erwägung der Generalstäbe zum Wort und wenn in Deutschland einmal auf den Knopf gedrückt werde, sei die Sache unaufhaltsam“, Rotbuch Nr. 28. Am 29. Juli mittags zwischen 12 und 1 Uhr hatte derselbe Botschafter Ssasanow auf die beabsichtigte Teilmobilisierung gegenüber Österreich erwidert, daß er diese Maßregel für im höchsten Maße verhängnisvoll ansehe, da sie eine friedliche Lösung des Konflikts bedenklich erschwere, wenn nicht unmöglich mache. „Ich erinnerte dabei daran, daß ich ihn seit mehreren Tagen fortwährend auf das Dringlichste gebeten hatte, seinen Einfluß dahin geltend zu machen, daß von militärischen Druckmitteln Abstand genommen werde. Ssasanow erwiderte, daß die Mobilmachung sich nur gegen Österreich und nicht gegen uns richte, worauf ich nur an unseren Bundesvertrag mit Österreich erinnern konnte, der eigentlich automatisch schon jetzt unsere Mobilmachung zur Folge haben mußte. . . . Erst um 7 Uhr abends, in einer zweiten Unterredung mit Ssasanow, gab ich ihm von einem Telegramm des Kanzlers Kenntnis, in dem es hieß, daß ein weiteres Fortschreiten der russischen militärischen Rüstungen uns zu Gegenmaßregeln zwinge, dies würde aber den Krieg bedeuten. Bei Übermittlung dieses Telegramms habe ich ferner Ssasanow gegenüber ausdrücklich betont, daß es sich um keine Drohung handle, daß er vielmehr in unseren Eröffnungen nur eine freundschaftliche Mahnung zu erblicken habe. Meine Eröffnung könnte ihn nach allem, was ich ihm in den vorhergehenden Tagen über die militärischen Vorbereitungen Rußlands gesagt hatte, nicht überraschen. Man sieht daraus, daß der ‚Temps‘, indem er über alle aus unserem Weißbuche bekannte Besprechungen, die an dem Tage vor dem 29. Juli stattgefunden hatten, einfach hinweggeht, einen tendenziös entstellten Bericht der Situation am 29. entwirft. Daß am 30. Juli die deutsche Vermittlungsaktion ihren weiteren Fortgang nahm und gerade in dem Augenblicke zu einem günstigen Ergebnis führen zu wollen schien, als Rußland am 31. Juli früh seine allgemeine Mobilmachung

Immerhin bleibt die Tatsache bestehen, daß, wie gefährlich die Gesamtmobilisierung auch dem Weltfrieden werden mußte, der Zar, wenn er sich leider zu ihrer Aufrechterhaltung bestimmen ließ, subjektiv damit nicht die Absicht des Angriffes verband. Und damit ist wiederum zur Genüge das ganze unselige System charakterisiert, das dem Monarchen zur Bewahrung des Friedens Mittel an die Hand gibt, die in Wahrheit den Krieg auslösen, mögen die Berater von Nikolaus aufrichtig gewesen sein oder nicht.

§ 6. Das deutsche Ultimatum.

Gewiß ist eine Mobilmachung zunächst ein staatsrechtlicher und kein völkerrechtlicher Akt. Denn prima facie ist es der Souveränität jedes Staates überlassen, zu entscheiden, welche Maßregeln militärischer Sicherheit er innerhalb seiner Grenzen ergreifen will. Es können ja auch innere Verhältnisse, z. B. ein Aufruhr, ihn zur äußersten militärischen Kraftentfaltung anspornen. Es kann die Mobilmachung aber auch lediglich eine Defensivmaßregel gegen eine Bedrohung von außen sein, wie es z. B. der Fall war bei der Mobilisierung der österreichischen Armeekorps in Galizien gegenüber Rußland. Aber hier, wo die Mobilmachung von Rußland auch an der Ostgrenze Deutschlands geschah, wirkte sie offenbar als eine Bedrohung. Die diplomatischen Verhandlungen hatten bisher in ihrem Verlaufe Rußland nicht befriedigt; man hatte das auf den Rückhalt geschoben, den Österreich-Ungarn in politischer und diplomatischer Beziehung in Berlin genoß, und wendet sich scheinbar mit der allgemeinen Mobilmachung drohend gegen die beiden Zentralmächte, um sie entweder in demütigender

---

bekannt machte, ist bekannte Tatsache." So Graf Pourtalès in einem Baseler Interview vom 20. September, mitgeteilt im Berliner Tageblatt Nr. 482 vom Jahre 1917.

Weise zum Nachgeben zu veranlassen oder sie mit Hilfe seiner Verbündeten militärisch zu überwältigen.[1] Für den letzteren Fall kam in Betracht, daß das Deutsche Reich im Falle einer gewaltsamen Auseinandersetzung mit einem Krieg nach zwei und eventuell nach drei Fronten rechnen mußte, daß es deshalb von ungeheurer militärischer Bedeutung war, den Vorteil der schnelleren Mobilmachung auch entsprechend auszunutzen und daß es sich dann empfahl, die russische Mobilmachung gleich mit einer Kriegserklärung zu beantworten.[2] Unter diesen Gesichtspunkten wäre es in der Tat begreiflich gewesen, wenn

---

[1] Welche bedeutsame Rolle der Gesichtspunkt der Demütigung gespielt hat, die man glaubte auf deutscher Seite vermeiden zu müssen, ergibt sich aus einer Publikation der Norddeutschen Allgemeinen Zeitung vom 1. September 1917 über eine Unterredung, die der Major im Generalstabe von Haeften in der Nacht vom 30. auf den 31. Juli mit dem Chef Generalobersten von Moltke gehabt hat. In dieser Unterredung sagt der Generaloberst: „Inzwischen liegen zwei zuverlässige, voneinander unabhängige Meldungen vor, wonach in Rußland die Mobilmachung der gesamten bewaffneten Macht angeordnet ist. Deutschland kann die Erhaltung des Friedens jetzt nur noch mit einer schweren nationalen Demütigung erkaufen, denn jetzt verhandeln unter dem Druck der russischen Mobilmachung ist gleichbedeutend mit nationaler Demütigung." Sollte es nicht wünschenswert erscheinen, das Völkerrecht dahin zu reformieren, daß in Zukunft internationale Angelegenheiten verhandelt werden können, ohne daß der Ehrenstandpunkt dabei geltend gemacht werden kann?

[2] Wie sehr die Militärs in Berlin darauf gestimmt waren, den Vorteil der schnelleren Mobilmachung auszunutzen, ergibt sich aus einer Depesche des französischen Botschafters in Berlin vom 30. Juli (Gelbbuch Nr. 105): „Laut dem Unterstaatssekretär drängen die militärischen Behörden sehr darauf, daß die Mobilmachung verfügt werde, weil jede Verzögerung Deutschland einige seiner Vorteile verlieren läßt. Indessen soll es bis jetzt gelungen sein, die Hast des Generalstabes zu bekämpfen, der in der Mobilmachung den Krieg sieht". Ähnlich hatte auch der Staatssekretär selbst dem französischen Botschafter in Berlin am 30. Juli mitgeteilt, die Häupter der Armee beständen auf der Mobilmachung, weil jede Verzögerung ein Kräfteverlust für die deutsche Armee sei (Gelbbuch Nr. 109).

das Deutsche Reich so gehandelt hätte, wie der englische Gesandte Buchanan warnend in Petersburg am 25. Juli vorausgesagt hatte. Schien doch ein Teil des Vorsprungs, den die Möglichkeit der schnelleren Mobilmachung Deutschland gab, schon dadurch verloren, daß die russische Mobilmachung heimlich bereits tatsächlich in Gang gebracht war, ehe sie öffentlich publiziert und von Petersburg nach Berlin gemeldet war. Die Denkschrift des deutschen Weißbuches sagt darüber: „Truppensammlungen an der ostpreußischen Grenze, die Verhängung des Kriegszustandes über sämtliche wichtige Plätze der russischen Westgrenze ließen keinen Zweifel mehr daran, daß die russische Mobilmachung auch gegen uns in vollem Gange war, während gleichzeitig durch unsere Vertreter in Petersburg alle derartigen Maßregeln erneut ehrenwörtlich abgeleugnet wurden." Auf diese Nachrichten hin hatte, ehe noch die offizielle Gesamtmobilisation ihm bekannt geworden war, am Mittag des 31. Juli Kaiser Wilhelm II. folgendes Telegramm nach Petersburg an den Zaren gerichtet:

„Auf Deinen Appell an Meine Freundschaft und Deine Bitte um Meine Hilfe habe Ich eine Vermittelungsaktion zwischen Deiner und der österreichisch-ungarischen Regierung aufgenommen. Während diese Aktion im Gange war, sind Deine Truppen gegen das Mir verbündete Österreich-Ungarn mobilisiert worden, wodurch, wie Ich Dir schon mitgeteilt habe, Meine Vermittelung beinahe illusorisch gemacht worden ist. Trotzdem hab Ich sie fortgesetzt. Nunmehr erhalte Ich zuverlässige Nachrichten über ernste Kriegsvorbereitungen auch an Meiner östlichen Grenze. Die Verantwortung für die Sicherheit Meines Reiches zwingt Mich zu defensiven Gegenmaßregeln. Ich bin mit Meinen Bemühungen um die Erhaltung des Weltfriedens bis an die äußerste Grenze des Möglichen gegangen. Nicht Ich trage die Verantwortung für das Unheil, das jetzt der ganzen zivilisierten Welt droht. Noch in diesem Augenblick liegt es in Deiner Hand, es abzuwenden. Niemand bedroht die Ehre und die Macht Rußlands, das wohl auf den Erfolg Meiner Vermittlung hätte warten können. Die Mir von Meinem Großvater auf dem Totenbett überkommene Freundschaft für Dich und Dein Reich ist Mir immer heilig gewesen und ich habe treu zu Rußland gestanden, wenn es in schwerer Bedrängnis war, besonders in seinem letzten Kriege. Der Friede Europas kann von Dir jetzt noch erhalten werden, wenn Rußland sich entschließt, die militärischen Maßnahmen einzustellen, die Deutschland und Österreich-Ungarn bedrohen.“[1]

So subjektiv der Inhalt dieses Telegramms ist, so kann man doch verstehen, daß der als Vermittler angerufene Deutsche Kaiser von dem Eindruck beherrscht ist, daß auf der Gegenseite eine gewisse Illoyalität vorliegt, wenn man an die russische Bedrohung durch die militärischen Maßnahmen an der deutschen Grenze denkt. Dieser Eindruck mußte sich noch verschärfen durch eine Depesche des Zaren, die sich mit dem Telegramm Kaiser Wilhelms II. kreuzte. Sie ist die letzte Antwort auf die Beschwerde des Kaisers über die Mobilmachung Rußlands gegen Österreich am Tage vorher und lautet[2]:

„Ich danke Dir von Herzen für Deine Vermittlung, die eine Hoffnung aufleuchten läßt, daß doch noch alles friedlich enden könnte. Es ist technisch unmöglich, unsere militärischen Vorbereitungen einzustellen, die durch Österreichs Mobilisierung notwendig geworden sind. Wir sind weit davon entfernt, einen Krieg zu wünschen. Solange die Verhandlungen mit Österreich über Serbien andauern, werden Meine Truppen keine herausfordernde Aktion unternehmen. Ich gebe Dir Mein feierliches Wort darauf. Ich vertraue mit aller Kraft auf Gottes Gnade und hoffe auf den Erfolg Deiner Vermittlung in Wien für die Wohlfahrt unserer Länder und den Frieden Europas.“

Ganz abgesehen davon, daß die Bezugnahme auf die österreichische Mobilisierung, soweit es sich dabei nicht lediglich um die militärischen Maßnahmen gegen Serbien handelt, wie immer wieder betont werden muß, unrichtig ist, weil Österreich keinen anderen Zweck verfolgen konnte, als in defensiver Weise die russische Teilmobilisierung mit einer Mobil machung an der russischen Grenze zu beantworten, in wel

[1] Deutsches Weißbuch, Denkschrift.
[2] Deutsches Weißbuch, Denkschrift.

chem Lichte mußte dieses Zarentelegramm in Berlin erscheinen, als man dort Gewißheit über die russische Gesamtmobilmachung hatte? Es spricht von Maßregeln, die sich aus technischen Gründen nicht einstellen lassen; aber da die Depesche erst um 2 Uhr nachmittags in Petersburg aufgegeben war, so handelt es sich nicht darum, daß auf die Beschwerde Kaiser Wilhelms hin die Teilmobilisation inzwischen nicht eingestellt ist, sondern daß sie zu einer Mobilmachung der gesamten russischen Streitkräfte erweitert war, wovon das Zarentelegramm wohlweislich schweigt. Wie stark der Eindruck eines illoyalen Handelns auf russischer Seite beim Deutschen Kaiser war, ergibt sich aus der Depesche, die er an den König von England richtet:

„Vielen Dank für Deine freundliche Mitteilung. Deine Vorschläge decken sich mit Meinen Ideen und mit den Mitteilungen, die Ich heute nacht aus Wien erhielt und die Ich nach London weitergegeben habe. Ich habe gerade vom Kanzler die Nachricht erhalten, daß ihm soeben die Nachricht zugegangen ist, daß Nikolaus heute nacht die Mobilisierung seiner gesamten Armee und Flotte angeordnet hat. Er hat nicht einmal die Ergebnisse der Vermittelung abgewartet, an der Ich arbeite und Mich ganz ohne Nachricht gelassen. Ich fahre nach Berlin, um die Sicherheit Meiner östlichen Grenzen sicherzustellen, wo schon starke russische Truppen Aufstellung genommen haben.“[1]

Man muß diese psychologischen Momente berücksichtigen, um die Stellungnahme der Kaiserlichen Regierung gegenüber der russischen Gesamtmobilisierung zu verstehen. Die Stimmung beim Eintreffen dieser Nachricht wird sich gemischt haben aus einem Gefühl der Bestürzung und einem Gefühl der sittlichen Mißbilligung gegenüber dem russischen Verhalten. Aus dieser Empfindung heraus erläßt man keine Kriegserklärung an den Gegner; aber man beschließt andererseits, auch den diplomatischen Verhandlungen ein Ziel zu

---

[1] Neuausgabe des Weißbuches, Abschnitt 5, III.

setzen durch Überreichung eines Ultimatums, das binnen zwölf Stunden die Einstellung jeder Kriegsmaßnahme gegen das Deutsche Reich und Österreich-Ungarn und die Übergabe einer bestimmten Erklärung darüber fordert.[1]

Bei der Redaktion dieses Ultimatums wird man sich wohl keinen großen Hoffnungen in bezug auf seine Wirkung hingegeben haben. Das ausschließlich an Rußland und nicht gleichzeitig an Österreich-Ungarn gerichtete Verlangen der Demobilisierung, und zwar einer vollständigen Demobilisierung Rußlands, nicht nur gegenüber dem Deutschen Reiche, sondern auch gegenüber Österreich-Ungarn[2], bot keine Wahrscheinlichkeit für seine Annahme in sich. Wäre Rußland diesem Wunsche bedingungslos nachgekommen, so hätte es ja die kriegerische Aktion Österreich-Ungarns gegen Serbien ruhig fortgehen lassen müssen bis zur völligen Niederwerfung der Serben und hätte keinerlei Garantie dafür gehabt, daß Österreich-Ungarn nicht zum mindesten die abgelehnten Forderungen seines Ultimatums auf diesem Wege durchsetzen würde. Das war es ja gerade,

---

[1] Das Ultimatum hat folgenden Wortlaut: „Trotz noch schwebender Vermittlungsverhandlungen und obwohl wir selbst bis zur Stunde keinerlei Mobilmachungsmaßnahmen getroffen haben, hat Rußland die ganze Armee und Flotte, also auch gegen uns, mobilisiert. Durch diese russischen Maßnahmen sind wir gezwungen worden, zur Sicherheit des Reiches die drohende Kriegsgefahr auszusprechen, die noch nicht Mobilisierung bedeutet. Die Mobilisierung muß erfolgen, falls nicht Rußland binnen zwölf Stunden jede Kriegsmaßnahme gegen uns und Österreich-Ungarn einstellt und uns hierüber bestimmte Erklärung abgibt. Bitte dies sofort Herrn Ssasanow mitzuteilen und die Stunde der Mitteilung zu drahten.

[2] Auf Befragen des englischen Gesandten, warum das Ersuchen der Reichsregierung noch dadurch erschwert sei, daß man auch eine Demobilisierung im Süden Rußlands verlangt habe, hat der deutsche Staatssekretär die begreifliche Antwort gegeben, man habe der russischen Antwort vorbeugen wollen, die ganze Mobilisierung sei nur gegen Österreich-Ungarn gerichtet; siehe die Depesche von Goschen an Grey vom 31. Juli, Blaubuch Nr. 121, S. 98.

was man russischerseits vermeiden wollte. Mit der Annahme des Ultimatums lief man also Gefahr, in der Sache selbst den einmal eingenommenen Standpunkt völlig preiszugeben. Aber zu dieser materiellen Seite der Sache gesellte sich die formelle. Es ist in anderem Zusammenhange schon betont, welche Rolle im Verkehr der Staaten die Rücksicht auf das eigene Prestige spielt. Wenn man einmal die Waffen ergriffen hatte, mußte man es mit der Würde einer Weltmacht für unvereinbar halten, auf Befehl eines Nachbarstaates binnen zwölf Stunden die Waffen aus der Hand zu legen und darüber Erklärungen abzugeben. Auf die Bewilligung dieser Forderung war überhaupt niemals zu rechnen, ja die russische Regierung hat es für unter ihrer Würde gehalten, auf dieses Verlangen überhaupt nur jemals zu antworten.

Wenn es dem Gelehrten überhaupt gestattet ist, die praktische Arbeit der Diplomatie zu kritisieren, so wird man sagen müssen, daß sich zwar dieses deutsche Ultimatum an Rußland vom 31. Juli vielleicht aus der momentanen seelischen Stimmung der beteiligten Personen verstehen läßt, daß es aber kein diplomatisches Meisterstück war. Wenn man überhaupt noch mit Rußland verhandeln wollte — und auch ein Ultimatum stellt doch eine Art diplomatischer Verhandlung dar —, dann mußten u. E. diese Verhandlungen so geführt werden, daß dem Gegner tatsächlich ein Weg zum Rückzug offen blieb. Sollte also das Verlangen nach Einstellung der Mobilisierung irgend einen praktischen Erfolg haben, so hätte es in Verbindung gebracht werden müssen mit einem konkreten Vorschlag zu einer sachlichen Lösung der bestehenden Schwierigkeiten. Dann hätte Rußland nachgeben und seine Bereitwilligkeit zu demobilisieren vor dem eigenen Volke und der ganzen Welt damit rechtfertigen können, daß es in der Sache selbst nunmehr befriedigt sei. Bei diesem Vorschlag hätte man sich keineswegs etwas zu vergeben brauchen. Man hätte sich z. B. auch Rußland gegenüber in verbindlicher Weise auf die Basis des letzten Vorschlags von Grey stellen können, daß Österreich-Ungarn seine militärischen Operationen auf die pfandweise Besetzung von Belgrad und Umgebung beschränke, dann die Mächte die Frage seiner Garantien gegenüber Serbien prüfen, inzwischen aber von allen andern Mächten alle militärischen Operationen eingestellt werden sollten. Dieser Vermittelungsvorschlag Greys war, wie wir früher hörten, von Berlin aus in Wien mit aller Energie empfohlen. Wie der Deutsche Kaiser sich darum in Wien, so hatte sich der König von England darum in Rußland bemüht. Das gleiche englische Bemühen in Frankreich hatte einen sofortigen großen Erfolg gehabt. Denn auf Betreiben des englischen Botschafters sandte am 31. Juli der französische Ministerpräsident Viviani an den französischen Botschafter in Petersburg eine Note, die Greys Vorschlag auf das wärmste zu unterstützen befiehlt und mit den Worten schließt: „Ich bitte Sie, die vorstehenden Betrachtungen zu beherzigen und inständigst Herrn Ssasanow zu ersuchen, unverzüglich seine Zustimmung zu dem Vorschlage Sir E. Greys zu geben, von dessen Seite er selbst davon unterrichtet sein dürfte." Diese Depesche des französischen Ministerpräsidenten wurde sofort auch den französischen Botschaftern in London, Berlin, Wien und Rom mitgeteilt.[1] Eine Depesche aus Wien, die am 31. Juli in Berlin einlief, bewies, wie oben dargelegt, aber auch von dort ein erfreuliches Entgegenkommen.[2] Was an diesem Entgegenkommen noch fehlte, nämlich das Versprechen, die militärische Aktion gegen Serbien, die einstweilen fortgesetzt werden sollte, wie Grey verlangt hatte, auf die Be-

[1] Gelbbuch Nr. 112.

[2] Vgl. oben S. 153. Selbst wenn bei Absendung des Ultimatums jene Wiener Depesche noch nicht vorgelegen haben sollte, so war in Berlin doch die nunmehrige Bereitwilligkeit Wiens zu Konzessionen bekannt; vgl. darüber das oben S. 152 Gesagte.

setzung von Belgrad und des benachbarten serbischen Grenzgebietes zu beschränken, konnte von Berlin aus im Namen des Bundesgenossen gegenüber Rußland hinzugefügt werden, eventuell mit dem Zusatz, daß, falls Österreich-Ungarn diesen vermittelnden Vorschlag Berlins nicht nachträglich genehmigen sollte, ihm von Berlin aus die diplomatische und militärische Unterstützung versagt werden würde. — Ob Rußland auf ein solches Verlangen eingegangen wäre, erscheint zwar immerhin zweifelhaft[1], aber den Zentralmächten hätte dann niemals der Vorwurf gemacht werden können, das Deutsche Reich hätte durch ein unannehmbares Ultimatum Europa in diesen furchtbarsten aller Kriege hineingestürzt, wobei die Gegner dann ganz zu vergessen scheinen, daß jenes schroffe Ultimatum doch wieder nur ausgelöst worden ist durch die so sehr bedrohliche russische Gesamtmobilisierung. Aber davon abgesehen, wäre es für das Verhältnis Deutschlands zu England wesentlich günstiger gewesen, wenn man Greys letzten Vorschlag Rußland gegenüber in Verbindung mit dem Postulat der Entmobilisierung gebracht hätte. Denn noch an dem Morgen des kritischen 31. Juli, an dem das Ultimatum nach Petersburg abgesandt wurde,

[1] Der russische Botschafter Graf Benckendorff hat in seiner Unterredung die Annahme der fraglichen Formel in Rußland von Anfang an für zweifelhaft erklärt; vgl. die Depesche von Grey an Buchanan vom 30. Juli, Blaubuch Nr. 103, S. 83. In Wirklichkeit hat dann auch Ssasanow dem Drängen Englands und Frankreichs auf Annahme der Greyschen Formel nicht nachgegeben, sondern seine eigene Formel vom 30. Juli nur umredigiert, um sie einigermaßen mit der englischen in Einklang zu bringen. Darüber siehe weiter unten. Indessen ist damit nicht gesagt, daß Ssasanow die Greysche Formel auch hätte ablehnen müssen, wenn sie als letztes Wort Deutschlands an ihn gebracht wäre. Eine parallele Aktion von Frankreich, England und Kaiser Wilhelm II., von letzterem wie auch von König Georg persönlich beim Zaren unterstützt, hätte Rußland doch vielleicht zum Nachgeben bewogen. Keinesfalls aber hätte mit einem etwas anders gefaßten letzten Wort an Rußland irgendein Zeitverlust verbunden zu sein brauchen.

hatte Grey dem deutschen Botschafter in London versichert, daß, wenn Deutschland einen Vorschlag machte, um zusammen mit Österreich-Ungarn den Frieden Europas zu wahren, und ein Verweigern Rußlands und Frankreichs, den unterbreiteten Vorschlag anzunehmen, unvernünftig wäre, er, Grey, den deutschen Vorschlag gern in Paris und Petersburg unterstützen würde, und zwar mit dem Beifügen, daß bei Ablehnung eines solchen Vorschlags die englische Regierung sich um die Konsequenzen nicht kümmere, d. h. also doch, im Falle eines Krieges die Ententegenossen nicht unterstützen würde.[1] Für eine Formel, die von Grey selber aufgestellt und in Petersburg dringend empfohlen war, hätte Grey doch auch weiter in dem Sinne eintreten müssen, daß er ihre Ablehnung als unvernünftig erklärt hätte. Ob aber Rußland und Frankreich es zum Krieg gegen die Zentralmächte hätten kommen lassen, wenn England sich von ihnen zurückgezogen, muß durchaus als fraglich erscheinen. Das Ultimatum, so wie es gefaßt war, scheint uns also den Gesichtspunkt zu vernachlässigen, daß in der Grundfrage des ganzen Konflikts, nämlich dem Ultimatum von Österreich-Ungarn an Serbien, auf der Basis des Greyschen Vorschlags schon eine materielle Einigung zwischen England, Deutschland, Österreich-Ungarn, Frankreich und Italien[2] erzielt war. Dieser Tatsache entsprechend, hätte eine überlegene Diplomatie darauf ausgehen müssen, Rußland vor aller Welt zu isolieren, indem man nicht mehr von ihm verlangte wie seine eigenen Ententegenossen, nämlich die Annahme von Greys Vorschlag.

Wie wenig Hoffnung sich Deutschland selbst auf einen Erfolg seines scharfen Ultimatums gemacht hat, geht daraus

---

[1] Depesche von Grey an Goschen vom 31. Juli, Blaubuch Nr. 111, S. 90.

[2] Auch Italien war mit der fraglichen Lösung einverstanden; siehe die Depesche des englischen Botschafters Rodd aus Rom an Grey vom 30. Juli im Blaubuch Nr. 100.

hervor, daß Deutschland gleichzeitig nicht nur bei sich schon den Kriegs- und Belagerungszustand verfügt, als Vorbereitung der Mobilmachung, sondern auch binnen 18 Stunden eine Erklärung von Frankreich fordert, ob Frankreich in einem deutsch-russischen Kriege neutral bleiben würde.[1] In der bezüglichen Anweisung an den deutschen Botschafter in Paris findet sich die Wendung, daß die im Falle des fruchtlosen Ablaufs des an Rußland gestellten Ultimatums eintretende deutsche Mobilmachung „unvermeidlich Krieg bedeute", während bei der Überreichung des deutschen Ultimatums in Petersburg um Mitternacht der deutsche Botschafter auf die Frage, ob das der Krieg sei, verneinend antwortet, aber hinzufügt, daß man dem Kriege sehr nahe sei.[2]

§ 7. Die letzten Verhandlungen.

Unterdessen gehen die englischen Bemühungen um eine Vermittelung immer noch weiter. Nach Absendung des deutschen Ultimatums hat der englische Botschafter eine Unterhaltung mit dem deutschen Staatssekretär, bei der er eine ganze Stunde letzteren zu bestimmen sucht, eine neue Formel anzunehmen, die Grey, freilich noch in Unkenntnis der russischen Gesamtmobilisation, am Vormittage des gleichen Tages vorgeschlagen hat.[3] Grey geht davon aus, der Stein des Anstoßes zwischen Österreich-Ungarn und Rußland würde durch das Mißtrauen gebildet, das Österreich-Ungarn in bezug auf Serbiens Beteuerungen hege, und Rußland gegen die Ab-

[1] Depesche des Reichskanzlers an den Botschafter Frhr. v. Schoen, Weißbuch Anlage 25.

[2] Russische Geheimdepesche an die Kaiserlichen Vertreter im Auslande.

[3] Siehe darüber die Depesche von Grey an Goschen vom 31. Juli im Blaubuch Nr. 111, S. 90, und die Antwort von Goschen an Grey vom gleichen Tage, eingetroffen in London am 1. August, im Blaubuch Nr. 121, S. 98.

sichten, die Österreich-Ungarn betreffs Serbiens Integrität und Unabhängigkeit im Schilde führe. Wenn infolge dieses gegenseitigen Mißtrauens in Petersburg und Wien keine Lösung zu finden wäre, sollte Deutschland am Ballplatz und England an der Sängerbrücke anfragen, ob die vier unbeteiligten Mächte Österreich-Ungarn nicht die Anerbietung machen sollten, sie würden sich verpflichten, ihm volle Genugtuung seitens Serbiens zu verschaffen, wenn es verspräche, Serbiens Souveränität zu belassen und ihm kein Gebiet zu entreißen. Dieses Versprechen habe Österreich-Ungarn ja schon abgegeben. Rußland könne durch die vier Mächte dahin unterrichtet werden, daß sie Österreich-Ungarn verhindern würden, Serbiens Souveränität und Integrität beeinträchtigende Forderungen zu stellen. Natürlich müßten mittlerweile alle Mächte von weiteren militärischen Maßnahmen absehen. —

Ihrem Inhalte nach ist diese Formel Greys für Österreich-Ungarn ungünstiger wie der bisherige Vorschlag, die militärische Aktion von Österreich-Ungarn auf die Besetzung von Belgrad und seinem Nachbargebiet an der Grenze zu beschränken und dann die vier Mächte die Garantien ausfindig machen zu lassen, die Österreich-Ungarn haben muß, ehe es seinen Pfandbesitz wieder räumt. Es bedeutet dieser Rat von Grey eigentlich nichts anderes wie seinen ursprünglichen Gedanken, daß die Donaumonarchie keinen Krieg gegen Serbien beginnen, sondern eine Viererkonferenz zwischen ihr und Serbien in bezug auf die Forderungen des Ultimatums vermitteln sollte. Nur daß hier eine andere, vielleicht im Hinblick auf das Prestige der Donaumonarchie sympathischere Form der feierlichen Zusage gewählt wird, man werde ihr volle Genugtuung verschaffen. Anderseits würde freilich Österreich-Ungarn bei einer solchen Abmachung wohl im Gegensatz zu der ursprünglich geplanten eigentlichen Vermittelung der Viererkonferenz die eigene definitive Entscheidung aus der Hand genommen worden sein. Anscheinend ist die letzte Frage, welche formale Bedeutung das Mandat der vier Mächte haben sollte, aber gar nicht näher erklärt worden; denn so dankbar der deutsche Staatssekretär die fortgesetzten Bemühungen von Grey anerkennt, so weigert er sich doch, namens der Reichsregierung irgendeinen Vorschlag in Erwägung zu ziehen, bis aus Rußland die Antwort auf das Ultimatum eingetroffen sei.[1]

Der folgende Tag, der 1. August, sollte die Entscheidung über Krieg und Frieden bringen. Die furchtbare Tragik dieser Entscheidung liegt nicht zum mindesten darin, daß sie in einem Moment gefällt wurde, wo noch mehrere diplomatische Aktionen zur friedlichen Beilegung des ganzen Konflikts im Gange waren. Die erste knüpft an den früheren Vorschlag an, den Ssasanow am 30. Juli dem deutschen Botschafter in Petersburg diktiert hatte:

„Wenn Österreich, nachdem es anerkennt, daß die österreichisch-serbische Frage den Charakter einer allgemeineuropäischen Frage angenommen hat, sich bereit erklärt, in seinem Ultimatum die Punkte zu streichen, die die souveränen Rechte Serbiens verletzen, verpflichtet sich Rußland, seine kriegerischen Vorbereitungen einzustellen.“

Dieser Vorschlag war in Berlin, wie oben mitgeteilt, sofort als unannehmbar abgelehnt worden. Am 31. Juli hatten nun, wie ebenfalls schon von uns berichtet ist, England und Frankreich auf Rußland eingewirkt, man möge sich dort Greys Formel zu eigen machen, nach der Österreich-Ungarn erklären sollte, daß es sich mit der pfandweisen Besetzung von Belgrad und Umgebung begnügen, und dann die relativ unbeteiligten vier

[1] Entscheidend ist dafür wahrscheinlich wiederum der Ehrenstandpunkt und die Rücksicht auf das Prestige. Man will sich nicht dem Verdacht aussetzen, unter dem Druck der russischen Bedrohung Konzessionen gemacht zu haben. Vgl. die Mitteilung S. 167, Note 1.

Großmächte die Frage der Garantien gegenüber Serbien prüfen lassen würde, während im übrigen alle militärischen Maßnahmen eingestellt werden sollten. Der russische Minister des Auswärtigen kann sich offenbar nicht entschließen, Greys Formel ohne weiteres zu akzeptieren, sondern stellt nun seinerseits einen neuen Vorschlag fest, der sich bemüht, zwischen Greys Formel und der seinigen sozusagen eine mittlere Linie zu finden.[1] Diese Formel lautet:

„Si l'Autriche consentira à arrêter la marche de ses troupes sur le territoire serbe, si, reconnaissant que le conflit austro-serbe a assumé le caractère d'une question d'intérêt européen, elle admet que les grandes puissances examinent la satisfaction que la Serbie pourrait accorder au Gouvernement Autriche-Hongrie sans laisser porter atteinte à ses droits d'État souverain et à son indépendance, la Russie s'engage à conserver son attitude expectante."

Vergleichen wir diese Formel mit dem ursprünglichen Vorschlag von Ssasanow, so ist sie insofern für die Donaumonarchie günstiger, als ihr hier doch wenigstens auf Grund der Prüfung durch die Großmächte solche Garantien gegen Serbien in Aussicht gestellt werden, die mit der serbischen Souveränität vereinbar sind, während der ursprüngliche Vorschlag Österreich-Ungarn nur in negativer Weise verpflichten wollte, die mit der serbischen Souveränität unvereinbaren Punkte seines Ultimatums zu streichen. Allein andererseits soll Österreich-Ungarn schlechterdings verpflichtet werden, seinen Vormarsch gegen Serbien einzustellen, während die Greysche Formel ihm wenigstens das Recht zugestehen wollte, Belgrad

[1] Siehe die Depesche von Buchanan an Grey vom 31. Juli, eingelaufen am 1. August, im Blaubuch Nr. 120, S. 96, ferner die Depesche des französischen Botschafters aus Petersburg vom gleichen Tage, im Gelbbuch Nr. 113, und die Zirkulardepesche des russischen Ministers des Äußern vom 31. Juli an die Botschafter im Orangebuch Nr. 67.

und Umgegend pfandweise zu besetzen.[1] Offenbar liegt darin eine wesentliche Verschlechterung der Position Österreich-Ungarns. Eine weitere Verschlechterung aber ist offensichtlich auch darin enthalten, daß, während nach Greys Idee alle militärischen Vorbereitungen eingestellt werden sollen, hier Ssasanow nur verspricht, eine zuwartende Haltung einzunehmen. Dieses Versprechen aber wird abgegeben in einem Zeitpunkt, wo wohlbemerkt, die allgemeine Mobilmachung schon angeordnet worden war.[2] Diese soll also fortdauern, womit

[1] Die fragliche Verschlechterung wird in Deutschland von der „Nordd. Allg. Zeitung" unter dem 21. Dezember 1914 auf Grey selber zurückgeführt und daran der Vorwurf geknüpft, „daß es der britischen Regierung, die inzwischen russischer geworden war als der Zar, darauf ankam, ein Kompromiß unter allen Umständen unmöglich zu machen." Dieser Vorwurf ist unberechtigt. Er erklärt sich daraus, daß Nr. 113 des Gelbbuchs und Nr. 67 des Orangebuchs die Dinge so darstellen, als sei die Formel in dieser Beziehung auf die englische Initiative zurückzuführen. Tatsächlich aber handelt es sich um einen Kompromiß zwischen der alten russischen Formel vom 30. Juli und der englischen Initiative zugunsten von Greys Formel. Darüber gibt das Blaubuch Nr. 120 klare Auskunft.

[2] Blaubuch Nr. 40 erwähnt das erst nach der Gesamtmobilisierung abgesandte Telegramm des Zaren vom 31. Juli im Zusammenhang mit der Feststellung der neuen Formel. Daraus ergibt sich, daß Ssasanows neue Formel erst nach der Mobilmachung aufgestellt worden ist. Dieser Nachweis, den Beers Regenbogenbuch, a. a. O., S. 302, Note 2, erbringt, ist nicht unwichtig, weil die Darstellung im Orange- wie im Gelbbuch den entgegengesetzten Eindruck bewirken soll. Politisch betrachtet, bedeutet diese Tatsache aber, daß in dieser Beziehung, Einstellung der militärischen Maßnahmen, die neue Formel noch ungünstiger ist wie selbst Ssasanows eigene ursprüngliche Fassung. Denn diese rechnete mit einer allseitigen vollständigen Demobilisierung, weil sich Pourtalès nach den Bedingungen dafür erkundigt hatte. Dagegen lege ich im Gegensatz zum Regenbogenbuch, a. a. O., S. 301, Note 2, kein Gewicht darauf, daß Ssasanow bei seiner Wendung vom „europäischen Interesse" bleibt, denn es ist damit wohl nicht verlangt, daß Österreich-Ungarn dieses in formeller Erklärung ausdrücklich anerkennen, sich damit in einen Gegensatz zu seiner früheren Haltung bringen und also demütigen soll.

fraglos ein politischer Druck von russischer Seite ausgeübt, auch Österreich, das schon mehrere erschöpfende Mobilmachungen in den letzten Jahren hinter sich hatte, genötigt worden wäre, seinerseits die Mobilmachung aufrecht zu erhalten. Man kann es deshalb verstehen, daß diese durch Zirkulardepesche den Botschaftern bei allen beteiligten Regierungen mitgeteilte Formel, die auch von London aus nach Berlin kam, bei den Zentralmächten keinen Erfolg hatte. Rußland dagegen erklärte sich auch nach der am 1. August in Berlin verfügten Mobilmachung an diese Formel gebunden, wenn England deren Annahme bewirken könne, bevor deutsche Truppen die Grenze überschritten hätten; von sich aus würde es nicht die Feindseligkeiten eröffnen.[1] Aber, wie gesagt, dieser Vorschlag war für Österreich-Ungarn so ungünstig, daß er für den Fortgang der diplomatischen Verhandlungen von Anfang an ein totes Geleise bedeutete.

Daneben aber liefen bis zum letzten Tage die direkten Verhandlungen zwischen Rußland und Österreich-Ungarn weiter, die, wie wir hörten, gerade am Tage vor der russischen Gesamtmobilmachung durch die Bemühungen Deutschlands wieder in Gang gekommen waren.[2] Erinnern wir uns, daß am 30. Juli in Wien eine vertrauensvolle Aussprache zwischen dem Minister Grafen Berchtold und dem russischen Botschafter stattgefunden hatte, und daß am gleichen Tage der österreichische Ministerpräsident Graf Berchtold seinen Botschafter in Petersburg angewiesen hatte, die Verhandlungen mit dem dortigen Minister des Auswärtigen wieder aufzunehmen. In seiner Zirkulardepesche vom 31. Juli, in der Graf Berchtold den österreichisch-ungarischen Missionen im Auslande

---

[1] Depesche des Botschafters Buchanan aus Petersburg vom 1. August, Blaubuch Nr. 139, S. 109.

[2] Vgl. oben S. 116 ff.

mitteilt, daß auf Grund der russischen Mobilisierungen militärische Maßnahmen in Galizien getroffen seien, fügt der Urheber hinzu: „„Die der Situation entsprechenden Pourparlers zwischen dem Wiener und dem Petersburger Kabinett, von denen wir uns eine allseitige Beruhigung erhoffen, nehmen inzwischen ihren Fortgang.“[1] In der Tat hat einmal am 31. Juli seitens des russischen Botschafters in Wien trotz der allgemeinen Mobilmachung ein Gedankenaustausch mit dem Grafen Berchtold und seinen Mitarbeitern stattgefunden. Freilich sind irgendwelche wesentliche Resultate dabei nicht erzielt. Die Wiener Behörden bestanden darauf, daß Österreich-Ungarn keinerlei aggressive Absichten Rußland gegenüber und keinerlei Eroberungsbestrebungen Serbien gegenüber habe, aber vertraten sämtlich die Meinung, daß Österreich-Ungarn das begonnene Werk zu Ende führen und Serbien eine ernste Lektion erteilen müsse, die eine gewisse Garantie für die Zukunft bieten könne.[2] Weiter hat am Abend des gleichen Tages, dem kritischen Tage, an dem das Berliner Ultimatum um Mitternacht in Petersburg anlangte, eine Unterhandlung zwischen dem österreichisch-ungarischen Botschafter in Petersburg und dem dortigen Minister des Äußern stattgefunden. Über diese Unterhaltung fehlt im Orangebuch der russischen Regierung jegliche Äußerung, indessen haben wir einmal darüber einen Bericht des Botschafters Grafen Szápáry an seine heimische Regierung[3] und zweitens ein Tele-

---

[1] Rotbuch Nr. 53, S. 134.

[2] Depesche des Wiener Botschafters nach Petersburg vom 31. Juli, im Orangebuch Nr. 66.

[3] Depesche des Grafen Szápáry nach Wien vom 1. August, im Rotbuch Nr. 56, S. 135. In dieser, wie gesagt vom 1. August datierten, Depesche spricht der Botschafter von seinem heutigen Besuche bei Ssasanow. Es ergibt sich aber aus dem Vergleich der Parlamentsbücher mit unfehlbarer Sicherheit, daß die fragliche Unterredung schon

gramm, das unmittelbar darauf der russische Minister den diplomatischen Vertretungen im Auslande mitgeteilt hat und das in London durch den Botschaftsrat Etter Grey überreicht wurde.[1] Das letztere lautet:

„Der österreichisch-ungarische Botschafter hat die Bereitwilligkeit seiner Regierung erklärt, den wesentlichen Inhalt des an Serbien gestellten Ultimatums zu diskutieren.[2] Herr Ssasanow drückte seine Zufriedenheit aus und sagte, daß es wünschenswert erscheine, die Verhandlungen möchten unter Teilnahme der Großmächte in London stattfinden.

Herr Ssasanow hoffte, die großbritannische Regierung würde bei diesen Verhandlungen den Vorsitz führen. Sie könne der Dankbarkeit von ganz Europa sicher sein. Mittlerweile sei es von großer Wichtigkeit, daß Österreich-Ungarn unterdessen seine militärischen Maßnahmen auf serbischem Gebiete einstelle."

Der kurze deutliche Bericht von Ssasanow über seine Unterredung mit Szápáry wird in wertvoller Weise bestätigt und ergänzt durch den soeben erwähnten Bericht des letzteren an seine heimische Regierung. Aus diesem geht zunächst hervor, daß es sich bei der Bereitwilligkeit der Donau-

---

am 31. Juli stattgefunden hat. Der Widerspruch erklärt sich offensichtlich daraus, daß die Verhandlung am Abend geführt und die Depesche dann wohl am anderen Morgen datiert ist.

[1] Auf diese Weise ist die Depesche im Original in das Blaubuch gekommen, nachdem Grey sie am 1. August nach Berlin an seinen Botschafter Goschen mitgeteilt hat; siehe Nr. 133, S. 104.

[2] In der Tendenz, der direkten Aussprache zwischen Rußland und Österreich-Ungarn vom 31. Juli eine möglichst weitreichende Bedeutung für die friedliche Verständigung zu geben, um damit in erhöhtem Maße die Schuld an dem Scheitern dieser friedlichen Verständigung auf das deutsche Ultimatum an Rußland schieben zu können, übersetzt seltsamerweise die Berner Ausgabe des Blaubuchs Greys englischen Text der russischen Mitteilung von der readiness of his Governement to discuss the substance of the Austrian Ultimatum to Servia: „die Bereitwilligkeit seiner Regierung, den Inhalt des an Serbien gestellten Ultimatums in Erwägung zu ziehen und zu besprechen", worauf in verdienstvoller Weise das Regenbogenbuch, a. a. O., S. 315, Note 1, aufmerksam macht.

monarchie, in Petersburg ihr Ultimatum an Serbien zu diskutieren, auch jetzt noch immer nur um den Willen handelt, Interpretationen zu geben, dagegen keine Vollmacht vorgelegen hat, unliebsame Forderungen ganz fallen zu lassen. Auffällig ist weiter die Tatsache, daß der Vertreter der Donaumonarchie nichts von dem russischen Verlangen berichtet, daß die militärischen Maßnahmen auf serbischem Boden eingestellt werden müßten, zur conditio sine qua non ist das offenbar für den Fortgang des Bemühens um einen friedlichen Ausgleich nicht gemacht worden. Dagegen hat der Vertreter Österreich-Ungarns seine ganze Verhandlung nur bedingt geführt, weil ihm die durch die russische allgemeine Mobilmachung in Wien geschaffene Lage unbekannt und hat auch gegenüber Ssasanows Hinweis darauf, daß die weiteren Verhandlungen besser in London geführt würden, wegen mangelnder Instruktion nicht selbst Stellung genommen. Eine materielle Verständigung ist also durch die fragliche Unterhandlung am Abend des 31. Juli noch keineswegs erfolgt, und es ist etwas reichlich viel behauptet, wenn der französische Botschafter Cambon die Sache so darstellt, das deutsche Ultimatum sei genau in der Stunde dazwischen getreten, „in der die Verständigung zwischen Wien und Petersburg Tatsache zu werden schien.“[1] Anderseits läßt sich nicht leugnen, daß das um Mitternacht

[1] Siehe die Depesche des Botschafters Cambon aus Berlin nach Paris vom 1. August, Nr. 121 des Gelbbuchs. Im ähnlichen Sinne die Zirkulardepesche des Ministerpräsidenten Viviani an die Vertreter im Auslande vom 1. August, Nr. 125 ebendort. Auch die zusammenfassende Darstellung des englischen Gesandten in Wien am Schluß des Blaubuchs Nr. 161, S. 129 daselbst, vom 1. September neigt dazu, die Erfolge der fraglichen Unterredung zu überschätzen, indem hier mitgeteilt wird, daß Österreich-Ungarn bei dieser Gelegenheit eingewilligt habe, die Londoner Vermittelung anzunehmen, und auch die von Rußland dafür gestellte Bedingung, die Einstellung der Operation in Serbien, angenommen habe.

in Petersburg überreichte deutsche Ultimatum die Situation für eine Verständigung zwischen Österreich-Ungarn und Rußland wesentlich verschlechtert hat. Denn als am andern Morgen Herr Ssasanow den französischen und englischen Botschafter empfängt, gibt er von seiner Verhandlung mit dem Vertreter Österreich-Ungarns eine ganz andere Darstellung.[1] Nach seiner eigenen Zirkulardepesche vom Tage vorher hatte er sich von der Bereitwilligkeit der Donaumonarchie, das Ultimatum an Serbien zu diskutieren, befriedigt erklärt[2] und es nur als sehr wichtig bezeichnet, daß Österreich-Ungarn seine militärischen Operationen in Serbien einstelle; jetzt will er plötzlich dem Grafen Szápáry gesagt haben, die einzige Stelle, von welcher eine erfolgreiche Besprechung der serbischen Frage erwartet werden dürfe, sei London, aber eine solche Besprechung sei eben durch die Beschießung der nur wenig befestigten Stadt Belgrad durch die österreichisch-ungarischen Truppen unmöglich gemacht worden. Damit ist die Sache so dargestellt, als sei von ihm jede weitere diplomatische Verhandlung abgelehnt worden. Das war natürlich auch für eine etwaige weitere Anknüpfung an die fraglichen direkten Verhandlungen kein günstiges Omen. Immerhin lag darüber aber jene, den Mächten mitgeteilte Zirkulardepesche von Ssasanow selbst vor, die geradezu den Charakter einer Urkunde hatte, auf der man fußen konnte. Auf dieser Grundlage hätten sich doch vielleicht die Verhandlungen fortspinnen lassen.

Jedenfalls war am 1. August immer noch die Möglichkeit einer Verständigung zwischen Rußland und Österreich-Ungarn auf dem Umwege über London gegeben. Denn, wenn

[1] Depesche des englischen Gesandten Buchanan an Grey vom 1. August, eingelaufen am 2. August, Nr. 139 des Blaubuchs.

[2] So wörtlich auch eine Zirkulardepesche von Viviani vom 1. August, im Gelbbuch Nr. 120.

auch am Abend des 31. in Petersburg der österreichisch-ungarische Botschafter zu Ssasanows Anregung, die weiteren Verhandlungen in London führen zu lassen, nicht Stellung nehmen konnte, so hatte doch schon an demselben Tage, wie schon wiederholt von uns erwähnt worden ist, die österreichisch-ungarische Regierung nach Berlin telegraphiert, daß sie grundsätzlich geneigt sei, den Vermittelungsvorschlag Greys anzunehmen, wenn sie dabei ihre Aktion gegen Serbien fortsetzen könne, und Grey Rußland bewege, seine Mobilisierung zum Stillstand zu bringen.[1] Auch Rußland hatte nach dem letzten Vorschlag von Ssasanow die Londoner Vermittelung durch die Großmächte akzeptiert, aber Einstellung der militärischen Aktion in Serbien verlangt. Die ganze Diskrepanz zwischen Rußland und Österreich-Ungarn bestand also nach diesen beiden Formeln in zwei Punkten: Einmal in der Frage der Demobilisierung, sodann in der Frage: Soll Österreich-Ungarn während der Vermittelung seine serbische Aktion weiter fortsetzen oder einstellen. Grey, der über das Maß des österreichischen Entgegenkommens „aus bester Quelle" informiert ist, richtet am 1. August noch einen Appell an den russischen Minister des Äußern im Sinne Österreich-Ungarns. Wenn unter Fortgang der militärischen Aktion von Österreich gegen Serbien angesichts der Annahme des Vermittelungsvorschlags durch Österreich-Ungarn Rußland sich zur Einstellung seiner Mobilisation entschließen könne, so schiene es möglich, den Frieden zu erhalten.[2] Wenn der Erfolg dieser Aufforderung ausbleibt, so kann das zum Teil daran liegen, daß Rußland fürchtet, wenn es sich jetzt

---

[1] Depesche des Grafen Berchtold vom 31. Juli nach Berlin, Nr. 51 des Rotbuchs, S. 133. Diese Depesche war dem Botschafter in London und Petersburg mitgeteilt.

[2] Depesche von Grey an Buchanan nach Petersburg vom 1. August, Nr. 135 des Blaubuchs, S. 105.

zur Demobilisierung bereit erklärt, sich dadurch wegen des darauf bezüglichen deutschen Ultimatums vor Deutschland zu demütigen; denn die Spannung zwischen Deutschland und Rußland ist infolge des deutschen Ultimatums größer geworden wie die zwischen Rußland und Österreich-Ungarn.[1] Es ist dafür charakteristisch, daß von den vorgenannten zwei Differenzpunkten zwischen der österreichisch-ungarischen und russischen Idee, über die friedliche Lösung des Konfliktes, die Frage der Demobilisation für Österreich-Ungarn anscheinend keine entscheidende Bedeutung hat. Die Friedensliebe von Österreich-Ungarn ist jetzt am Schluß der diplomatischen Verhandlungen, wo man augenscheinlich vor der Katastrophe des Weltkrieges steht, so stark geworden, seine Nachgiebigkeit geht so weit, daß es auch die russische allgemeine Mobilmachung keineswegs schon als einen casus belli betrachten möchte und nicht die Aufrechterhaltung des Friedens seinerseits gegenüber Rußland von der Demobilisierung abhängig macht. Dafür spricht einmal die früher erwähnte Tatsache, daß am Abend des 31. Juli der Botschafter Szápáry in Petersburg mit Ssasanow auftragsgemäß über das Ultimatum an Serbien verhandelt. Er bemerkt dabei zwar — wie oben gesagt —, daß er nicht wüßte, ob angesichts der allgemeinen russischen Mobilmachung sein Auftrag noch in Geltung ist; aber es ist doch charakteristisch, daß er von Wien aus keine Konterorder bekommen hat. Im Gegenteil, jetzt, wo durch die allgemeine russische Mobilmachung die Situation sich in immer gefahrdrohenderer Weise zugespitzt hatte, versäumt Österreich-Ungarn keine Gelegenheit, seinen guten Willen zu be-

[1] Das ist wenigstens der Eindruck, den der englische Botschafter in Wien an diesem letzten Tage des Friedens gewonnen hat; vgl. dessen Depesche an Grey vom 1. August, Nr. 141 des Blaubuchs.

kunden. Etwa gleichzeitig mit den direkten Verhandlungen zwischen Szápáry und Ssasanow macht die Donaumonarchie in Paris eine Demarche bei dem dortigen Ministerpräsidenten und Minister des Auswärtigen, Viviani.[1] Hier teilt der Gesandte Österreich-Ungarns dem französischen Bundesgenossen mit, die österreichische Regierung habe offiziell Rußland dahin verständigt, daß sie keine Absichten auf Gebietserwerb habe und die staatliche Souveränität Serbiens nicht antasten werde, daß sie gleichfalls jede Absicht, den Sandschak zu besetzen, von sich abweise, daß aber diese Desinteressierungserklärungen nur dann ihre Geltung behielten, wenn der Krieg zwischen Serbien und Österreich lokalisiert bleibe, während ein europäischer Krieg Möglichkeiten eröffne, die unmöglich vorauszusehen seien. Von dem Verlangen einer russischen Demobilisierung ist hier nicht die Rede. Der Botschafter sucht offensichtlich eine Annäherung und regt eine neue Möglichkeit für die Beilegung des Konfliktes zwischen Österreich-Ungarn und Serbien an, indem er sagt, wenn Österreich auch den Fragen der Mächte nicht hätte entsprechen können, die in ihrem eigenen Namen sprächen, so würde man doch zweifelsohne Serbien selbst oder einer Macht antworten können, die im Namen Serbiens Österreich nach seinen Bedingungen frage. Damit wird von österreichisch-ungarischer Seite noch ein höchst interessanter Schritt gemacht, um zu einem friedlichen Ausgleich zu kommen, nämlich auf dem Wege einer direkten Verständigung mit Serbien. Dieser Schritt knüpft augenscheinlich an eine Verhandlung des serbischen Geschäftsträgers in Rom an, von der früher gesprochen ist. Dabei hatte letzterer, wie wir uns erinnern, die Meinung ausgesprochen,

---

[1] Siehe darüber die Zirkulardepesche von Viviani an die französischen Botschafter im Auslande vom 1. August, in Nr. 120 des Gelbbuchs.

Serbien würde vielleicht doch noch die ganze Note annehmen, wenn es zu den strittigen Artikeln 5 und 6 die nötigen Aufklärungen erhalte, und da nicht anzunehmen sei, daß Österreich-Ungarn Serbien solche Erklärungen abgeben würde, sollte das gegenüber den verhandelnden Mächten geschehen und diese Serbien den Rat erteilen, den Forderungen bedingungslos zuzustimmen. Jetzt erklärt sich in letzter Stunde also Österreich-Ungarn auf dem Umwege über Paris bereit, mit den Serben oder einem von ihnen bevollmächtigten Staat doch wieder in direkte Verhandlungen einzutreten. Von der fraglichen Unterredung macht auch der österreichisch-ungarische Botschafter in London Grey am folgenden Tage, am 1. August, Mitteilung.[1] Dieser besucht Grey zweimal an diesem letzten Tage des Weltfriedens. Er teilt ihm mit, daß gestern, also nach erfolgter allgemeiner Mobilmachung, der Graf Berchtold in Wien den russischen Botschafter dort gebeten habe, sein Möglichstes zu tun, um in Petersburg die falsche Annahme aus der Welt zu schaffen, daß Österreich-Ungarn „die Türe zugeschlagen hätte", um alle weiteren Verhandlungen abzuschneiden, und daß der russische Botschafter versprochen habe, das zu tun. Dabei habe Graf Berchtold dem russischen Botschafter noch einmal versichert, daß Österreich-Ungarn weder eine Verletzung der serbischen Souveränität, noch eine Entreißung serbischen Gebiets beabsichtige. Der Vertreter der Donaumonarchie teilt Grey auch mit, daß Graf Berchtold über diese seine Verhandlung mit dem russischen Botschafter an den Vertreter Österreich-Ungarns in Petersburg depeschiert habe und macht besonders darauf aufmerksam, daß dieses Telegramm die Erwähnung enthielt, die Verhandlungen zwischen Petersburg und Wien seien nicht abgebrochen. An demselben 1. August

[1] Depesche von Grey an Bunsen nach Wien vom 1. August, Nr. 137, S. 106, des Blaubuchs.

nachmittags wird auch noch der russische Botschafter in Wien vom dortigen Minister des Äußern empfangen.[1] Wir sehen, Österreich-Ungarn sieht in der allgemeinen Mobilmachung Rußlands, auf die man mit der gleichen Maßregel erwidert hat, keinen Grund, die Verhandlungen mit Rußland abzubrechen; es hat in diesen Verhandlungen das große Zugeständnis gemacht, grundsätzlich die Londoner Vermittelung anzunehmen, und die einzige Diskrepanz zwischen der russischen Formel über die Möglichkeit des Friedens und der Auffassung von Österreich-Ungarn ist die Frage, ob letzteres einstweilen seine Aktion gegen Serbien fortsetzen soll oder nicht. Vor der Überreichung des deutschen Ultimatums hat Ssasanow diese Forderung als „sehr wichtig" bezeichnet, und diese Auffassung ist allen beteiligten Mächten amtlich mitgeteilt, wie wir oben festgestellt haben.

Am Mittag des 1. August läuft die Rußland gestellte Frist für die Beantwortung des deutschen Ultimatums ab. In Berlin wird dementsprechend der Befehl zur Mobilmachung von Heer und Flotte ausgegeben.[2] Mußte diese Mobilmachung

---

[1] Mitteilung des Botschafters Bunsen aus Wien vom 1. August an Grey, eingelaufen am 2. August, in Nr. 141 des Blaubuchs, S. 110.

[2] Mit Rücksicht auf die oben geschilderten obschwebenden diplomatischen Verhandlungen hat sich anscheinend die deutsche Diplomatie bemüht, den Befehl zur Mobilmachung noch hinauszuschieben. Darüber berichtet der belgische Gesandte Baron Beyens in seinem Buche „L'Allemagne avant la guerre", S. 371: „Als am Mittag des folgenden Tages noch keine Antwort von St. Petersburg gekommen war, eilten, wie mir Zimmermann erzählt, dieser und Jagow zum Reichskanzler und zum Kaiser, um die Hinausgabe des allgemeinen Mobilisationsbefehls hintanzuhalten und Se. Majestät zu überreden, damit bis zum folgenden Tage zu warten. Es war die letzte Anstrengung ihres sterbenden Pazifismus oder das erste Erwachen ihres Gewissens. Ihre Anstrengungen mußten sich an der Mauer brechen, welche ihnen die unüberwindliche Hartnäckigkeit des Kriegsministers und der Armeekommandanten entgegenstellte, indem sie dem Kaiser die verhängnisvollen Folgen einer Ver-

auch den Krieg bedeuten? Im englischen Auftrag hat der Botschafter Goschen darüber eine lange Verhandlung mit dem deutschen Staatssekretär von Jagow.[1] Er teilt ihm eine Depesche von Grey[2] mit, wonach dieser immer noch der Ansicht sei, daß man den Frieden aufrecht erhalten könne, wenn nur ein geringer Zeitaufschub erreicht werden könne, bevor eine Großmacht losschlage. Die russische Regierung habe ihm mitgeteilt, daß Österreich-Ungarn nicht weniger bereit sei, mit Rußland zu verhandeln, als auch eine solche Vermittelung anzunehmen, deren Grundlage nicht, wie die erste von Rußland angebotene, österreichischerseits bemängelt werden könne. Grey meint, die Sache dürfe nicht hoffnungslos erscheinen, solange als Österreich-Ungarn und Rußland bereit seien, zu verhandeln, und er hege die Zuversicht, die deutsche Reichsregierung möge diese russische Mitteilung sich zunutze machen, um eine allzu große Spannung zu vermeiden. Die englische Regierung beuge auch ihrerseits allem vor, was die Lage verschlimmern könnte. Der Botschafter unterstützt diese Auffassung, indem er von sich aus geltend macht, daß die Hauptursache des ganzen Streites doch zwischen Österreich-Ungarn und Rußland läge, und daß Deutschland nur wegen seines Bündnisses mit ersterem hineingezogen worden sei. Wenn jene beiden Staaten augenscheinlich bereit seien, über die Angelegenheit zu verhandeln und Deutschland selbst den Krieg nicht wünsche, so erschiene es ihm vernünftig, daß es seine bewaffnete Hand zurückzöge, um an der Herbei-

---

zögerung um weitere 24 Stunden vor Augen stellten", zitiert nach Lowes Dickinson: „Die europäische Anarchie" in der Internationalen Rundschau, Jahrgang 3, Heft 4, S. 172.

[1] Depesche von Goschen an Grey vom 1. August, eingelaufen am 2. August, Nr. 138 des Blaubuchs, S. 107.

[2] Das Original der Depesche von Grey befindet sich im Blaubuch Nr. 131, S. 103.

führung einer friedlichen Lösung mitzuwirken. Der Staatssekretär entgegnet darauf, daß, wenn Rußland nicht gegen Deutschland mobilisiert hätte, alles zum besten gewesen wäre. Rußland habe behauptet, daß seine Mobilisation nicht notwendig den Krieg bedeute und daß die dortige Mobilisation monatelang aufrecht erhalten werden könne, ohne Krieg zu führen. Dasselbe sei nicht der Fall mit Deutschland. Das letztere besäße den Vorteil großer Beweglichkeit, während Rußland über denjenigen einer großen Heeresmasse verfüge, und die Sicherheit Deutschlands verwehre es diesem, Rußland Zeit zu lassen, große Truppenkörper aus seinen weiten Gebieten anzusammeln. Wenn Rußland nicht binnen einer gewissen Nachfrist auf das deutsche Ultimatum Antwort gäbe, sei der Botschafter angewiesen, zu erklären, daß die Reichsregierung die Verweigerung einer Antwort als Kriegserklärung ansehen müsse. Damit war der letzte von Greys unermüdlichen Vermittelungsversuchen gescheitert. Ebenso erfolglos blieb ein persönliches Telegramm des Zaren an Kaiser Wilhelm II., das zwei Stunden nach Ablauf der Frist des Ultimatums einlief. Es hatte folgenden Wortlaut[1]:

„Ich habe die Telegramme erhalten, ich verstehe, daß Du gezwungen bist, mobil zu machen, aber ich möchte von Dir dieselbe Garantie haben, die ich Dir gegeben habe, nämlich, daß diese Maßnahme nicht Krieg bedeute und daß wir fortfahren werden, zu verhandeln, zum Heile unsrer beiden Länder und des allgemeinen Friedens, der unserm Herzen so teuer ist. Unserer treu bewährten Freundschaft muß es mit Gottes Hilfe gelingen, Blutvergießen zu verhindern. Dringend erwarte ich voll Vertrauen Deine Antwort.“

---

[1] Siehe das deutsche Weißbuch.

Die Antwort lautete folgendermaßen:

„Ich danke Dir für Dein Telegramm, ich habe Deiner Regierung gestern den Weg angegeben, durch den allein noch der Krieg vermieden werden kann. Obwohl ich um eine Antwort für heute Mittag ersucht hatte, hat mich bis jetzt noch kein Telegramm meines Botschafters mit einer Antwort Deiner Regierung erreicht. Ich bin daher gezwungen worden, meine Armee zu mobilisieren. Eine sofortige klare und unmißverständliche Antwort Deiner Regierung ist der einzige Weg, um ein endloses Elend zu vermeiden. Bis ich diese Antwort erhalten habe, bin ich zu meiner Betrübnis nicht in der Lage, auf den Gegenstand Deines Telegramms einzugehen. Ich muß auf das Ernsteste von Dir verlangen, daß Du unverzüglich Deinen Truppen den Befehl gibst, unter keinen Umständen auch nur die leiseste Verletzung unserer Grenzen zu begehen."

§ 8. Die Kriegserklärung.

Da diese nochmalige Aufforderung zur Demobilisation ohne Erfolg blieb, so wurde um 5 Uhr nachmittags der russischen Regierung die Kriegserklärung überreicht. Es ist sehr wichtig, festzustellen, daß die deutsche Kriegserklärung selbst als ihren Grund nur die Weigerung Rußlands zur Demobilisation angibt.[1]

---

[1] Die Kriegserklärung hat folgenden Wortlaut: „Die Kaiserliche Regierung hat sich seit Beginn der Krise nach Kräften bemüht, sie zu einer friedlichen Lösung zu führen. In Erfüllung eines Wunsches Seiner Majestät des Kaisers von Rußland hatten Seine Majestät der Deutsche Kaiser im Einverständnis mit England die Rolle eines Vermittlers bei den Kabinetten von Wien und St. Petersburg übernommen, als Rußland, ohne das Ergebnis abzuwarten, zur Mobilmachung aller seiner Land- und Seestreitkräfte schritt. Infolge dieser drohenden Maßnahmen, die durch keine militärische Vorbereitung von deutscher Seite begründet waren, sah sich Deutschland einer schweren und unmittelbar

Irgend ein militärischer Angriff lag also damals noch nicht vor. Wenn die Denkschrift des deutschen Weißbuchs sagt, Rußland habe den Krieg begonnen[1], indem schon am Nachmittag des 1. August russische Truppen die Grenze überschritten hätten, so würde diese Behauptung nur schlüssig sein, wenn angegeben werden könnte, daß die Grenzüberschreitung vor Überreichung der Kriegserklärung stattgefunden

---

bevorstehenden Gefahr gegenüber. Hätte es die Kaiserliche Regierung unterlassen, dieser Gefahr zu begegnen, so würde sie die Sicherheit und sogar den Bestand Deutschlands gefährdet haben. Infolgedessen sah sich die Kaiserliche Regierung gezwungen, sich an die Regierung Seiner Majestät des Kaisers aller Russen zu wenden und die Einstellung der besagten militärischen Maßnahmen zu fordern. Da Rußland sich geweigert hat, dieser Forderung Folge zu leisten, und durch diese Weigerung bekundet hat, daß sein Vorgehen gegen Deutschland gerichtet war, so habe ich die Ehre, auf Befehl meiner Regierung Eure Exzellenz wissen zu lassen, was folgt: Seine Majestät der Kaiser, mein erhabener Gebieter, nimmt die Herausforderung an und betrachtet sich als im Kriegszustande mit Rußland." Höchst seltsam mutet die Redaktion des Schlusses der Kriegserklärung an. Offenbar folgt man hier nach einem Schema aus dem Zeitalter des Barocks, indem Staat und Herrscher identifiziert werden. Beinahe könnte man meinen, es handle sich um eine Duellforderung unter den Herrschern, während sie doch selbst heute außer Gefecht bleiben und Millionen ihres Volkes sich verbluten müssen. Aber dieses Volk, das sich verblutet, wird nicht einmal in seiner staatlichen Organisation erwähnt, vom deutschen Staat ist nicht die Rede. Der im vorstehenden wiedergegebene Text ist die offizielle Übersetzung der französisch geschriebenen Kriegserklärung; siehe das Weißbuch Anlage 26.

[1] Seltsamerweise schweigt die Depesche des österreichisch-ungarischen Botschafters Grafen Szögeny an den Grafen Berchtold aus Berlin ganz über die Tatsache der deutschen Kriegserklärung. Sie ist offenbar falsch vom 2. August statt vom 1. datiert und lautet: „Der Herr Staatssekretär sagte mir soeben, daß von Rußland keine Antwort auf die deutsche Anfrage eingelangt sei. Russische Truppen haben die deutsche Grenze bei Schwidden, südöstlich Bialla, überschritten. Rußland hat daher Deutschland angegriffen. Deutschland betrachtet sich daher als im Kriegszustand mit Rußland ...." Rotbuch Nr. 157, S. 136.

hätte. Die bloße Angabe, der fragliche Akt sei geschehen, ehe in Berlin eine Bestätigung der Ausführung des Auftrages zur Kriegserklärung eingelaufen sei, beweist nichts, weil es sehr wohl möglich ist, daß die Tatsache der Kriegserklärung den Truppen an der Grenze früher mitgeteilt worden, als daß eine Depesche des Botschafters aus Petersburg über die Ausführung seines Auftrags nach Berlin übermittelt werden konnte. Außerdem könnte, auch wenn die fragliche Grenzüberschreitung vor geschehener Kriegserklärung vorgefallen sein sollte, darin eine bloße Disziplinwidrigkeit eines einzelnen Truppenführers liegen, wie eine solche zugestandenermaßen selbst auf deutscher Seite vor erfolgter Kriegserklärung gegenüber Frankreich vorgekommen ist.[1] Daß die russische Regierung nicht die Absicht hatte, schon auf die Nachricht von der deutschen Mobilmachung hin, die Feindseligkeiten zu eröffnen, ergibt sich aus der letzten Verhandlung, die Ssasanow und Buchanan in Petersburg geführt haben, in der er in Kenntnis der erst durch die deutsche Mobilmachung, wie er behauptet, geschaffenen verzweifelten Lage, doch noch mit der Möglichkeit rechnet, daß England in Wien die Annahme seiner Verständigungsformel durchsetzt, ehe die deutschen Truppen die Grenze überschritten hätten, und verspricht, seinerseits nicht mit den Feindseligkeiten zu beginnen.[2] Tatsächlich ist es nur die Mobilmachung, die zum Kriege geführt hat, wie schon am Tage vorher der Reichskanzler dem deut-

---

[1] In seiner Reichstagsrede vom 4. August hat der deutsche Reichskanzler mitgeteilt, daß von den französischen Beschwerden über deutsche Grenzverletzungen vor der Kriegserklärung eine einzige zugegeben werde. Gegen den ausdrücklichen Befehl habe eine, anscheinend von einem Offizier geführte Patrouille des 14. Armeekorps am 2. August die Grenze überschritten.

[2] Depesche des Botschafters Buchanan an Grey vom 1. August, eingelaufen am 2. August, Blaubuch Nr. 139, S. 108.

schen Botschafter nach Paris gedrahtet hatte: „Die Mobilmachung bedeutet unvermeidlich Krieg."

Aber wäre nicht auch nach erfolgter russischer und deutscher Mobilmachung ein Fortgang der diplomatischen Verhandlungen möglich gewesen? Theoretisch betrachtet, sicherlich. Denn die Mobilmachung ist und bleibt ein staatsrechtlicher Akt, der durchaus nicht immer zum Kriege zu führen braucht. Oft genug haben sich in der Geschichte mobile Heere an den Grenzen gegenübergestanden und es ist dann doch noch gelungen, durch diplomatische Verständigung den Krieg zu vermeiden. So war es an den Grenzen Galiziens zwischen Rußland und Österreich gewesen während der Krisis des Balkankrieges, und noch nach dem Kriegsbeginn zwischen Deutschland und Rußland bestand auf eine Äußerung von Grey hin kurze Zeit in Berlin die Hoffnung, Frankreich würde neutral bleiben und die deutschen und französischen Truppen könnten sich an den Grenzen bewaffnet gegenüberstehen, ohne sich anzugreifen.[1] An Österreich-Ungarns gutem Willen, die Verhandlungen auch nach der russischen allgemeinen Mobilmachung fortzusetzen, kann, wie wir schon festgestellt haben, nicht gezweifelt werden. Was Rußland anging, so hatte der Zar noch in seinem letzten Telegramm am Tage der Kriegserklärung versichert, daß er trotz allseitiger Mobilmachung fortfahren wollte, zu verhandeln; er spricht deshalb in einem Tele-

[1] Siehe darüber die Depesche des deutschen Botschafters aus London an den Reichskanzler vom 1. August, Neuausgabe des Weißbuchs, Abschnitt 6 II, das darauf bezügliche Telegramm des Deutschen Kaisers an den König von England vom gleichen Tage, ebendort, Abschnitt 5 VI, die Antwortdepesche des Reichskanzlers auch vom gleichen Tage, ebendort, Abschnitt 5 VII, die Antwort des Königs von England an den Deutschen Kaiser, ebendort, Abschnitt 5 VIII, die Depesche des Botschafters aus London vom 1. August, a. a. O., Abschnitt 6 III, und endlich dessen Telegramm vom folgenden Tage an den Reichskanzler, Abschnitt 5 IX.

gramm an den König von England vom 1. August davon, daß „die unvorhergesehene Kriegserklärung ihm ganz unerwartet gekommen sei, da er dem Kaiser Wilhelm die ausdrückliche Versicherung gegeben hätte, daß sich seine Truppen nicht in Bewegung setzen würden, solange die Verhandlungen über eine Vermittelung weitergeführt würden.[1] Daß England sich noch am Tage der Kriegserklärung bemühte, dahin zu wirken, daß, auch wenn die deutsche Mobilmachung die unausbleibliche Folge der russischen war, ein Losschlagen vermieden und noch ein geringer Zeitaufschub zu Verhandlungen erreicht würde, haben wir schon durch Greys letzte Bemühungen in Berlin vor der Kriegserklärung erfahren. Dazu hatte der König von England in eigener Person am Morgen der Kriegserklärung auf die Beschwerde des Kaisers Wilhelm II. über die allgemeine russische Mobilmachung folgendermaßen geantwortet[2]:

„Vielen Dank für Dein Telegramm von gestern Nacht. Ich habe ein dringendes Telegramm an Nikolaus geschickt, in dem ich ihm meine Bereitwilligkeit ausgesprochen habe, alles zu tun, was in meiner Macht steht, um die Wiederaufnahme der Verhandlungen zwischen den beteiligten Mächten zu fördern."

Diese Zusage hatte der König durch ein ernstes Telegramm an den Zaren erfüllt.[3] Ebenso wenig scheint Frankreich ge-

---

[1] Siehe diesen Brief weiter unten.

[2] Neuausgabe des Weißbuchs, Abschnitt 5 IV.

[3] Dieses Telegramm des Königs Georg an den Zaren lautete folgendermaßen: „Ich muß annehmen, daß diese ernste Entscheidung, die allgemeine Mobilmachung Rußlands, die Folge eines Mißverständnisses ist. Ich wünsche dringend, keine Gelegenheit zu verlieren, um die schreckliche Katastrophe zu vermeiden, die jetzt die ganze Welt bedroht. Daher wende ich mich persönlich an Eure Majestät, damit das Mißverständnis, das nach meiner Meinung eingetreten sein muß, aufgehoben und der Weg zu Unterhandlungen geöffnet werde. Wenn Sie damit einverstanden sind, kann ich in jeder Weise dazu beitragen,

neigt gewesen sein, wegen der russischen Balkaninteressen auf eine Entscheidung durch das Schwert zu drängen, dasselbe

daß dieses hochbedeutsame Ziel erreicht wird. Ich werde alles tun, was in meiner Macht steht, damit die unterbrochenen Verhandlungen zwischen den Mächten wieder aufgenommen werden. Ich vertraue darauf, daß Eure Majestät ebenso wie ich den Wunsch hegen, daß alles nur Mögliche getan werde zur Erhaltung des Weltfriedens. Georg." Die Mißbilligung der allgemeinen Mobilmachung tritt hier deutlich zutage. Die Antwort, seltsamerweise erst nach der deutschen Kriegserklärung erteilt, lautet folgendermaßen: „Ich hätte gern Ihren Vorschlag angenommen, wenn nicht der deutsche Botschafter heute nachmittag meiner Regierung eine Kriegserklärung überreicht hätte. Seit der Überreichung des österreichischen Ultimatums in Belgrad richtete meine Regierung alle ihre Bemühungen darauf, eine friedliche Lösung der von Österreich aufgeworfenen Fragen zu fördern. Das Ziel Österreichs bei dieser Aktion war, Serbien zu zerschmettern, um einen Vasallenstaat daraus zu machen. Wenn das Österreich verwirklichte, so erschütterte es das Gleichgewicht auf dem Balkan, das für mein Reich eine Lebensfrage ist. Jeder darauf bezügliche Vorschlag meiner Regierung wurde von Deutschland und Österreich abgelehnt. Erst als der günstige Augenblick vorüber war, um einen Druck auf Österreich auszuüben, um es zur Nachgiebigkeit zu zwingen, zeigte Deutschland Neigung zu einer Vermittelung, aber auch da brachte es keinen bestimmten Vorschlag vor. Die österreichische Kriegserklärung gegen Serbien nötigte mich, eine Teilmobilmachung anzuordnen, obwohl mir meine militärischen Berater angesichts der bedrohlichen Lage nachdrücklich eine Gesamtmobilmachung anrieten wegen der Schnelligkeit, mit der Deutschland im Vergleich zu Rußland mobilisieren kann. Wir waren zu diesem Entschlusse gezwungen infolge der österreichischen Gesamtmobilmachung (?), der Beschießung Belgrads und der Ansammlung österreichischer Truppen in Galizien und infolge geheimer militärischer Maßnahmen Deutschlands. Daß ich mit Recht so vorging, zeigt die unvorhergesehene Kriegserklärung Deutschlands, die mir ganz unerwartet kam, da ich dem Kaiser Wilhelm die ausdrückliche Versicherung gegeben hatte, daß sich meine Truppen nicht in Bewegung setzen würden, solange die Verhandlungen über eine Vermittelung weitergeführt würden. In dieser ernsten Stunde möchte ich Ihnen nochmals erklären, daß ich alles getan habe, was in meiner Macht lag, um den Krieg zu verhindern. Jetzt, da ich zum Kriege gezwungen worden bin, vertraue ich darauf, daß Ihr Land Frankreich und Rußland nicht ohne Hilfe läßt."

Frankreich, das nach dem Inhalt seines Parlamentsbuchs von Anfang an nur die eine angstvolle Vorstellung hat, Deutschland würde den Balkankonflikt benutzen, um Frankreich zu überfallen[1].

Wenn aber alle Beteiligten trotz der eingetretenen Mobilmachungen die Verhandlungen fortsetzen wollten, warum hat Deutschland den Krieg erklärt? Über die Antwort darauf werden die Historiker der verschiedenen Länder wohl niemals einig werden. Deutschlands Gegner werden immer sagen, daß Deutschland den Krieg gewollt hat und im günstigsten Falle diesen Willen mit der Vorstellung erklären, die Entente wolle doch über kurz oder lang Deutschland überrennen, und da sei es gut, ihr zuvorzukommen und zu gelegener Zeit einen

---

1 Charakteristisch dafür ist schon die Unterredung des französischen Botschafters Cambon in Berlin mit Herrn v. Jagow, dem deutschen Staatssekretär, vom 27. Juli, Nr. 74 des Gelbbuchs, bei der Cambon direkt fragt, ob Deutschland den Krieg wolle, und Jagow antwortet, er wisse, daß dies Cambons Gedanke sei usw. Beachte auch den Bericht des Wiener Botschafters Dumaine vom 28. Juli in Nr. 83 des Gelbbuchs, der mit den Worten schließt: „Das beunruhigendste der Verdachtsmomente, die die plötzliche und Gewalt bedeutende Entschließung Österreichs hervorruft, ist, daß Deutschland zu dem Angriff auf Serbien angetrieben habe, um unter den Umständen, die es für ihn am günstigsten hält, und unter zuvor erwogenen Bedingungen selbst in den Kampf mit Rußland und Frankreich zu gehen." In gleichem Sinne sagt der Ministerpräsident Viviani in seiner Depesche an die Botschafter vom 31. Juli: „Kurz, alle Eindrücke, die aus Berlin berichtet werden, führen zur Überzeugung, daß Deutschland die Demütigung Rußlands, die Zersetzung der Tripelentente und, wenn diese Resultate nicht erreicht werden könnten, den Krieg betrieben hat." Vgl. Gelbbuch Nr. 114. Am folgenden Tage depeschiert Viviani an die Botschafter: „Die Haltung Deutschlands zeigt, daß es den Krieg will. Und es will den Krieg gegen Frankreich." Gelbbuch Nr. 120. Beachte dagegen, was oben S. 196 über die eine Zeitlang in Berlin gehegte Hoffnung gesagt ist, daß Frankreich auch nach erfolgter Mobilisation neutral bleiben könne.

Präventivkrieg zu führen.[1] Die Deutschen werden versuchen, sich in die Seele der verantwortlichen Personen in anderer Weise hineinzudenken. Sie werden die Frage aufwerfen, ob man sich denn auf die Zusage des Zaren genügend hätte verlassen können. Hatte man sich nicht von dem Zaren schon dadurch getäuscht gefühlt, daß er trotz seiner friedlichen Telegramme den Befehl zur allgemeinen Mobilmachung gegeben

---

[1] Charakteristisch dafür ist es in hohem Maße, wie der edle englische Pazifist Lowes Dickinson, der von einem wundervollen Streben nach Gerechtigkeit beseelt ist, die Dinge beurteilt. Er schreibt:

„Dagegen bestreite ich aus vollster Überzeugung die anscheinend in England fast allgemein herrschende Ansicht, daß Deutschland in den vorausgegangenen Jahren eine Politik des Krieges verfolgt habe, während alle andern Mächte eine Friedenspolitik getrieben hätten. Ich bin davon überzeugt, daß der von Deutschland schließlich provozierte Krieg als „Präventivkrieg" gedacht war, d. h. dem Glauben entsprungen, daß, wenn Deutschland nicht damals losschlug, es später gezwungen sein würde, sich unter weit ungünstigeren Bedingungen zu schlagen. Was ich geschrieben habe, wäre vergeblich geschrieben, wenn ich den Leser nicht davon überzeugt hätte, daß die europäische Anarchie unvermeidlich diese Geistesverfassung bei den Mächten hervorruft und daß sie alle fortwährend unter der Herrschaft der Kriegsdrohung leben. Um die Handlungsweise jener zu verstehen, die in Deutschland in jenen kritischen Tagen am Ruder standen, muß man sich all das vergegenwärtigen, was ich im Vorstehenden hervorgehoben habe: die allgemeine Lage, wegen deren die Mächte der Entente sich gegen die des Dreibundes gruppierten; die Rüstungen und Gegenrüstungen, die kolonialen und wirtschaftlichen Rivalitäten, die Rassen- und Nationalitätenprobleme in Südosteuropa, und die lange Reihe früherer Krisen, die in jedem einzelnen Falle wohl glücklich überwunden waren, jedoch immer Mißtrauen und Furcht hinterließen, so daß jede neuere Krise ärger wurde als die frühere. Ich will die Verantwortung Deutschlands am Kriegsausbruch nicht abschwächen. Aber diese seine Verantwortung war in eine tiefere und allgemeinere verstrickt und durch sie bedingt, nämlich durch die Verantwortung aller Mächte an der europäischen Anarchie", a. a. O. S. 174. Der fragliche, hier wiederholt zitierte Aufsatz von Dickinson ist nur ein wortgetreuer Auszug aus seinem Buche mit dem gleichen Titel: „Die europäische Anarchie". London. Allen & Unwin. 1916.

hatte? Und selbst wenn kein Zweifel an der restlosen Aufrichtigkeit des Zaren berechtigt gewesen wäre, hatte der Zar nicht selbst von einem Druck gesprochen, der auf ihn ausgeübt werde, dem er nicht mehr würde widerstehen können und der ihn zu Maßregeln zwingen würde, die zum Kriege führen würden. Hatte sich dieses prophetische Wort nicht zum Teil schon erfüllt durch die allgemeine Mobilmachung in Rußland? Durch dieses Zarenwort war doch eigentlich die Existenz einer starken Kriegspartei in dessen Umgebung von kompetentester Seite zugestanden. Wer aber konnte nun den verantwortlichen Instanzen in Deutschland eine Gewähr dafür geben, ob, wenn man auch bereitwillig die Verhandlungen fortgesetzt hätte, schließlich nicht doch diese Kriegspartei den Zaren zum Kriege bestimmt hätte, und dann der Krieg für Deutschland unter sehr viel ungünstigeren Bedingungen hätte geführt werden müssen?[1] Hier, werden die meisten in Deutschland sagen, mußten dann die militärischen Erwägungen entscheiden, daß es besser war, wie der deutsche Staatssekretär dem englischen Gesandten gesagt, die Vorteile auszunutzen, die die Möglichkeit der schnelleren Mobilmachung bot. Hätte in der Tat die russische Kriegspartei nicht immer noch Gelegenheit gehabt,

[1] Wie schwach es mit der persönlichen Autorität des Zaren in Rußland bestellt war, haben wir inzwischen doch auch an seinem schnellen Sturz durch die Revolution erlebt. Um den offensiven Charakter der russischen Mobilmachung darzutun, hat der Reichskanzler in seiner Rede im Budgetausschuß des Reichstags vom 9. November 1916 auch darauf hingewiesen, daß man eine allgemeine Anweisung der russischen Regierung von 1912 gefunden habe, die wörtlich folgende Stelle enthalte: „Allerhöchst ist befohlen, daß die Verkündung der Mobilisation zugleich die Verkündung des Krieges gegen Deutschland ist.“ Es handelt sich um einen Befehl des Chefs des Generalstabes des Warschauer Militärbezirkes an den Kommandeur des VI. Armeekorps vom 30. September 1912. Damals geschah im russischen Westen eine Probemobilisierung, für die hier vielleicht nur das Manöverthema gestellt war.

die etwa fortgesetzten Verhandlungen zum Scheitern zu bringen, nachdem die russische und die, auf die deutsche unfehlbar folgende französische Mobilmachung zu Ende geführt worden wären? Gewiß bestand schon Übereinstimmung darüber unter den Mächten, daß man die Londoner Vermittelung annehmen wolle. Aber war irgend eine Garantie dafür gegeben, daß, nachdem die Zentralmächte diese große Konzession gemacht, ihrerseits die ursprünglich abgelehnte Londoner Vermittelung im Streit zwischen Österreich-Ungarn und Serbien anzunehmen, nun auch Rußland seinerseits entgegenkommen und dulden würde, daß Österreich-Ungarn sich nach dem englischen Vorschlag sich zunächst eine persönliche und direkte Genugtuung verschaffte, indem es Belgrad und Umgebung so lange besetzte, bis eine Londoner Vermittelung solche Garantien ihm verschafft hätte, die ihm genügten? Hat nicht vielmehr nach der deutschen Mobilmachung, aber vor der deutschen Kriegserklärung, der russische Minister des Auswärtigen, Ssasanow, in seinen mehrfach berührten Unterhandlungen mit dem englischen Botschafter Buchanan als die einzige Möglichkeit des Friedens die bezeichnet, daß Österreich-Ungarn seine Formel annehme, nach der es nicht nur die Vermittelung schlucken, sondern jegliche Aktion in Serbien sofort einstellen sollte? Was sollte man tun, wenn Rußland auf diesem Standpunkt verharrte? Wäre es nicht eine starke diplomatische Niederlage im internationalen Schachspiel gewesen, wenn man dann schließlich unter dem Druck der Mobilmachung von rechts und links auch noch diese Konzession hätte machen müssen?

Das sind die Erwägungen, die man in Deutschland anstellen wird, um die Entscheidung der eigenen Regierung zu rechtfertigen. Niemand wird die Persönlichkeiten um ihre Stellung beneiden, denen von der Geschichte bestimmt war, über das Für und Wider solcher Erwägungen zu entscheiden. Die Aufgabe der Theorie des Völkerrechts liegt nicht darin, politische oder moralische Zensuren über solche Entscheidungen auszuteilen, sondern darauf hinzuweisen, daß ein System des Staatenlebens reformbedürftig ist, das solche Situationen heraufführt. Bei dem heutigen Stand ist es nicht unmöglich, daß die verantwortlichen Instanzen in Deutschland ohne irgend ein subjektives Verschulden sich über das Maß des guten Willens auf der Gegenseite geirrt hätten, als sie die Fackel zu diesem grausigsten aller Kriege entzündeten. Wo für den unparteiischen Beurteiler die objektive Möglichkeit gegeben ist, daß ein Konflikt friedlich gelöst wird, da muß durch institutionelle Einrichtungen in Zukunft dafür gesorgt werden, daß diese Lösung auch gefunden wird. Und wie nahe hat sie im vorliegenden Falle gelegen! Allein die Frage, ob während der vermittelnden Tätigkeit der Großmächte die Aktion in Serbien von Österreich-Ungarn fortgesetzt werden sollte, war, wie immer wieder betont werden muß, noch strittig. Nun wäre es aber offenbar ganz sinnlos gewesen, wenn Österreich-Ungarn erst noch einen blutigen Krieg in Serbien hätte führen wollen, nachdem es vorher sich einverstanden erklärt, daß seine Kriegsziele durch eine diplomatische Vermittelungsaktion fixiert werden sollten. Anderseits war sein Wunsch verständlich, um nicht nach außen hin als entmündigt zu erscheinen, sich zunächst einmal selbst in Serbien eine provisorische Genugtuung zu verschaffen. Dazu bot die Besetzung der unmittelbar an der Grenze gelegenen feindlichen Hauptstadt die beste Gelegenheit. Die Serben hätten sie ohne Schwertstreich räumen können, weil sie wußten, daß sie sie wiederbekamen, unnützes Blutvergießen wäre vermieden und Serbien hätte eine wohlverdiente Demütigung erlitten. Das Pfand aber hätte Österreich-Ungarn Garantie gegeben, daß die Vermittelungsaktion ihm auch für die Zukunft zu seinem Rechte verhelfen würde. Denn es konnte Belgrad in der Hand behalten, bis es von den Vorschlägen der vermittelnden Staaten befriedigt war. Statt solcher sachlich gebotenen Lösung, dieser Weltenbrand!

Solche Erwägungen über die Notwendigkeit durch einen entsprechenden Ausbau des Völkerrechts und speziell des Instituts der Vermittelung die Wiederkehr ähnlicher Katastrophen zu verhüten, gelten aber auch gegenüber den Skeptikern, die der Meinung sind, daß auf der einen oder der andern Seite heimlich ein unbedingter Kriegswille vorhanden gewesen sei. Denn, wie in anderem Zusammenhang schon angedeutet, dieser heimliche Kriegswille könnte höchstens bei den Regierenden, niemals bei den Völkern obgewaltet haben, und ohne die Völker kann der moderne Krieg nicht geführt werden. Daher überall das erfolgreiche Bemühen, dem Volke die Überzeugung beizubringen, man führe einen heiligen Krieg der Notwehr gegen den Überfall des Nachbarn. Das könnte doch höchstens immer nur für eine Partei stimmen, und solche Fiktionen gilt es, ein für allemal unmöglich zu machen. Mit anderen Worten: Das Netz der völkerrechtlichen Normen über die Kriegsverhütung muß so enge und kräftige Maschen erhalten, daß die Regisseure des Krieges nicht mehr hindurchschlüpfen können.

5. Kapitel.

Die Gesichtspunkte der Reform.

Indem wir die Geschichte des Konfliktes verfolgt haben, der dem Weltkrieg vorausging, haben wir gleichzeitig die Gesichtspunkte gewonnen, die für den Ausbau des Völkerrechts entscheidend sein müssen, wenn anders in Zukunft ein ähnlicher Konflikt nicht wieder eine gleiche furchtbare Lösung finden soll. Das fakultative Schiedsgericht und die fakultative Vermittelung haben versagt, kein Zweifel, die Zukunft gehört dem Obligatorium. Kein Staat darf mehr die Fackel des Krieges entzünden, ohne daß wenigstens vorher der Versuch zu einem gütlichen Ausgleich gemacht wäre. Denn die Erfahrung des Krieges lehrt, daß sonst ein Weltenbrand entstehen kann, der alle Staaten in ein größeres oder geringeres Verderben zieht. Man denke an das Schicksal Belgiens und Griechenlands, aber auch an das Schicksal solcher neutralen Staaten, die, wie die Schweiz und Holland, bisher zwar nicht zum Kriegsschauplatz geworden sind, aber sich erschöpfen in umfassenden Mobilmachungen von jahrelanger Dauer und dafür eine Schuldenlast auftürmen müssen, die noch späte Generationen drückt. Die Zugehörigkeit des einzelnen Staates zur sozialen und rechtlichen Gemeinschaft der Staaten ist für ihn eine Quelle von Vorteilen und Annehmlichkeiten und erhöht seine Lebensbedingungen nach tausend Richtungen. Da ist es keine ungebührliche Zumutung an das völkerrechtliche Individuum, daß es im Falle eines Konfliktes sein Interesse an einer sofortigen gewaltsamen Entscheidung zurückstellt hinter dem Interesse der Staatengemeinschaft an der Aufrechterhaltung des Rechtsfriedens in der Kulturwelt. In der Regel wird es sich dabei auf seiner Seite ja nur um die Preisgabe eines vermeintlichen Interesses handeln. Denn die Erfahrung des gegenwärtigen Krieges beweist, daß ein Volkskrieg zwischen modernen Kulturstaaten alle Beteiligten zugrunde richtet, oder wie Lammasch einmal geistreich gesagt hat, daß die Sprache der Kanonen, die angeblich die ultima ratio regum, in Wirklichkeit der irrationalste Weg ist, um einen Staatenkonflikt zu entscheiden. Also ist auch für den Staat selbst am besten gesorgt, wenn er genötigt wird, zunächst auf friedlichem Wege einen Ausgleich zu versuchen. Diese Verpflichtung kann ihm aber nur auferlegt werden, wenn ihm gleichzeitig für solchen Ausgleich ein Forum gewährt wird, das ihm alle denkbaren Garantien der Unparteilichkeit gibt, im Gegensatz zu den bisherigen diplomatischen Konferenzen solcher Staaten, die wegen der vorhandenen Bündnissysteme sich in einem offensichtlichen Konflikt mit sich selbst befinden, wenn sie vermitteln wollen. Denn entweder wird dabei keine aufrichtige Neutralität obwalten, wenn sie nämlich ihren Bündnispflichten treu bleiben wollen, oder umgekehrt werden sie ihre bundesfreundliche Gesinnung unterdrücken müssen, und dadurch Verstimmungen bei ihren Bundesgenossen auslösen, die wiederum in nachteiliger Weise auf ihre gesamte politische Situation zurückwirken. Schafft man eine möglichst unparteiische obligatorische Instanz für die Vermittelung, so entfällt damit die Gefahr, daß jede Konzession als eine Demütigung gegenüber dem Gegner erscheint. Das Resultat würde sein, daß die Streitigkeiten sozusagen entpolitisiert werden. Selbstverständlich darf das nicht in dem Sinne verstanden werden, daß die Erwägungen formalen Rechts statt sachlicher Zweckmäßigkeit für ihre Beurteilung maßgebend sein sollen, aber die Lösung lokaler Konflikte muß aus den Bedürfnissen des konkreten Falles abgeleitet werden und darf nicht abhängig bleiben von allgemeinen weltpolitischen Spannungen. Bei dem Konflikt zwischen Österreich-Ungarn und Serbien war die Lösung von Anfang an doch nur deshalb so schwierig, weil im Hintergrunde der ganzen Frage die Balkanprobleme und damit der Gegensatz der europäischen Bündnissysteme standen. Wie der englische Botschafter berichtet, wähnt sich die Donaumonarchie zunächst vor die Wahl gestellt, entweder die Serben unterjochen zu müssen oder eines Tages von ihnen zerstückelt zu werden.[1] Das Versprechen, die Souveränität Serbiens zu schonen, muß ihr erst in zeitraubenden Verhandlungen abgerungen werden, während deren die Krisis sich immer mehr zuspitzt. Beim Gegner wird der Verdacht rege, daß Österreich nicht nur den in Serbien verlorenen Einfluß bei dieser Gelegenheit zurückgewinnen, sondern bis nach Saloniki vordringen will.[2] Rußland rechnet umgekehrt von Anfang an damit, wie wir gehört haben, daß die allgemeine europäische Frage nun angeschnitten würde, worunter es unzweifelhaft den allgemeinen Triumph der Entente über die Zentralmächte und die Erfüllung seiner Expansionstendenzen versteht. Alles wäre dagegen zu retten gewesen, wenn eine unparteiische Instanz den Konflikt zu behandeln gehabt hätte, um unter völliger Abschneidung aller imperialistischen Tendenzen der Interessenten aus der Natur der Dinge eine Lösung zu gewinnen. Erst dann wären für das u. E. durchaus ehrliche Bestreben der

---

[1] Siehe den Generalbericht des englischen Botschafters in Wien im Blaubuch Nr. 161.

[2] Siehe den Bericht des englischen Vertreters aus Konstantinopel vom 29. Juli 1914 über eine Äußerung des österreichisch-ungarischen Botschafters im Blaubuch Nr. 82.

Zentralmächte, den Konflikt zu lokalisieren, die notwendigen Voraussetzungen gegeben gewesen.

Wer das Resultat solcher Vermittelung annimmt, würde damit höchstens dem Interesse der Kulturwelt an der Aufrechterhaltung des Rechtsfriedens eine Konzession machen, die er auch unter dem Gesichtspunkt rechtfertigen könnte, daß der von objektiver Seite vorgeschlagene Weg vielleicht besser zum Ziele führe, wie der ursprüngliche eigene Anspruch, der — man denke an das österreichisch-ungarische Ultimatum — oft in Zorn und Erbitterung formuliert sein wird. Heute sind bei Staatenkonflikten die Parteien einfach Richter in eigener Sache. Man denke z. B. an den Streit zwischen dem Deutschen Reich und den Vereinigten Staaten von Nordamerika in der Frage des Unterseebootkrieges. Sollte der Krieg vermieden werden, so mußte einer von beiden den Standpunkt, auf dem er sich festgelegt hatte, aufgeben. Dazu war keine Partei bereit, und so schlugen die Flammen des europäischen Krieges, der aus dem nicht rechtzeitig gelösten österreichisch-ungarisch-serbischen Konflikt erwachsen war, noch über die Wogen des Atlantischen Ozeans. Das Nachgeben ist tatsächlich in solchen schweren diplomatischen Konflikten auch nicht ganz einfach. Regelmäßig wird es derjenige tun, der an der Vermeidung des Krieges das größere Interesse hat, weil er entweder überhaupt oder zurzeit der Schwächere ist. Denkt man sich aber in die Seele des ohnehin Schwächeren hinein, so wird er den diplomatischen Rückzug als eine besonders schwere Demütigung empfinden, während der offensichtlich Stärkere schon eher Konzessionen machen kann. Das Nachgeben wird deshalb auf erbitterten Widerstand im eigenen Lande stoßen und eine nicht allzu starke Regierung wird sich dann in bezug auf die äußere und die innere Situation sozusagen zwischen Scylla und Charybdis gestellt sehen. So war es ja offensichtlich auch in Serbien, als das österreichisch-ungarische Ultimatum anlangte. So stark auch in Serbien die großserbischen Tendenzen und Hoffnungen waren, niemand kann begründeterweise behaupten, daß Serbien gerade im Juli 1914, nachdem es zwei schwere Balkankriege hinter sich hatte, von denen es sich erst ganz allmählich erholen konnte, und nachdem es durch das glückliche Resultat dieser Kriege vor die größten innerpolitischen Aufgaben gestellt war, einen neuen Krieg mit Österreich hätte entfesseln wollen, dementsprechend hatte Serbien allen Grund, die Scylla eines kriegerischen Konfliktes mit Österreich zu vermeiden. Anderseits gab es, wie schon oben gesagt, für die serbische Regierung eine Grenze in bezug auf die Konzessionen, die man dem großen Nachbarn gegenüber zur Sühne und Garantie künftigen Wohlverhaltens machen durfte, ohne daß die Dynastie Gefahr gelaufen wäre, wegen allzu weit gehender Demütigung vom Volke gestürzt zu werden. Hätten wir aber eine internationale Behörde, die in solchen Fällen vermittelnd eingreifen könnte, so würde wegen ihrer Autorität die Annahme eines Vorschlags zum Ausgleich auch innerpolitisch für die betreffende Regierung sehr viel leichter sein.

Dagegen trägt das heutige Spiel der Diplomatie die ungeheure Gefahr in sich, daß, sobald der Konflikt aufgetaucht ist, jede Macht ihr Ziel weniger in einer sachlichen Lösung der entstandenen Schwierigkeit, wie in der siegreichen Überwindung des gegnerischen Willens erblickt und eine leider überall vorhandene nationalistische Presse verlangt von der Regierung einen solchen Triumph und stachelt die Leidenschaft des in Fragen der auswärtigen Politik mehr oder weniger urteilslosen Publikums auf. Dabei werden die Staatsmänner auch beim besten Willen oft nicht in der Lage sein, bei der Durchsetzung nationaler Forderungen, auf die man sich einmal festgelegt hat, das internationale Interesse an der Aufrechterhaltung des Rechtsfriedens gebührend zu berücksichtigen. Lieber wählt man jenes verhängnisvolle System des Bluffs, indem man den Gegner vor die Wahl zwischen völliger Unterwerfung und Krieg stellt in der Hoffnung, er werde vernünftig genug sein, den Krieg zu vermeiden. Deshalb muß die Behandlung eines derartigen Konflikts Männern anvertraut werden, die ihrer ganzen Stellung nach eine rein sachliche Lösung suchen können, weil ihr Urteil nicht durch eine einseitig nationale Betrachtung der Dinge voreingenommen ist und weil ihr Handeln nicht bestimmt werden kann durch die von einer gewissenlosen Presse aufgepeitschte und in die Irre geleitete öffentliche Meinung des im Konflikt befindlichen Staates. Nun wird freilich häufig behauptet, solche gänzlich unvoreingenommenen Männer seien überhaupt in der Welt nicht vorhanden, auch die Angehörigen neutraler Staaten seien von mehr oder minder starken Sympathien für den einen oder andern der Streitenden beseelt, wie auch in dem gegenwärtigen Weltkrieg deutlich zutage getreten sei. Man kann das ohne weiteres zugeben, ohne sich dadurch in seinem Postulate irgendwie erschüttern zu lassen. Denn die Erkenntnis von der Relativität alles Irdischen, die natürlich auch hier gilt, braucht deshalb doch noch nicht zu einem absoluten Nihilismus in bezug auf die völkerrechtliche Entwickelung und zur Aufrechterhaltung der bisherigen zwischenstaatlichen Anarchie zu führen. Denn sonst müßten wir auch im innerstaatlichen Leben zu den anarchischen Zuständen der Urzeit zurückkehren. Wo ist denn hier der ideale Richter? Jeder Richter bringt seine Weltanschauung mit in den Gerichtssaal, auch wenn ihn eine leidenschaftliche Liebe zur Gerechtigkeit beseelt, und wo die Klassengegensätze scharf sind, werden immer wieder Fälle von „Klassenjustiz“ vorkommen, auch wenn die Richter die ehrenwertesten Männer sind. Ist es am Ende nicht begreiflich, so sehr wir es auch mißbilligen müssen, wenn der Richter in Erinnerung an seine eigene fröhliche Jugend gelegentlich studentische Ausschreitungen milder beurteilt, wie ähnliche Delikte von Arbeitern, die bei deren geringerem Bildungsgrad und oft stark vernachlässigter Erziehung eigentlich viel verzeihlicher sein müßten? Aber wer möchte wegen solcher Erscheinungen auf die ganze Justiz verzichten?[1] Der springende Punkt bleibt also nur der, ob wir damit rechnen können, daß man für eine internationale Behörde zur obligatorischen Untersuchung und Begutachtung schwerer Staatenkonflikte wenigstens Männer finden könne, die subjektiv denselben guten Willen zur Unparteilichkeit haben, wie die Richter in jedem einzelnen Kulturstaat. Es hieße an der Menschheit verzweifeln, wenn man diese Frage nicht uneingeschränkt bejahen wollte. Es müssen in allen Kulturländern Menschen zu finden sein, die den ehrlichen Willen haben, die Menschheitsinteressen zu wahren und die Erde davor zu schützen, abermals in ein großes Menschenschlachthaus umgewandelt zu werden. Man wende auch nicht ein, daß in diesem Falle schon der bloße Mangel an der idealen objektiven Unparteilichkeit bei der Tragweite der in Frage stehenden nationalen Interessen allzu verhängnisvoll sein müsse, als daß man solche obligatorische Instanz einsetzen könne. Denn dieser Einwand wird doch schon dadurch widerlegt, daß im Gegensatz zu der Tätigkeit der innerstaatlichen Behörde die hier geforderte Behörde keinen zwingenden Spruch abgeben soll.

Die internationale Behörde, die wir als obligatorische Instanz für überwiegend politische Staatenkonflikte neben das Haager Schiedsgericht gestellt sehen möchten, wird aber nicht nur nach der subjektiven Seite hin eine Erleichterung für die friedliche Beilegung internationaler Streitigkeiten bedeuten, sondern

---

[1] Die obige Argumentation gegen die Zweifler an der neutralen Gesinnung einer internationalen Behörde siehe auch in meiner Abhandlung: Der Weltfriedensbund und die Wiedergeburt des Völkerrechts. Leipzig 1917. S. 26.

sie wird vor allen Dingen auch eine bessere Methode bringen. Die diplomatische Vorgeschichte des Krieges hat uns gezeigt, wie kümmerlich es gerade nach dieser Richtung heute noch um die Technik der Diplomatie bestellt ist. Es wird in Petersburg, London, Paris, Berlin, Wien und Rom gleichzeitig über dieselbe Frage verhandelt und zwar zwischen dem betreffenden Minister des Auswärtigen und den diplomatischen Vertretern der übrigen fünf Großmächte. Eigentlich muß zu den beteiligten Höfen aber auch noch der serbische als der siebente gerechnet werden. Selbst wenn man aber von Serbien ganz absieht, das in den letzten Tagen kaum noch eine entscheidende Rolle gespielt hat, so bleiben immer noch sechs verschiedene Schauplätze der diplomatischen Aktion und 36 daran beteiligte Diplomaten übrig. Fortgesetzt kreuzen sich nun die Vorschläge, kein Mensch weiß, was zur gleichen Stunde auf dem anderen diplomatischen Schauplatz vor sich geht. Dazwischen laufen nun aber noch die Fäden, die unmittelbar von den befreundeten und verwandten Herrschern angesponnen worden sind. Es ist wahrlich keine geringe Arbeit für den Gelehrten, sich wenigstens, wie wir versucht haben, nachträglich ein Bild zu machen von dem Stande der diplomatischen Aktion an jedem der kritischen Tage, obgleich jetzt die Urkunden gesammelt vorliegen; wie viel schwerer muß das in den entscheidenden Stunden selbst gewesen sein. Ist es nicht einfach eine selbstverständliche Forderung der Vernunft, daß diejenigen Personen, die sich um einen friedlichen Ausgleich bemühen, sich auch an einem Tische zusammensetzen müssen, statt daß gleichzeitig an verschiedenen Höfen die verschiedensten Vorschläge besprochen werden? Dabei spielt doch auch das psychologische Moment hinein. Denken wir uns, innerhalb einer diplomatischen Konferenz wäre der ausgezeichnete Vorschlag von Grey und Lichnowsky zur Erörterung gelangt, Österreich-Ungarn solle sich einstweilen mit der Besetzung von Belgrad und Umgegend begnügen und dann sollten gemeinsam die Garantien ausgemittelt werden, auf die es für die Zukunft Anspruch habe, oder die Idee von Cambon, die letzterer gegenüber dem deutschen Staatssekretär von Jagow geäußert, es solle eine internationale Kontrollkommission nach Serbien geschickt werden, wieviel leichter würde die Einigung über eine solche Idee innerhalb des versöhnlichen Milieus einer Konferenz sein, die ehrlich bemüht ist, einen Weg des Ausgleichs zu finden, als wenn jeder Vorschlag solcher Art erst an das betreffende Kabinett telegraphiert werden muß. Wieviel leichter ist es da für den einzelnen, „nein" zu sagen, ganz abgesehen davon, daß bei diesem Verfahren sich sowohl innerhalb des Kabinetts wie von außen her all die Einflüsse geltend machen können, die überhaupt keine Verständigung wollen. Wäre es aber schon für die beteiligten Diplomaten leichter, die berühmte „Formel" zu finden, wenn sie nur zu gemeinsamer Arbeit zusammengeführt würden, wieviel mehr würde das zu gelten haben für eine Behörde, die sich ganz oder überwiegend als ein Kollegium Unbeteiligter darstellt. Wir möchten in diesem Zusammenhange zum Belege ein Wort von Zorn erwähnen, das er in seiner Erinnerung an die erste Haager Friedenskonferenz niedergeschrieben hat.[1] Dort spricht er von seiner Tätigkeit im Comité d'examen für das Problem der Schiedsgerichtsbarkeit, in dem außer den sechs europäischen Großmächten und den Vereinigten Staaten von Nordamerika noch Holland, Belgien und die Schweiz vertreten waren, und sagt:

„In dem vielfachen Nachdenken späterer Jahre über diese Stunden einer großen und ernsten internationalen Arbeit habe ich immer wieder die Überzeugung in mir

[1] Siehe Zorns Abhandlung: „Zur Erinnerung an die erste Friedenskonferenz" im Werk von Haag, 2. Serie, „Die Judikatur des ständigen Schiedshofs", Bd. 1, S. 27.

erneuert: ein Areopag von Männern, die in solcher Gemeinsamkeit der Gesinnung an der Schlichtung internationaler Streitfälle arbeiten würden, würde die meisten Streitfragen friedlich zu lösen imstande sein."

Gerade die Mitarbeit solcher Personen an der friedlichen Lösung des Konflikts, die nicht den streitenden Mächten selbst angehören, würde dem internationalen Interesse an der Aufrechterhaltung des Rechtsfriedens Ausdruck geben. Es ist ein Fundamentalsatz alter Rechtsentwickelung, daß das Recht den Tatsachen zu folgen hat und deshalb neue Tatsachen neue Rechtssätze nach sich ziehen müssen. Wir leben im Zeitalter der Weltwirtschaft und niemals ist die Tatsache der wirtschaftlichen Abhängigkeit der einen Nation von den Schicksalen der andern klarer zutage getreten, wie in dem gegenwärtigen Kriege. Die Rücksicht auf die Leiden der Neutralen in einem Kriege wie dem gegenwärtigen, legt deshalb nicht nur, wie oben gesagt, den streitenden Teilen die Verpflichtung auf, ihre Rechte und Interessen so zu verteidigen, wie es das Wohl der Gesamtheit verlangt, d. h. unter möglichster Ausschaltung der soziale Kräfte unnütz verzehrenden Reibungen eines Krieges, sondern die Tatsache, daß es sich um das eigene Schicksal handelt, gibt umgekehrt den Neutralen ein korrespondierendes natürliches Recht, sich ihrerseits um die Aufrechterhaltung des Friedens in einem geordneten Verfahren zu bemühen. Dieses natürliche Recht gilt es, zu einem gesetzlichen zu erheben.[1] Ein geordnetes Verfahren vor einer im Namen der Staatengesamtheit fungierenden

[1] Damit würde sich auch im Völkerrecht nur ein Prozeß vollziehen, wie ihn das Rechtsleben im Innern des Staates immer wieder mit sich bringt, indem die natürlichen Rechte fortschreitend positiviert und neu aufgekommene Interessen von der Rechtsordnung als Rechte anerkannt werden.

Behörde wird aber die heutige Methode der Diplomatie auch darin überholen, daß dabei wenigstens für eine gründliche Beratung der Frage, welcher Ausgleich möglich wäre, Zeit gegeben wäre. Wir haben schon in anderem Zusammenhange einmal darauf hingewiesen, wie verhängnisvoll in der diplomatischen Vorgeschichte dieses Krieges der Zeitmangel gewesen ist. Die bloß 48stündige Frist des Ultimatums bedeutete von vornherein einen Unstern für die ganzen diplomatischen Aktionen. Trotzdem hätte sich der Karren noch wieder auf das richtige Geleise bringen lassen, wenn die russische Mobilmachung nicht, wie immer wieder betont werden muß, die gerade wieder aussichtsreicher gewordene diplomatische Situation in eine militärische verwandelt hätte. Wir haben gehört, daß diese Maßregel in der Nacht vom 30. auf den 31. Juli ergriffen wurde, zu einer Zeit, als noch drei mehr oder weniger Erfolg versprechende diplomatische Aktionen im Gange waren, die von Grey eingeleitete über die österreichische Beschränkung auf die Besetzung Belgrads und Umgegend, die auf Betreiben von Berlin wieder aufgenommenen direkten Verhandlungen zwischen Österreich-Ungarn und Rußland und die auf Bitten des Kaisers Nikolaus eingeleitete Vermittelung Kaiser Wilhelm II. Und über diese militärischen Maßregeln scheitern dann alle weiteren diplomatischen Versuche. Die Mobilmachung aber wird verhängt, als z. B. auf den trefflichen Vermittelungsvorschlag von Grey noch nicht einmal eine österreichische Antwort eingelaufen war, weil der entscheidende Kronrat erst am andern Morgen stattfinden sollte. Gewiß ist es sehr bedauerlich, daß auf jenen in der Nacht vom 29. auf den 30. Juli von Berlin nach Wien weitergegebenen Vorschlag während des folgenden Tages die Antwort ausgeblieben ist und erst am Morgen des 31. erteilt werden soll. Aber schließlich muß man sagen, daß doch auch bei allen wichtigeren Geschäften des bürgerlichen Lebens die eine Partei der andern eine verständige Frist zu einer für sie wichtigen Entscheidung zu setzen pflegt und daß deshalb auch den Regierungen die Möglichkeit geschaffen werden muß, einen Vergleichsvorschlag 48 Stunden zu erwägen! Auch pflegt man doch alle wichtigeren Geschäfte des bürgerlichen Lebens bei Tage zu verhandeln, nachdem man sich ausgeschlafen hat; hier aber findet eine entscheidende Unterredung zwischen dem deutschen Botschafter in Petersburg und dem dortigen Minister des Äußern, von der an innerlich schon der Bruch zwischen Deutschland und Rußland datiert, um 2 Uhr in der Nacht vom 29. auf den 30. Juli statt. Das Schlimmste aber ist das Durcheinander militärischer und diplomatischer Aktionen, das, wie wir dargelegt haben, in bescheidenerem Maßstabe schon der russischen Gesamtmobilisierung allseitig vorausgegangen ist, die Atmosphäre vergiftet und die Entschlüsse überstürzt.[1] Glauben schon die Diplomaten unter diesen Umständen keine Zeit zu haben, um den Erfolg ihrer Vermittelungsaktionen abwarten zu dürfen, so ist erst recht der überall gleichmäßig vorhandene Friedenswille der Mehrzahl der Bevölkerung nicht in der Lage, sich irgendwie für die einzig menschenwürdige Art der Beilegung des Konfliktes einzusetzen. Es soll Schlangen geben, die durch ihren Blick kleinere Tiere so lähmen können, daß sie sich nicht mehr von der Stelle bewegen können, bis sie im Schlunde des Untieres verschlungen sind. An diesen Vorgang wurde ich immer wieder erinnert in den wenigen Tagen vor Ausbruch des Weltkrieges. Man sah das Ungeheuer des Krieges mit aufgesperrtem Rachen auf die Menschheit zukommen,

[1] „Ein Verzug von wenigen Tagen hätte aller Wahrscheinlichkeit nach Europa vor einem Unglück bewahrt, das zu den größten in der Geschichte verzeichneten gerechnet werden muß.“ So mit Recht der englische Botschafter in Wien in seinem Generalbericht vom 15. September 1914 in Nr. 161 des Blaubuchs.

man hatte das Gefühl, noch ist das Entsetzliche nicht geschehen, noch muß die Menschheit ihm entfliehen können und doch, was konnte man tun? Die Fristen waren viel zu kurz, als daß die Sozialisten und Pazifisten irgend eine internationale Aktion hätten durchführen können, um die Menschheit vor unsagbarem Leid, vor ewiger Schmach und Schande zu behüten, die sie durch einen solchen Krieg auf sich geladen. Auch das muß anders werden. Friedliche Verhandlungen zur Vermittelung dürfen niemals wieder durchkreuzt werden von bedrohenden militärischen Maßregeln, die beim Gegner eine Panik auslösen. Und die Stimme der Vernunft, die Stimme der Menschlichkeit muß Zeit und Gelegenheit haben, sich zur Geltung zu bringen.

Das verlangt vor allen Dingen das Interesse derer, die später ihr Leben für einen solchen Kampf dahingeben müssen, und der Eltern, Geschwister, Bräute, Witwen und Waisen, die sie beweinen. Wenn jemand einen Raubmord begangen hat auf offener Straße und es droht ihm dafür die Todesstrafe, so gibt ihm ein geordnetes Prozeßverfahren dennoch so viele Garantien gegen eine willkürliche Verurteilung, daß regelmäßig zwischen der Tat und der Strafe sich Monate einschieben. Dazu hat die Entwickelung des Rechts im Innern der Staaten und der aus liberalen und humanitären Ideen geborene Respekt vor der Rechtsstellung des Individuums geführt.[1] Wo es sich aber um Staatenkonflikte handelt, werden Millionen von Menschen in den Tod geführt, die völlig unschuldig sind, und deren Leben deshalb tausendmal höher geachtet werden müßte, und das geschieht auf Grund geheimer Entscheidungen, die gefaßt werden im Dunkel der Kabinette,

[1] Man erwäge z. B., daß selbst im Zeitalter des Kriegszustandes und der Ausnahmegerichte zwischen dem politischen Mord an dem österreichischen Ministerpräsidenten Grafen Stürgkh und der Aburteilung des Mörders Adler ein Zeitraum von beinahe 7 Monaten lag.

innerhalb von Fristen von wenig Tagen oder kurzen Stunden. Wahrlich, ein fluchwürdiges System. Freilich sagt man dann von ihnen, daß sie auf dem Felde der Ehre starben und sie selbst ziehen in dieser Überzeugung in den Tod, um für ihr Vaterland ihr Leben zu lassen, in dem Glauben an die Gerechtigkeit ihrer Sache. Aber macht das die Tragik nicht um so größer? Denn entweder ist die eine Partei betrogen, oder alle beide sind es. Es ist doch der helle Wahnsinn, wenn in einem Krieg wie dem gegenwärtigen, die Millionen hüben und drüben überzeugt sind, einen heiligen Krieg zu führen, weil man sie in frivoler Weise von gegnerischer Seite überfallen hat. Und ohne diese Überzeugung der Massen ist freilich der moderne Krieg als ein Volkskrieg, wie immer wieder betont werden muß, nicht durchzuführen und eine geschickte Regie von oben weiß deshalb zu Recht oder Unrecht diesen Glauben beim Volke wachzurufen. Gerade hier aber gilt es, einzusetzen für den Ausbau der internationalen Rechtsordnung[1]; solchen Regisseuren des Krieges muß das Handwerk gelegt werden, indem eine unparteiische Instanz ein Gutachten darüber abgibt, wie ein billiger Ausgleich der

---

[1] Eigentlich hat das schon Bentham begriffen, der ein System von „Versuchungen zum Kriege“ und von Gegenmitteln gegen diese aufzustellen sucht. Zu letzteren rechnet er: „Daß die Geheimhaltung in den Vorkehrungen des Auswärtigen Amtes in England nicht zu dulden sei“ (vgl. Jeremias Benthams Grundsätze für ein künftiges Völkerrecht und einen dauernden Frieden, übersetzt von Emil Klatscher, und mit einer Einleitung über Bentham, Kant und Wundt, herausgegeben von Oskar Kraus, Halle 1915. Dazu die gehaltvolle Besprechung der höchst verdienstvollen Publikation von Wolzendorff im Juristischen Literaturblatt vom 18. Januar 1916, Nr. 271. Bd. 28. Nr. 1). Daß durch einen deutschen Gelehrten vom Range Wundts dem großen Pazifisten Bentham wegen seiner angeblichen verwerflichen Ethik die Schuld an dem Weltkrieg hat aufgebürdet werden können, wird für Kinder und Enkel zu den vielen Unbegreiflichkeiten einer aus den Fugen gegangenen Zeit gehören.

Interessen möglich ist, ohne daß die Welt in ein Schlachthaus für Menschen verwandelt wird und in dem denjenigen die ganze Kulturwelt niederwirft, der sich dem Zwange nicht fügt, und eher zu den Waffen greift, ehe er diese Instanz angerufen hat.

Damit aber kommen wir zur Forderung des Weltfriedensbundes, dessen Verwirklichung das oberste Kriegsziel sein muß.[1] Denn die Verpflichtung der Staaten, jeden Konflikt, wenn nicht einem obligatorischen Schiedsspruch zur Entscheidung, so doch einem internationalen Untersuchungs- und Vermittelungsamt zur Begutachtung zu unterbreiten, bedarf für ihre Erfüllung einer internationalen Garantie. Die Staaten müssen sich verpflichten, eine vereinbarte — diplomatische, wirtschaftliche oder militärische Aktion — für den Fall durchzuführen, daß ein Staat militärische Maßnahmen ergreift, statt den Streitfall dem richterlichen Spruch zu unterbreiten oder das Gutachten des Untersuchungs- und Vermittelungsrates einzuholen. Die Lösung des gewaltigen Problems erleichtern zwei Tatsachen.

Einmal die, daß wir schon längst auf diesem Wege zum Weltstaatenbunde uns befanden. Die volle Tragik dieses Krieges kann nur der ermessen, der durch seine wissenschaftliche Forschung damit vertraut war, wie verheißungsvolle Ansätze zu einem bessern Zeitalter der Weltgeschichte das Haager Werk uns schon gebracht hatte.[2] Aber auch was die besondere Tendenz dieses Buches anbetrifft, die Erkenntnis von der Notwendigkeit zu verbreiten, daß für jeden Staatenkonflikt eine friedliche Lösung durch eine unparteiische Instanz wenig-

---

[1] Vgl. Schücking, Der Weltfriedensbund und die Wiedergeburt des Völkerrechts. Leipzig 1917.

[2] Vgl. mein im Auslande viel mehr wie in Deutschland beachtetes Buch: Der Staatenverband der Haager Konferenzen. München und Leipzig 1912.

stens versucht werden muß, ehe zu den Waffen gegriffen werden darf, so ist dieses Ziel schon seit Jahrzehnten klar erfaßt und von manchen berühmten Gelehrten, Pazifisten und Politikern um seine Verwirklichung gerungen worden.[1] Hören wir hier nur, was der letzte Philosoph des Naturrechts, den wir in Deutschland gehabt haben, Adolf Trendelenburg, schon um das Jahr 1870 darüber geschrieben hat[2]:

„Wenn jeder souveräne Staat das Recht hat, auf seine Hand Krieg zu erklären, wenn also ein Staat wie Regent, der sich die Macht zutraut, imstande ist, einen solchen Stoß selbst gegen die Wohlfahrt der Bürger in den unbeteiligten Staaten zu vollführen, so erhellt die Pflicht der andern souveränen Staaten, gegen einen solchen gewalttätigen Eingriff das Nationalvermögen ihres Landes zu schützen. Es würde geschehen, wenn sie einer ähnlichen Überraschung vorbeugen könnten. Geschieht es im Völkerrecht? Hat es dazu Mittel? Da wir vergebens danach suchen, so ist an dieser Stelle, welchen Begriff des Rechts wir auch zugrunde legen mögen, eine Lücke im Völkerrecht. Wenn nach Kant das Recht als Recht, also auch das Völkerrecht, die Aufgabe hat, die Bedingungen vorzusehen, daß die Freiheit des einen mit der Freiheit des andern bestehen könne, so erkennen wir hier eine Lücke im Völkerrecht, denn wo gäbe es einen gewalttätigeren Gebrauch der Freiheit des einen Staates gegen die Wohlfahrt der unbeteiligten andern? ..... Aus fremder Machtvollkommenheit bricht in diesem Falle die Zerstörung in Unbeteiligte ein."

„Statt des Richterspruchs wird vor jedem Krieg ein Versuch zu gütlicher Ausgleichung den beteiligten wie den un-

[1] Diesen Nachweis soll ein besonderes im Manuskript vollendetes Buch, das sich mit dem völkerrechtlichen Institut der Vermittlung beschäftigt, in Kürze erbringen.

[2] Adolf Trendelenburg: „Lücken im Völkerrecht, Betrachtungen und Vorschläge aus dem Jahre 1870". Leipzig 1870. S. 38ff.

beteiligten Völkern gegenüber eine Pflicht der Regierung sein. Das Völkerrecht bedarf daher der Verpflichtung der Staaten, daß, ehe sie ihre Konflikte mit den Waffen austragen, sie eine Vermittelung zu gütlichem Ausgleich suchen und annehmen wollen. Dieser völkerrechtlichen Verpflichtung der einzelnen Staaten, die unter Obhut der Gesamtheit der verbundenen stünde, müßte ein Organ entsprechen, das die schwebende Sache verhandelte, ein völkerrechtlicher Ausschuß aus Abgeordneten der einzelnen Regierungen, Männern von Einsicht und Ansehen gebildet. Eine solche Vorverhandlung würde die öffentliche Meinung aufklären.

Vorurteile stehen der Ausführung entgegen. Die Staaten fürchten die Einmischung Fremder und wollen der Selbstbestimmung, der Souveränität nichts vergeben. Indessen werden alle Staaten durch die Erhaltung des Friedens oder durch die Verhütung der Überraschung mit einem Kriege mehr gewinnen, als durch eine solche Vereinbarung verlieren. Von strategischer Seite wird man der Möglichkeit, mit einem Kriege den Nachbar zu überraschen, als einem kriegerischen Vorteil nicht entsagen wollen. Aber eine Sicherung der Friedensarbeit wiegt mehr, als ein solcher vorübergehender Vorteil für den Krieg. Es ist wichtig, den Völkern eine Frist zu schaffen, in welcher gegen die aufgeregte Leidenschaft die feindlichen Stimmungen sich sammeln können."

Kein Moment in der Weltgeschichte war der Verwirklichung solcher Ideen günstiger, wie der Zeitpunkt der Beendigung dieses Krieges. Ob wir jetzt ihre Verwirklichung erleben werden, das ist nicht eine Frage der juristischen Technik, sondern des sittlichen Willens in der Kulturwelt. Wenn wir überschauen, was gerade in diesem Kriege schließlich von allen Völkern an sittlichem Willen für das Vaterland geleistet worden ist, können wir daran verzweifeln, daß ihr sittlicher Wille, gelenkt auf das höhere Ziel, einer heiligen Allianz der Völker, der Welt den Rechtsfrieden geben könnte? Als Deutsche dürfen wir das nicht, denn der deutsche Dichter, an dessen ärmlichem Sterbebett dem rechten deutschen Mann eine heimliche Träne die Wimper feuchtet, hat uns zugerufen:

Nehmt die Gottheit auf in euren Willen,
und sie steigt von ihrem Weltenthron!

Anhang Nr. 1.

Die Note Österreich-Ungarns an Serbien.

Graf Berchtold an Freiherrn von Giesl in Belgrad.[1]

Wien, am 22. Juli 1914.

Euer Hochwohlgeboren wollen die nachfolgende Note am Donnerstag, den 23. Juli nachmittags, der königlichen Regierung überreichen:

„Am 31. März 1909 hat der königlich serbische Gesandte am Wiener Hofe im Auftrage seiner Regierung der k. und k. Regierung folgende Erklärung abgegeben:

„Serbien anerkennt, daß es durch die in Bosnien geschaffene Tatsache in seinen Rechten nicht berührt wurde, und daß es sich demgemäß den Entschließungen anpassen wird, welche die Mächte in bezug auf den Artikel 25 des Berliner Vertrages treffen werden. Indem Serbien den Ratschlägen der Großmächte Folge leistet, verpflichtet es sich, die Haltung des Protestes und des Widerstandes, die es hinsichtlich der Annexion seit dem vergangenen Oktober eingenommen hat, aufzugeben, und es verpflichtet sich ferner, die Richtung seiner gegenwärtigen Politik gegenüber Österreich-Ungarn zu ändern und künftighin mit diesem letzteren auf dem Fuße freundnachbarlicher Beziehungen zu leben."

Die Geschichte der letzten Jahre nun und insbesondere die schmerzlichen Ereignisse des 28. Juni haben das Vorhandensein einer subversiven Bewegung in Serbien erwiesen, deren Ziel es ist, von der österreichisch-ungarischen Monarchie gewisse Teile ihres Gebietes loszutrennen. Diese Bewegung, die unter den Augen der serbischen Regierung entstand, hat in der Folge jenseits des Gebietes des Königreiches durch Akte des Terrorismus, durch eine Reihe von Attentaten und durch Morde Ausdruck gefunden.

Weit entfernt, die in der Erklärung vom 31. März 1909 enthaltenen formellen Verpflichtungen zu erfüllen, hat die königlich serbische Re-

[1] Vgl. das Rotbuch Nr. 7. S. 15.

gierung nichts getan, um diese Bewegung zu unterdrücken. Sie duldete das verbrecherische Treiben der verschiedenen, gegen die Monarchie gerichteten Vereine und Vereinigungen, die zügellose Sprache der Presse, die Verherrlichung der Urheber von Attentaten, die Teilnahme von Offizieren und Beamten an subversiven Umtrieben, sie duldete eine ungesunde Propaganda im öffentlichen Unterricht und duldete schließlich alle Manifestationen, welche die serbische Bevölkerung zum Hasse gegen die Monarchie und zur Verachtung ihrer Einrichtungen verleiten konnten.

Diese Duldung, der sich die königlich serbische Regierung schuldig machte, hat noch in jenem Moment angedauert, in dem die Ereignisse des 28. Juni der ganzen Welt die grauenhaften Folgen solcher Duldung zeigten.

Es erhellt aus den Aussagen und Geständnissen der verbrecherischen Urheber des Attentates vom 28. Juni, daß der Mord von Sarajevo in Belgrad ausgeheckt wurde, daß die Mörder die Waffen und Bomben, mit denen sie ausgestattet waren, von serbischen Offizieren und Beamten erhielten, die der „Narodna odbrana" angehörten, und daß schließlich die Beförderung der Verbrecher und deren Waffen nach Bosnien von leitenden serbischen Grenzorganen veranstaltet und durchgeführt wurde.

Die angeführten Ergebnisse der Untersuchung gestatten es der k. und k. Regierung nicht, noch länger die Haltung zuwartender Langmut zu beobachten, die sie durch Jahre jenen Treibereien gegenüber eingenommen hatte, die ihren Mittelpunkt in Belgrad haben und von da auf die Gebiete der Monarchie übertragen werden. Diese Ergebnisse legen der k. und k. Regierung vielmehr die Pflicht auf, Umtrieben ein Ende zu bereiten, die eine ständige Bedrohung für die Ruhe der Monarchie bilden.

Um diesen Zweck zu erreichen, sieht sich die k. und k. Regierung gezwungen, von der serbischen Regierung eine offizielle Versicherung zu verlangen, daß sie die gegen Österreich-Ungarn gerichtete Propaganda verurteilt, das heißt die Gesamtheit der Bestrebungen, deren Endziel es ist, von der Monarchie Gebiete loszulösen, die ihr angehören, und daß sie sich verpflichtet, die verbrecherische und terroristische Propaganda mit allen Mitteln zu unterdrücken.

Um diesen Verpflichtungen einen feierlichen Charakter zu geben, wird die königlich serbische Regierung auf der ersten Seite ihres offiziellen Organs vom 26./13. Juli nachfolgende Erklärung veröffentlichen:

„Die königlich serbische Regierung verurteilt die gegen Österreich-Ungarn gerichtete Propaganda, das heißt die Gesamtheit jener Bestrebungen, deren letztes Ziel es ist, von der österreichisch-ungarischen

Monarchie Gebiete loszutrennen, die ihr angehören, und sie bedauert aufrichtigst die grauenhaften Folgen dieser verbrecherischen Handlungen.

Die königlich serbische Regierung bedauert, daß serbische Offiziere und Beamte an der vorgenannten Propaganda teilgenommen und damit die freundnachbarlichen Beziehungen gefährdet haben, die zu pflegen sich die königliche Regierung durch ihre Erklärung vom 31. März 1909 feierlichst verpflichtet hatte.

Die königliche Regierung, die jeden Gedanken oder jeden Versuch einer Einmischung in die Geschicke der Bewohner was immer für eines Teiles Österreich-Ungarns mißbilligt und zurückweist, erachtet es für ihre Pflicht, die Offiziere, Beamten und die gesamte Bevölkerung des Königreiches ganz ausdrücklich aufmerksam zu machen, daß sie künftighin mit äußerster Strenge gegen jene Personen vorgehen wird, die sich derartiger Handlungen schuldig machen sollten, Handlungen, denen vorzubeugen und die zu unterdrücken sie alle Anstrengungen machen wird."

Diese Erklärung wird gleichzeitig zur Kenntnis der königlichen Armee durch einen Tagesbefehl Sr. Majestät des Königs gebracht und in dem offiziellen Organe der Armee veröffentlicht werden.

Die königlich serbische Regierung verpflichtet sich überdies:

1. Jede Publikation zu unterdrücken, die zum Haß und zur Verachtung der Monarchie aufreizt und deren allgemeine Tendenz gegen die territoriale Integrität der letzteren gerichtet ist,

2. sofort mit der Auflösung des Vereines „Narodna odbrana" vorzugehen, dessen gesamte Propagandamittel zu konfiszieren und in derselben Weise gegen die anderen Vereine und Vereinigungen in Serbien einzuschreiten, die sich mit der Propaganda gegen Österreich-Ungarn beschäftigen; die königliche Regierung wird die nötigen Maßregeln treffen, damit die aufgelösten Vereine nicht etwa ihre Tätigkeit unter anderem Namen oder in anderer Form fortsetzen,

3. ohne Verzug aus dem öffentlichen Unterricht in Serbien, sowohl was den Lehrkörper als auch die Lehrmittel betrifft, alles zu beseitigen, was dazu dient oder dienen könnte, die Propaganda gegen Österreich-Ungarn zu nähren,

4. aus dem Militärdienst und der Verwaltung im allgemeinen alle Offiziere und Beamten zu entfernen, die der Propaganda gegen Österreich-Ungarn schuldig sind und deren Namen unter Mitteilung des gegen sie vorliegenden Materials der königlichen Regierung bekanntzugeben sich die k. und k. Regierung vorbehält,

5. einzuwilligen, daß in Serbien Organe der k. und k. Regierung bei der Unterdrückung der gegen die territoriale Integrität der Monarchie gerichteten subversiven Bewegung mitwirken,

6. eine gerichtliche Untersuchung gegen jene Teilnehmer des Komplotts vom 28. Juni einzuleiten, die sich auf serbischem Territorium befinden; von der k. und k. Regierung hiezu delegierte Organe werden an den bezüglichen Erhebungen teilnehmen,

7. mit aller Beschleunigung die Verhaftung des Majors Voija Tankosić und eines gewissen Milan Ciganović, serbischen Staatsbeamten, vorzunehmen, welche durch die Ergebnisse der Untersuchung kompromittiert sind,

8. durch wirksame Maßnahmen die Teilnahme der serbischen Behörden an dem Einschmuggeln von Waffen und Explosivkörpern über die Grenze zu verhindern; jene Organe des Grenzdienstes von Schabatz und Ložnica, die den Urhebern des Verbrechens von Sarajevo bei dem Übertritt über die Grenze behilflich waren, aus dem Dienste zu entlassen und strenge zu bestrafen,

9. der k. und k. Regierung Aufklärungen zu geben über die nicht zu rechtfertigenden Äußerungen hoher serbischer Funktionäre in Serbien und im Auslande, die, ihrer offiziellen Stellung ungeachtet, nicht gezögert haben, sich nach dem Attentat vom 28. Juni in Interviews in feindlicher Weise gegen Österreich-Ungarn auszusprechen,

10. die k. und k. Regierung ohne Verzug von der Durchführung der in den vorigen Punkten zusammengefaßten Maßnahmen zu verständigen.

Die k. und k. Regierung erwartet die Antwort der königlichen Regierung spätestens bis Samstag, den 25. d. M., um 6 Uhr nachmittags.

Ein Memoire über die Ergebnisse der Untersuchung von Sarajevo, soweit sie sich auf die in Punkt 7 und 8 genannten Funktionäre beziehen, ist dieser Note beigeschlossen."

Beilage.

Die bei dem Gerichte in Sarajevo gegen Gavrilo Princip und Genossen wegen des am 28. Juni d. J. begangenen Meuchelmordes, beziehungsweise wegen Mitschuld hieran anhängige Strafuntersuchung hat bisher zu folgenden Feststellungen geführt:

1. Der Plan, den Erzherzog Franz Ferdinand während seines Aufenthaltes in Sarajevo zu ermorden, wurde in Belgrad von Gavrilo Princip, Nedeljko Cabrinović, einem gewissen Milan Ciganović und Trifko Grabež unter Beihilfe des Majors Voija Tankosić gefaßt.

2. Die sechs Bomben und vier Browning-Pistolen samt Munition, deren sich die Verbrecher als Werkzeuge bedienten, wurden dem Princip, Cabrinović und Grabež in Belgrad von einem gewissen Milan Ciganović und dem Major Voija Tankosić verschafft und übergeben.

3. Die Bomben sind Handgranaten, die dem Waffendepot der serbischen Armee in Kragujevac entstammen.

4. Um das Gelingen des Attentats zu sichern, unterwies Ciganović den Princip, Cabrinović und Grabež in der Handhabung der Granaten und gab in einem Walde neben dem Schießfelde von Topschider dem Princip und Grabež Unterricht im Schießen mit Browning-Pistolen.

5. Um dem Princip, Cabrinović und Grabež den Übergang über die bosnisch-hercegovinische Grenze und die Einschmuggelung ihrer Waffen zu ermöglichen, wurde ein ganzes geheimes Transportsystem durch Ciganović organisiert. Der Eintritt der Verbrecher samt ihren Waffen nach Bosnien und der Hercegovina wurde von den Grenzhauptleuten von Schabatz (Rade Popović) und Ložnica sowie von dem Zollorgan Budivoj Grbić von Ložnica mit Beihilfe mehrerer anderer Personen durchgeführt.

Gelegentlich der Übergabe der vorstehenden Note wollen Euer Hochwohlgeboren mündlich hinzufügen, daß Sie beauftragt seien — falls Ihnen nicht inzwischen eine vorbehaltlose zustimmende Antwort der königlichen Regierung zugekommen sein sollte — nach Ablauf der in der Note vorgesehenen, vom Tage und von der Stunde Ihrer Mitteilung an zu rechnenden 48stündigen Frist, mit dem Personale der k. und k. Gesandtschaft Belgrad zu verlassen.

Anhang Nr. 2.

Beilage.

Note der königl. serbischen Regierung an

Übersetzung.

Die königl. serbische Regierung hat die Mitteilung der k. und k. Regierung vom 10. d. M. erhalten und ist überzeugt, daß ihre Antwort jedes Mißverständnis zerstreuen wird, welches die freundnachbarlichen Beziehungen zwischen der österreichisch-ungarischen Monarchie und dem Königreiche Serbien zu stören droht.

Die königliche Regierung ist sich bewußt, daß der großen Nachbarmonarchie gegenüber bei keinem Anlasse jene Proteste erneuert wurden, die seinerzeit sowohl in der Skupschtina als auch in Erklärungen und Handlungen der verantwortlichen Vertreter des Staates zum Ausdrucke gebracht wurden und die durch die Erklärung der serbischen Regierung vom 18. März 1909 ihren Abschluß gefunden haben, sowie weiters, daß seit jener Zeit weder von den verschiedenen einander folgenden Regierungen des Königreiches, noch von deren Organen der Versuch unternommen wurde, den in Bosnien und der Herzegowina geschaffenen politischen und rechtlichen Zustand zu ändern. Die königliche Regierung stellt fest, daß die k. und k. Regierung in dieser Richtung keinerlei Vorstellungen erhoben hat, abgesehen von dem Falle eines Lehrbuches, hinsichtlich dessen die k. und k. Regierung eine vollkommen befriedigende Aufklärung erhalten hat. Serbien hat während der Dauer der Balkankrise in zahlreichen Fällen Beweise für seine pazifistische und gemäßigte Politik geliefert und es ist nur Serbien und den Opfern, die es ausschließlich im Interesse des europäischen Friedens gebracht hat, zu danken, wenn dieser Friede erhalten geblieben ist.

Die königliche Regierung kann nicht für Äußerungen privaten Charakters verantwortlich gemacht werden, wie es Zeitungsartikel und die friedliche Arbeit von Gesellschaften ist, Äußerungen, die fast in

[1] Beilage zum Rotbuch. Nr. 104.

die k. und k. Regierung vom 12./25. Juli 1914.[1]

Anmerkungen.

Die königl. serbische Regierung beschränkt sich darauf, festzustellen, daß seit Abgabe der Erklärung vom 18. März 1909 von Seite der serbischen Regierung und ihrer Organe kein Versuch zur Änderung der Stellung Bosniens und der Herzegowina unternommen wurde.

Damit verschiebt sie in bewußt willkürlicher Weise die Grundlagen unserer Demarche, da wir nicht die Behauptung aufgestellt haben, daß sie und ihre Organe in dieser Richtung irgend offiziell etwas unternommen hätten.

Unser Gravamen geht vielmehr dahin, daß sie es trotz der in der zitierten Note übernommenen Verpflichtungen unterlassen hat, die gegen die territoriale Integrität der Monarchie gerichtete Bewegung zu unterdrücken.

Ihre Verpflichtung bestand also darin, die ganze Richtung ihrer Politik zu ändern und zur österreichisch-ungarischen Monarchie in ein freundnachbarliches Verhältnis zu treten, nicht bloß die Zugehörigkeit Bosniens zur Monarchie offiziell nicht anzutasten.

Die Behauptung der königl. serbischen Regierung, daß die Äußerungen der Presse und die Tätigkeit von Vereinen privaten Charakter haben und sich der staatlichen Kontrolle entziehen, steht im vollen

Übersetzung.

allen Ländern ganz gewöhnliche Erscheinungen sind und die sich im allgemeinen der staatlichen Kontrolle entziehen. Dies um so weniger, als die königliche Regierung bei der Lösung einer ganzen Reihe von Fragen, die zwischen Serbien und Österreich-Ungarn aufgetaucht waren, großes Entgegenkommen bewiesen hat, wodurch es ihr gelungen ist, deren größeren Teil zugunsten des Fortschrittes der beiden Nachbarländer zu lösen.

Die königliche Regierung war deshalb durch die Behauptungen, daß Angehörige Serbiens an der Vorbereitung des in Sarajevo verübten Attentates teilgenommen hätten, schmerzlich überrascht. Sie hatte erwartet, zur Mitwirkung bei den Nachforschungen über dieses Verbrechen eingeladen zu werden und war bereit, um ihre volle Korrektheit durch Taten zu beweisen, gegen alle Personen vorzugehen, hinsichtlich welcher ihr Mitteilungen zugekommen wären.

Den Wünschen der k. und k. Regierung entsprechend, ist die königliche Regierung somit bereit, dem Gerichte ohne Rücksicht auf Stellung und Rang jeden serbischen Staatsangehörigen zu übergeben, für dessen Teilnahme an dem Sarajevoer Verbrechen ihr Beweise geliefert werden sollten; sie verpflichtet sich insbesondere, auf der ersten Seite des Amtsblattes vom 13./26. Juli folgende Enunziation zu veröffentlichen:

„Die königl. serbische Regierung verurteilt jede Propaganda, die gegen Österreich-Ungarn gerichtet sein sollte, d. h. die Gesamtheit der Bestrebungen, die in letzter Linie auf die Losreißung einzelner Gebiete von der österreichisch-ungarischen Monarchie abzielen, und sie bedauert aufrichtig die traurigen Folgen dieser verbrecherischen Machenschaften.

Die königliche Regierung bedauert, daß laut der Mitteilung der k. und k. Regierung gewisse serbische Offiziere und Funktionäre an der eben genannten Propaganda mitgewirkt und daß diese damit die freundnachbarlichen Beziehungen gefährdet hätten, zu deren Beobachtung sich die königliche Regierung durch die Erklärung vom 31. März 1909 feierlich verpflichtet hatte.

„Die Regierung ..." gleichlautend mit dem geforderten Texte.

Anmerkungen.

Widerspruche zu den Einrichtungen moderner Staaten, selbst der freiheitlichsten Richtung auf dem Gebiete des Preß- und Vereinsrechtes, das einen öffentlich-rechtlichen Charakter hat und Presse sowie Vereine der staatlichen Aufsicht unterstellt. Übrigens sehen auch die serbischen Einrichtungen eine solche Aufsicht vor. Der gegen die serbische Regierung erhobene Vorwurf geht eben dahin, daß sie es gänzlich unterlassen hat, ihre Presse und ihre Vereine zu beaufsichtigen, deren Wirken im monarchiefeindlichen Sinne sie kannte.

Die Behauptung ist unrichtig; die serbische Regierung war über den gegen ganz bestimmte Personen bestehenden Verdacht genau unterrichtet und nicht nur in der Lage, sondern auch nach ihren internen Gesetzen verpflichtet, ganz spontan Erhebungen einzuleiten. Sie hat in dieser Richtung gar nichts unternommen.

Unsere Forderung lautete:

„Die königl. serbische Regierung verurteilt die gegen Österreich-Ungarn gerichtete Propaganda . . .“

Die von der königl. serbischen Regierung vorgenommene Änderung der von uns geforderten Erklärung will sagen, daß eine solche gegen Österreich-Ungarn gerichtete Propaganda nicht besteht oder daß ihr eine solche nicht bekannt ist. Diese Formel ist unaufrichtig und hinterhältig, da sich die serbische Regierung damit für später die Ausflucht reserviert, sie hätte die derzeit bestehende Propaganda durch diese Erklärung nicht desavouiert und nicht als monarchiefeindlich anerkannt, woraus sie weiter ableiten könnte, daß sie zur Unterdrückung einer der jetzigen Propaganda gleichen nicht verpflichtet sei.

Die von uns geforderte Formulierung lautete:

„Die königliche Regierung bedauert, daß serbische Offiziere und Funktionäre . . . mitgewirkt haben . . .“

Auch mit dieser Formulierung und dem weiteren Beisatze „laut der Mitteilung der k. und k. Regierung“ verfolgt die serbische Regierung den bereits oben angedeuteten Zweck, sich für die Zukunft freie Hand zu wahren.

Übersetzung.

Die königliche Regierung verpflichtet sich weiters:

1. Anläßlich des nächsten ordnungsmäßigen Zusammentrittes der Skupschtina in das Preßgesetz eine Bestimmung einzuschalten, wonach die Aufreizung zum Hasse und zur Verachtung gegen die Monarchie sowie jede Publikation strengstens bestraft würde, deren allgemeine Tendenz gegen die territoriale Integrität Österreich-Ungarns gerichtet ist.

Sie verpflichtet sich anläßlich der demnächst erfolgenden Revision der Verfassung in den Artikel XXII des Verfassungsgesetzes einen Zusatz aufzunehmen, der die Konfiskation derartiger Publikationen gestattet, was nach den klaren Bestimmungen des Artikels XXII der Konstitution derzeit unmöglich ist.

2. Die Regierung besitzt keinerlei Beweise dafür, und auch die Note der k. und k. Regierung liefert ihr keine solchen, daß der Verein „Narodna odbrana" und andere ähnliche Gesellschaften bis zum heutigen Tage durch eines ihrer Mitglieder irgendwelche verbrecherischen Handlungen dieser Art begangen hätten. Nichtsdestoweniger wird die königliche Regierung die Forderung der k. und k. Regierung annehmen und die Gesellschaft „Narodna odbrana" sowie jede Gesellschaft, die gegen Österreich-Ungarn wirken sollte, auflösen.

Anmerkungen.

Wir hatten gefordert:

„1. Jede Publikation zu unterdrücken, die zum Hasse und zur Verachtung gegen die Monarchie aufreizt und deren allgemeine Tendenz gegen die territoriale Integrität der Monarchie gerichtet ist.“

Wir wollten also die Verpflichtung Serbiens herbeiführen, dafür zu sorgen, daß derartige Preßangriffe in Hinkunft unterbleiben; wir wünschten also einen bestimmten Erfolg auf diesem Gebiete sichergestellt zu wissen.

Statt dessen bietet uns Serbien die Erlassung gewisser Gesetze an, welche als Mittel zu diesem Erfolge dienen sollen, u. zw.:

a) ein Gesetz, womit die fraglichen monarchiefeindlichen Preßäußerungen subjektiv bestraft werden sollen, was uns ganz gleichgültig ist, um so mehr, als bekanntermaßen die subjektive Verfolgung von Preßdelikten äußerst selten möglich ist und bei einer entsprechend laxen Behandlung eines solchen Gesetzes auch die wenigen Fälle dieser Art nicht zur Bestrafung kommen würden; also ein Vorschlag, der unserer Forderung in keiner Weise entgegenkommt, da er uns nicht die geringste Garantie für den von uns gewünschten Erfolg bietet;

b) ein Nachtragsgesetz zu Art. XXII der Konstitution, das die Konfiskation gestatten würde — ein Vorschlag, der uns gleichfalls nicht befriedigen kann, da der Bestand eines solchen Gesetzes in Serbien uns nichts nützt, sondern nur die Verpflichtung der Regierung, es auch anzuwenden, was uns aber nicht versprochen wird.

Diese Vorschläge sind also vollkommen unbefriedigend — dies um so mehr, als sie auch in der Richtung evasiv sind, daß uns nicht gesagt wird, innerhalb welcher Frist diese Gesetze erlassen würden und daß im Falle der Ablehnung der Gesetzvorlage durch die Skupschtina — von der eventuellen Demission der Regierung abgesehen — alles beim alten bliebe.

Die monarchiefeindliche Propaganda der Narodna odbrana und der ihr affilierten Vereine erfüllt in Serbien das ganze öffentliche Leben; es ist daher eine ganz unzulässige Reserve, wenn die serbische Regierung behauptet, daß ihr darüber nichts bekannt ist.

Ganz abgesehen davon ist die von uns aufgestellte Forderung nicht zur Gänze erfüllt, da wir überdies verlangt haben:

Die Propagandamittel dieser Gesellschaften zu konfiszieren;

die Neubildung der aufgelösten Gesellschaften unter anderem Namen und in anderer Gestalt zu verhindern.

Übersetzung.

3. Die königlich serbische Regierung verpflichtet sich, ohne Verzug aus dem öffentlichen Unterrichte in Serbien alles auszuscheiden, was die gegen Österreich-Ungarn gerichtete Propaganda fördern könnte, falls ihr die k. und k. Regierung tatsächliche Nachweise für diese Propaganda liefert.

4. Die königliche Regierung ist auch bereit, jene Offiziere und Beamten aus dem Militär- und Zivildienste zu entlassen, hinsichtlich welcher durch gerichtliche Untersuchung festgestellt wird, daß sie sich Handlungen gegen die territoriale Integrität der Monarchie haben zuschulden kommen lassen; sie erwartet, daß ihr die k. und k. Regierung zwecks Einleitung des Verfahrens die Namen dieser Offiziere und Beamten und die Tatsachen mitteilt, welche denselben zur Last gelegt werden.

5. Die königliche Regierung muß bekennen, daß sie sich über den Sinn und die Tragweite jenes Begehrens der k. und k. Regierung nicht volle Rechenschaft geben kann, welches dahin geht, daß die königlich serbische Regierung sich verpflichten soll, auf ihrem Gebiete die Mitwirkung von Organen der k. und k. Regierung zuzulassen, doch erklärt sie, daß sie jene Mitwirkung anzunehmen bereit wäre, welche den Grundsätzen des Völkerrechts und des Strafprozesses sowie den freundnachbarlichen Beziehungen entsprechen würde.

6. Die königliche Regierung hält es selbstverständlich für ihre Pflicht, gegen alle jene Personen eine Untersuchung einzuleiten, die an dem Komplotte vom 15./28. Juni beteiligt waren oder beteiligt gewesen sein sollen und die sich auf ihrem Gebiete befinden. Was die

Anmerkungen.

In diesen beiden Richtungen schweigt das Belgrader Kabinett vollkommen, so daß uns auch durch die gegebene halbe Zusage keine Garantie dafür geboten ist, daß dem Treiben der monarchiefeindlichen Assoziationen, insbesondere der Narodna odbrana, durch deren Auflösung definitiv ein Ende bereitet wäre.

Auch in diesem Falle verlangt die serbische Regierung erst Nachweise dafür, daß im öffentlichen Unterrichte Serbiens eine monarchiefeindliche Propaganda getrieben wird, während sie doch wissen muß, daß die bei den serbischen Schulen eingeführten Lehrbücher in dieser Richtung zu beanständenden Stoff enthalten und daß ein großer Teil der serbischen Lehrer im Lager der Narodna odbrana und der ihr affilierten Vereine steht.

Übrigens hat die serbische Regierung auch hier einen Teil unserer Forderung nicht so erfüllt, wie wir es verlangt haben, indem sie in ihrem Text den von uns gewünschten Beisatz „sowohl was den Lehrkörper als auch was die Lehrmittel anbelangt" wegließ — ein Beisatz, welcher ganz klar zeigt, wo die monarchiefeindliche Propaganda in der serbischen Schule zu suchen ist.

Indem die königlich serbische Regierung die Zusage der Entlassung der fraglichen Offiziere und Beamten aus dem Militär- und Zivildienst an den Umstand knüpft, daß diese Personen durch ein Gerichtsverfahren schuldig befunden werden, schränkt sie ihre Zusage auf jene Fälle ein, in denen diesen Personen ein strafgesetzlich zu ahndendes Delikt zur Last liegt. Da wir aber die Entfernung jener Offiziere und Beamten verlangen, die monarchiefeindliche Propaganda betreiben, was ja im allgemeinen in Serbien kein gerichtlich strafbarer Tatbestand ist, erscheint unsere Forderung auch in diesem Punkte nicht erfüllt.

Mit dieser Frage hat das allgemeine Völkerrecht ebensowenig etwas zu tun wie das Strafprozeßrecht; es handelt sich um eine Angelegenheit rein staatspolizeilicher Natur, die im Wege einer besonderen Vereinbarung zu lösen ist. Die Reserve Serbiens ist daher unverständlich und wäre bei ihrer vagen, allgemeinen Form geeignet, zu unüberbrückbaren Schwierigkeiten bei Abschluß des zu treffenden Abkommens zu führen.

Unser Verlangen war ganz klar und nicht mißzuverstehen. Wir begehrten:

1. Einleitung einer gerichtlichen Untersuchung gegen die Teilnehmer am Komplotte.

Übersetzung.

Mitwirkung von hiezu speziell delegierten Organen der k. und k. Regierung an dieser Untersuchung anbelangt, so kann sie eine solche nicht annehmen, da dies eine Verletzung der Verfassung und des Strafprozeßgesetzes wäre. Doch könnte den österreichisch-ungarischen Organen in einzelnen Fällen Mitteilung von dem Ergebnisse der Untersuchung gemacht werden.

7. Die königliche Regierung hat noch am Abend des Tages, an dem ihr die Note zukam, die Verhaftung des Majors Voïslav Tankosić verfügt.

Was aber den Milan Ciganović anbelangt, der ein Angehöriger der österreichisch-ungarischen Monarchie ist und der bis zum 15. Juni (als Aspirant) bei der Eisenbahndirektion bedienstet war, so konnte dieser bisher nicht ausgeforscht werden, weshalb ein Steckbrief gegen ihn erlassen wurde.

Die k. und k. Regierung wird gebeten, zwecks Durchführung der Untersuchung sobald als möglich die bestehenden Verdachtsgründe und die bei der Untersuchung in Sarajevo gesammelten Schuldbeweise in der üblichen Form bekannt zu geben.

8. Die serbische Regierung wird die bestehenden Maßnahmen wegen Unterdrückung des Schmuggelns von Waffen und Explosivstoffen verschärfen und erweitern.

Es ist selbstverständlich, daß sie sofort eine Untersuchung einleiten und jene Beamten des Grenzdienstes in der Linie Šabac—Ložnica streng bestrafen wird, die ihre Pflicht verletzt und die Urheber des Verbrechens die Grenze haben überschreiten lassen.

Anmerkungen.

2. Die Mitwirkung von k. und k. Organen an den hierauf bezüglichen Erhebungen („recherches“ im Gegensatze zu „enquête judiciaire“).

Es ist uns nicht beigefallen, k. und k. Organe an dem serbischen Gerichtsverfahren teilnehmen zu lassen; sie sollten nur an den polizeilichen Vorerhebungen mitwirken, welche das Material für die Untersuchung herbeizuschaffen und sicherzustellen hatten.

Wenn die serbische Regierung uns hier mißversteht, so tut sie dies bewußt, denn der Unterschied zwischen „enquête judiciaire“ und den einfachen „recherches“ muß ihr geläufig sein.

Da sie sich jeder Kontrolle des einzuleitenden Verfahrens zu entziehen wünscht, das bei korrekter Durchführung höchst unerwünschte Ergebnisse für sie liefern würde und da sie keine Handhabe besitzt, in plausibler Weise die Mitwirkung unserer Organe am polizeilichen Verfahren abzulehnen (Analogien für solche polizeiliche Interventionen bestehen in großer Menge), hat sie sich auf einen Standpunkt begeben, der ihrer Ablehnung den Schein der Berechtigung gebe und unserem Verlangen den Stempel der Unerfüllbarkeit aufdrücken soll.

Diese Antwort ist hinterhältig.

Ciganović ging laut der von uns veranlaßten Nachforschungen drei Tage nach dem Attentate, als bekannt wurde, daß Ciganović an dem Komplotte beteiligt sei, auf Urlaub und begab sich über Auftrag der Polizeipräfektur in Belgrad nach Ribari. Es ist also zunächst unrichtig, daß Ciganović schon am 15./28. Juni aus dem serbischen Staatsdienste schied. Hiezu kommt, daß der Polizeipräfekt von Belgrad, der die Abreise des Ciganović selbst veranlaßt hat und der wußte, wo dieser sich aufhalte, in einem Interview erklärte, ein Mann namens Milan Ciganović existiere in Belgrad nicht.

Übersetzung.

9. Die königliche Regierung ist gerne bereit, Aufklärung über die Äußerungen zu geben, welche ihre Beamten in Serbien und im Auslande nach dem Attentate in Interviews gemacht haben und die nach der Behauptung der k. und k. Regierung der Monarchie feindselig waren, sobald die k. und k. Regierung die Stellen dieser Ausführungen bezeichnet und bewiesen haben wird, daß diese Äußerungen von den betreffenden Funktionären tatsächlich gemacht worden sind. Die königliche Regierung wird selbst Sorge tragen, die nötigen Beweise und Überführungsmittel hiefür zu sammeln.

10. Die königliche Regierung wird, insofern dies nicht schon in dieser Note geschehen ist, die k. und k. Regierung von der Durchführung der in den vorstehenden Punkten enthaltenen Maßnahmen in Kenntnis setzen, sobald eine dieser Maßregeln angeordnet und durchgeführt wird.

Die königlich serbische Regierung glaubt, daß es im gemeinsamen Interesse liegt, die Lösung dieser Angelegenheit nicht zu überstürzen, und ist daher, falls sich die k. und k. Regierung durch diese Antwort nicht für befriedigt erachten sollte, wie immer bereit, eine friedliche Lösung anzunehmen, sei es durch Übertragung der Entscheidung dieser Frage an das internationale Gericht im Haag, sei es durch Überlassung der Entscheidung an die Großmächte, welche an der Ausarbeitung der von der serbischen Regierung am 18./31. März 1909 abgegebenen Erklärung mitgewirkt haben.

Anmerkungen.

Der königlich serbischen Regierung müssen die bezüglichen Interviews ganz genau bekannt sein. Wenn sie von der k. und k. Regierung verlangt, daß diese ihr allerlei Details über diese Interviews liefere und sich eine förmliche Untersuchung hierüber vorbehält, zeigt sie, daß sie auch diese Forderung nicht ernstlich erfüllen will.